中国少数民族综合社会调查报告

宁夏回族自治区民生发展报告

(2019~2020)

Ningxia People's
Livelihood Development Report
(2019-2020)

焦开山　郭靓雯　著

社会科学文献出版社
SOCIAL SCIENCES ACADEMIC PRESS (CHINA)

序　言

为了更全面、准确地了解新形势下民族地区的经济社会发展状况，我们需要对少数民族地区进行全面的综合性社会调查，以收集社区、家庭、个人等多层次的数据资料，使我们的研究和决策构筑在经验证据而非纯粹的逻辑推理和想象基础之上。为此，教育部人文社会科学重点研究基地中央民族大学中国少数民族研究中心就重大项目"少数民族地区综合社会调查数据库建设关键问题研究"（项目批准号：16JJD840016）于2018年在云南少数民族地区进行了大规模的综合社会调查，并出版《云南少数民族地区综合社会调查研究报告》一书。之后，项目组于2019年8~9月在宁夏回族自治区进行了第二次大规模的综合社会调查，为我们进一步了解宁夏回族自治区的经济社会发展状况提供了宝贵的资料。本书正是对此次调查数据进行综合分析的研究报告。

在本书撰写过程中，中央民族大学民族学与社会学学院的学生做了许多重要工作。他们不仅参与了实际的数据收集工作，还参与了数据分析和研究报告撰写。他们分别是：李卓怡、罗小霞、冷仪、黄钰婷、马钰炜、赵嘉琪、姜昱彤、彭滢睿、陆尧、侯文芳、杨培森。

在宁夏的调查工作得到了宁夏回族自治区民族事务委员会、宁夏行政学院、宁夏社会科学院等的大力支持。特别是北方民族大学民族学院的师生为调查的顺利进行做出了重要贡献。

教育部人文社会科学重点研究基地中央民族大学中国少数民族研究中

心对本书的出版提供了大力支持和经费资助。在此感谢丁宏、丁娥、刘湘辉三位领导的关心和支持。同时，特别感谢包智明教授，他是本项目的总负责人，为本次宁夏地区综合社会调查提供了非常宝贵的意见和大力支持。

焦开山
2020 年 8 月

目　录
contents

第1章　导言

党的十九届四中全会通过的《中共中央关于坚持和完善中国特色社会主义制度　推进国家治理体系和治理能力现代化若干重大问题的决定》指出："全面深入持久开展民族团结进步创建，加强各民族交往交流交融。支持和帮助民族地区加快发展，不断提高各族群众生活水平。"这为今后一段时期内的民族工作指引了方向。为了深入学习贯彻本次全会精神，需要立足实际开展工作，创新推动新时代民族工作，进一步加快少数民族和民族地区的发展，夯实民族团结进步的物质基础。不过，由于历史和现实等诸多因素的影响，少数民族地区与东部发达地区的发展差距仍然较大，全面建成小康社会的任务仍然艰巨。为了更全面、准确地了解新时代背景下少数民族和民族地区的发展情况，我们必须对少数民族地区进行全面的综合性社会调查，以收集社区、家庭、个人等多层次的数据资料，从而使我们的决策和工作具有科学依据。为此，继2018年云南少数民族地区综合社会调查之后，教育部人文社会科学重点研究基地中国少数民族研究中心就重大项目"少数民族地区综合社会调查数据库建设关键问题研究"（项目批准号：16JJD840016）于2019年8月至9月在宁夏回族自治区组织了第二次大规模的综合社会调查。本次调查涉及民生发展的多个方面，为我们全面了解新时代背景下少数民族地区的发展状况提供了宝贵的资料。

1.1　新时代背景下少数民族地区民生发展基本状况

图1-1显示了2013年至2018年全国、云南以及宁夏人均国内生产总

值的水平和增长情况（国家统计局，2019）。与全国总体水平相比，云南和宁夏的人均国内生产总值都相对较低。^① 不过，宁夏的人均国内生产总值要高于云南。需要指出的是，从2013年到2018年，作为少数民族分布重要地区的云南和宁夏的人均国内生产总值与全国总体水平的差距逐渐加大，云南和宁夏之间的差距相对稳定。由此可见，我国少数民族地区经济发展水平总体上落后于全国，而且与全国总体水平之间的差距有逐渐加大的趋势。

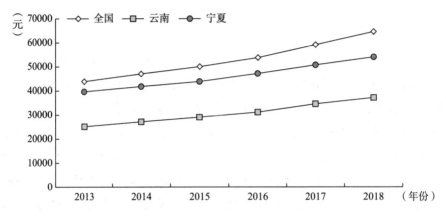

图 1-1　全国、云南以及宁夏人均 GDP 增长情况（2013～2018）

数据来源：《2019中国统计年鉴》。

如图1-2所示，在居民人均可支配收入上，云南和宁夏仍然明显低于全国水平。同为重要的少数民族分布地区，宁夏的居民人均可支配收入仍然高于云南。从2013年到2018年，少数民族地区的居民人均可支配收入与全国水平之间的差距也有所加大，云南和宁夏之间的差距基本上保持不变。不过，我们从图1-3看到，少数民族地区的城镇居民人均可支配收入与全国城镇居民之间的差距在这5年中基本上保持不变，而少数民族地区的农村居民人均可支配收入与全国农村居民之间的差距在这5年中有扩大的趋势。因此，我们可以说少数民族地区的居民人均可支配收入与全国水平之间差距的扩大趋势主要体现在农村居民群体上。未来工作的重点是进一步增加

---

① 云南省和宁夏回族自治区是我国少数民族分布的重要地区。根据2018年《云南省统计年鉴》，云南省2017年少数民族人口比重大约为33.6%。宁夏回族自治区作为我国五大少数民族自治区之一，2017年少数民族人口比重为37.2%，与云南省接近。

少数民族地区农村居民的收入水平。

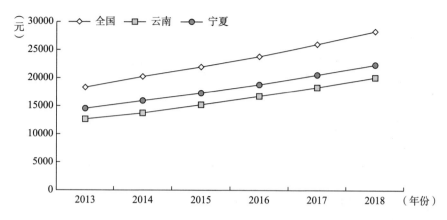

图 1-2　全国、云南以及宁夏人均可支配收入增长情况（2013～2018）

数据来源：《2019 中国统计年鉴》。

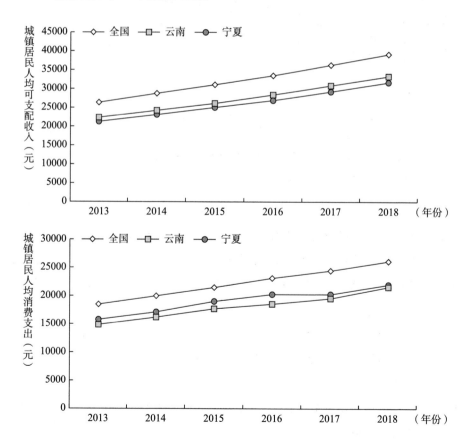

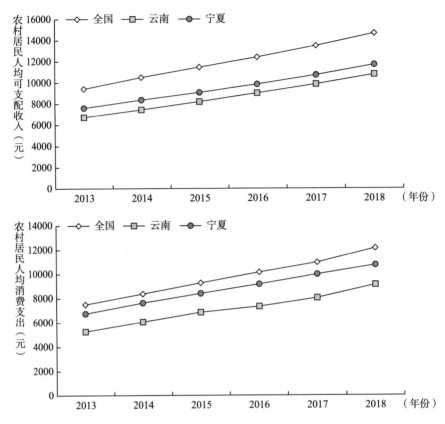

图 1 - 3　城镇居民、农村居民人均可支配收入与人均消费支出情况

数据来源：《2019 中国统计年鉴》。

图 1 - 3 显示，云南和宁夏居民人均消费支出水平也低于全国平均水平。宁夏城镇居民人均消费支出略微高于云南，不过从 2017 年以来，两者之间已经不存在显著差距了，而宁夏农村居民人均消费支出明显高于云南。此外，从 2016 年以来，宁夏、云南居民人均消费支出与全国平均水平之间的差距有扩大的趋势。

正如习近平总书记 2019 年 9 月 27 日在《在全国民族团结进步表彰大会上的讲话》所指出的，没有民族地区的全面小康和现代化，就没有全国的全面小康和现代化。为此，我们需要正视民族地区与全国总体发展水平之间的差距，不断加快少数民族和民族地区发展，不断增强各族人民的获得感、幸福感、安全感。

1.2 宁夏回族自治区综合社会调查

宁夏回族自治区作为我国五大少数民族自治区之一，是我国回族的主要分布地区。虽然宁夏的经济社会发展水平在民族地区不是最低的，但是与全国的总体发展水平仍有差距。为了全面深入地了解宁夏城乡居民民生发展状况以及民族之间的交往交流交融情况，教育部人文社会科学重点研究基地中国少数民族研究中心于 2019 年 8 月至 9 月在宁夏进行了大规模的社会调查，收集了丰富的第一手资料。

1.2.1 宁夏的民族分布情况

如图 1-4 所示，宁夏的民族构成主要是汉族和回族，其他少数民族比重非常小（宁夏回族自治区统计局、国家统计局宁夏调查总队，2018）。汉族占总人口的比重大约为 63%，回族占总人口的比重大约为 36%。需要注意的是，从 2010 年以来，汉族占总人口的比重稍微下降，回族占总人口的比重有所上升。回族人口在宁夏的分布也不平衡，回族人口主要分布在宁夏的中部和西南地区，东部、西部以及西北地区的回族人口比重相对较低。

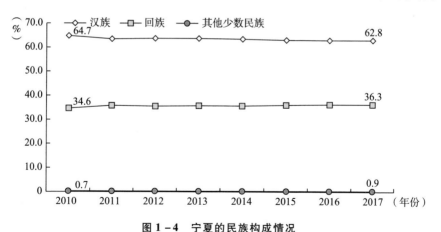

图 1-4 宁夏的民族构成情况

数据来源：《2018 宁夏统计年鉴》。

1.2.2 调查抽样设计

宁夏综合社会调查采用了严格的随机抽样方法。首先，把宁夏全境22个县（区）所管辖的260个乡镇（街道）定义为抽样的总体，构成了初级抽样单位。根据每个乡镇单位的非农人口比例和少数民族比例把所有乡镇单位分为了九个组别，然后根据人口规模采用概率比例抽样（PPS）从每个组别中抽取乡镇，计划总共抽取100个乡镇（街道）。然后，从100乡镇（街道）中随机抽取一个村（居）委会，共100个村（居）居委会被抽中。在每个被抽中的村（居）委会中，按照系统抽样的方法随机抽取25户家庭，100个村（居）委会总共2500户家庭。最后，在被抽中家庭的成年人中随机抽取1名成年人进行访问，总共2500名成年人。在剔除不合格数据之后，本调查最终收集到有效样本为100个村（居）和2494个人（见表1-1）。

表1-1 宁夏综合社会调查抽样设计及有效样本量

区县名称	少数民族人口比重（%）	城镇人口比重（%）	居住地分层	少数民族人口比重分层	组别	乡镇总数（个）	抽取乡镇（个）	抽取乡镇占比（%）	最终调查样本量（个）
隆德县	10.96	11.91	1	1	1	21	8	38.1	103
盐池县	2.76	18.14	1	1					101
彭阳县	29.28	10.74	1	2	2	12	5	41.7	125
海原县	70.62	7.21	1	3					176
西吉县	56.15	8.16	1	3					201
红寺堡区	60.83	14.54	1	3	3	53	20	37.7	77
泾源县	80.26	10.01	1	3					50
沙坡头区	6.17	33.26	2	1					149
青铜峡市	18.36	28.19	2	1	4	23	9	39.1	77
中宁县	24.65	25.74	2	2					146
平罗县	31.82	25.17	2	2					71
贺兰县	22.86	29.69	2	2	5	44	17	38.6	40
永宁县	22.78	24.67	2	2					158
原州区	45.48	25.35	2	3	6	25	10	40.0	150
同心县	88.91	20.20	2	3					98

续表

区县名称	少数民族人口比重（%）	城镇人口比重（%）	居住地分层	少数民族人口比重分层	组别	乡镇总数（个）	抽取乡镇（个）	抽取乡镇占比（%）	最终调查样本量（个）
兴庆区	17.90	71.29	3	1	7	42	16	38.1	263
大武口区	10.93	74.47	3	1					50
惠农区	18.98	63.25	3	1					78
西夏区	20.85	64.71	3	2	8	16	6	37.5	80
金凤区	26.93	69.72	3	2					78
利通区	59.55	45.28	3	3	9	24	9	37.5	128
灵武市	45.94	40.38	3	3					95

1.2.3　调查问卷设计

宁夏综合社会调查问卷借鉴了国内外综合社会调查问卷设计的思路，同时为了收集多层次的数据，我们的问卷包括了三个层级，分别是村（居）问卷、家庭问卷和成年人问卷。村（居）问卷主要用来考察社区的基础设施、人口结构、民生保障、社区治理、社区环境等基本情况，受访者一般为社区干部或者是对社区比较了解的人，具体内容如表 1-2 所示。

表 1-2　宁夏综合社会调查村（居）问卷的主要内容

模块	内容
社区基本信息	社区城乡类型、社区类型、地理位置
社区基础设施	社区设施拥有情况，社区饮用水情况，社区燃料使用情况，是否有公厕，社区道路类型，是否通电，公共交通情况，电视信号情况，宽带接入情况，手机信号情况，义务教育设施情况
社区人口结构	总人口数，户籍人口数，外出务工人员情况，留守儿童情况，老年人口比例，社区民族构成情况
社区民生	是否贫困村，贫困家庭数，精准扶贫情况，是否实施低保，低保家庭户数量，低保户每月的低保金，是否给老年人发放补贴，老人每月领取的补贴金，是否实施新农合，新农合缴费情况，参加新农合的比例，居民看病负担情况，社区居民收入情况，社区经济发展情况，社区主要问题

续表

模块	内容
社区行政管理	居（村）委会办公条件，居（村）委会成员数量，居（村）委会成员民族构成，最近一次选举的年份，参加投票选民比例，居（村）委会候选人产生方式，发布信息的途径，辖区内社会组织情况，社区治安状况，社区居民关系如何，社区居民信教情况，社区干部威望情况，有没有人在本地有威望，在社区拥有威望的条件
社区环境	是否有环境污染问题，环境污染是否严重，本地生态环境变化情况，地方政府的环境保护情况，环保项目实施情况，自然灾害和突发事件
访员观察	经济状况，马路整洁程度，生活环境情况，房屋拥挤程度

　　家庭问卷首先是关于受访家庭中所有成员的基本情况，包括了人口统计学特征、教育背景等，以及家庭的日常生活、住房情况和经济状况，尤其是家庭经济状况部分包括了较多的有关家庭贫困和扶贫的问题，这也是本次调查的一个特色。关于家庭问卷的主要内容，参见表1-3。家庭问卷的回答者一般是家庭中的成年人。

表1-3　宁夏综合社会调查家庭问卷的主要内容

模块	内容
家庭迁移情况	家庭是否从外地迁入，迁入的时间，老家所在地，与老家亲戚的交往情况
家庭成员情况	家庭成员之间的关系，年龄，教育背景，居住情况，民族身份、身高和体重情况
家庭日常生活	家庭用水情况，家庭用燃料情况，家庭的垃圾处理情况，家庭生活水平
家庭住房情况	房子产权情况，现住房面积，住房结构，住房价值，房子数量，房子总面积，房子总价值，是否存在住房困难、房贷情况
家庭经济状况	家庭年总收入，自评家庭收入等级，家庭汽车拥有情况，家庭拥有耐用消费品情况，家庭年消费支出情况，去年最大的一笔支出，在教育方面的支出，在医疗方面的支出，家庭借贷情况，家庭是否被认定为贫困户，家庭是否被认定为低保户，家庭是否被认定为五保户，家庭贫困的原因，家庭享受政府救助的情况，家庭接受政府帮扶的情况，对政府救助的评价，对政府帮扶项目的评价，家庭是否从社会组织得到过救助，家庭是否面临困难，家庭能否短期内脱贫，家庭当前存在的主要问题

　　如表1-4所示，成年人问卷包括10个部分，分别是个人基本情况，婚姻史与婚姻关系，父母及童年情况，健康与医疗状况，语言使用情况和生活方式，社会态度，社会关系、职业、收入及迁移史，民族认同和国家认

同、环境意识和环境行为等。成年人问卷包括了国内外综合社会调查项目
中的常设问题，同时也根据少数民族地区的特殊情况设计了一些相关的问
题，包括语言使用、民族认同和国家认同等方面的问题。

表 1－4 宁夏少数民族地区综合社会调查成年人问卷的主要内容

模块	内容
个人基本情况	性别、年龄、出生年份、学历、婚姻状况、政治面貌、民族身份、宗教信仰情况
婚姻史与婚姻关系	结婚的年份、年龄，配偶的年龄、教育程度、户口、收入情况，结婚彩礼情况，夫妻关系
父母及童年情况	父亲最高学历，母亲最高学历，父亲政治面貌，母亲政治面貌，父亲民族身份，母亲民族身份，14 岁时父亲就业情况，14 岁时母亲就业情况，14 岁时父亲主要工作，14 岁时母亲主要工作，14 岁时父亲单位类型，14 岁时母亲单位类型，14 岁时父亲健康状况，14 岁时母亲健康状况，14 岁时居住地、兄弟姐妹数量，14 岁时家庭文化用品拥有和文化活动情况
健康与医疗状况	自评健康状况，身高，体重，过去两周身体不适情况，过去半年是否患病，患慢性病的情况，慢性病的严重程度，治病费用，过去一个月是否看门诊，门诊的等级，门诊费用，自付门诊费用，门诊费用是否超出支付能力，过去一年是否住院，住院次数，住院费用，自付住院费用，住院费用是否超出支付能力，健康素养情况，心理安全感情况
语言使用情况和生活方式	听普通话的能力，说普通话的能力，听本民族语言的能力，说本民族语言的能力，与家人交谈使用的语言，社交场合使用语言情况，工作或办事时使用语言情况，日常从事的活动情况，与邻居的交往情况，吸烟情况和喝酒情况
社会态度	对社会群体的可信度，社会公平的态度，社会满意度，生活幸福度，生育意愿，自评阶层地位，对社会群体冲突的看法，对受益群体的认识，对精准扶贫的评价，对社会规范的认识，对工作的态度，对性别关系的态度
社会关系	朋友的数量、居住地、教育背景、工作、民族身份，述说心事的人员数量，讨论重要问题的人员数量，可以借钱的人员数量，与本地居民的熟悉程度，借钱情况，找人帮忙情况，遇到问题是否得到帮助
职业、收入及迁移史	最近一个月就业状态，主要工作，工作单位的类型，年总收入，收入合理性评价，每个月的花费情况，消费支出情况，社会迁移情况
民族认同和国家认同	民族认同情况，国家认同情况，生活中最重要的节日，对民族身份重要性的判断，是否愿意与其他民族的人交往，对结婚对象的民族身份要求，对民族政策的了解程度，对民族政策的评价
环境意识和环境行为	对环境问题的关注情况，本地是否有环境问题，环境问题是否严重，本地生态环境的变化情况，对解决环境问题方法的了解情况，环境保护行为情况，是否采取行动应对环境危害，家庭周边环境情况

为了提升调研的效率和质量，本课题利用开源的问卷调查系统 LimeSurvey

和本地服务器软件 XAMPP 搭建了本次调查的问卷调查系统。

1.2.4 调查实施情况

本次调查由中央民族大学中国少数民族研究中心与北方民族大学民族学院联合开展，并获得了宁夏社会科学院、中央宁夏区委党校以及宁夏回族自治区民族宗教事务委员会的大力支持。中央民族大学的人员主要负责调查的技术工作，主要工作任务是根据课题要求和目标，设计调查问卷，开发 CAPI 系统，进行调查对象抽样，培训调查员，汇总和检查核对调查数据，解决调查过程中遇到的各种技术问题等。调查实施团队由北方民族大学民族学院负责。本次调查共招募了调查员 60 人，主要来自中央民族大学、北方民族大学、宁夏大学等民族高校的社会学专业本科生和研究生。

根据调查村（社）数量、调查员数量、交通、行政区划、民族等多方面因素的综合考虑，课题组将调查地分为 6 个调查区，相应地，将调查员分为 6 个调查组，调查组成员数量根据调查村（社）确定。为保证调查组能顺利进场，并顺利开展调查，调查员分组还综合考虑了民族、籍贯、信仰、语言、专业、性别等诸多因素。按照"当地人回当地，少数民族调查员去相应少数民族地区，宁夏籍与非宁夏籍相搭配，少数民族与汉族相搭配，各专业相互搭配，研究生与本科生相搭配，男女搭配"的原则将调查员分为 6 个组。

奔赴调查地之前，课题组对所有参与人员进行了相关培训和教育，包括：技术操作培训、人文知识培训、法规纪律教育、安全卫生教育。技术操作培训由课题组技术团队专家承担，主要是向全体参与人员讲解问卷内容、填答要求，CAPI 系统安装和操作，调查问话技巧，常见问题解决等。为保证调查能顺利进场和推进，课题组调查工作获得了宁夏回族自治区民族宗教事务委员会的大力支持，他们发函至各地方民族宗教事务委员会，要求支持配合调查工作。此外，调查组十分重视调查过程管理和监控，对每天收集的数据进行监督、校对、审核、修改、纠正等，以保证数据真实、有效、准确、可靠。

1.3　本书章节介绍

全书共分为 13 章，力图客观上呈现宁夏回族自治区新时代下经济社会发展的重要领域的面貌。本书第 1 章主要简要介绍了宁夏回族自治区 2019 年调查的抽样设计和实施情况以及基本数据。第 2 章主要考察了城乡家庭和不同民族家庭在家庭收入、家庭借贷、家庭房产和家庭消费上基本情况。第 3 章从居住条件、生活满意度和主观幸福感等方面考察了新时代背景下居民的生活水平。第 4 章对宁夏回族自治区的精准扶贫的进展情况进行了考察，分析贫困现状、贫困救助与帮扶情况以及扶贫工作中的问题，总结经验教训。第 5 章考察了居民的婚姻状况、家庭观与性别观念等问题。第 6 章考察了居民的体质状况、自评健康状况、患慢性病状况和吸烟状况等问题。第 7 章考察了居民的健康素养以及医疗服务利用现状，并对不同社会群体在医疗服务利用上的情况进行了比较分析。第 8 章考察了居民的语言使用情况、邻里交往、朋辈交往和民族交往情况。第 9 章从经济方面、日常事务方面以及精神支持方面考察了不同民族居民的社会支持状况，同时对不同居住地、民族身份、年龄、教育背景和收入水平的群体在社会支持上的状况进行了比较分析。第 10 章对居民在社会信任、公平感、满意度和冲突感四个维度上的整体情况进行考察，同时对不同居住地、民族身份、年龄、教育水平和收入水平的群体的社会态度进行对比分析。第 11 章考察了成年人的社会经济地位情况，包括收入、受教育情况等，同时也从主观上考察了居民对自身社会经济的认同以及成年人社会地位的代际流动情况。第 12 章对生态与环境问题，当地居民的环境意识、对环境知识的掌握情况以及环境行为进行了分析。第 13 章对与中华民族共同体有关的内容进行了进一步的实证研究，考察了居民的国家自豪感、国家意识以及民族间的交往意愿。

参考文献

国家统计局编《2019 中国统计年鉴》，中国统计出版社，2019。

宁夏回族自治区统计局、国家统计局宁夏调查总队编《2018 宁夏统计年鉴》，中国统计出版社，2018。

《中共中央关于坚持和完善中国特色社会主义制度　推进国家治理体系和治理能力现代化若干重大问题的决定》，人民出版社，2019。

第 2 章　收入与支出

近年来，在以习近平同志为核心的党中央坚强领导下，全国各地区各部门以习近平新时代中国特色社会主义思想为指导，全面贯彻党的十九大和十九届二中、三中、四中全会精神，经济保持了持续健康发展，人民生活得到了持续地改善。在收入方面，从 2013 年到 2018 年，全国居民人均年收入从 1.83 万元上升至 2.82 万元。扣除价格因素，居民人均年收入每年的涨幅分别为 8.0%、7.4%、6.3%、7.3%、6.5%。在消费方面，全国居民人均年消费支出从 1.32 万元上涨至 1.99 万元，每年涨幅分别为 8.0%、7.4%、6.3%、7.3%、7.5%（国家统计局，2019）。与此同时，作为西部地区的宁夏回族自治区，居民家庭的经济情况也得到了显著改善。自治区党委和政府坚决打好"三大攻坚战"，大力实施"三大战略"，着力推动经济高质量发展，民生福祉不断增进。

在收入方面，2014～2018 年，宁夏居民人均可支配收入从 1.59 万元上涨至 2.24 万元，扣除价格因素影响，每年的涨幅分别为 7.7%[1]、8.7%[2]、9.2%[3]、8.9%。[4] 其中，城镇家庭的居民收入不断升高，从 2.32 万元上升至 3.18 万元，5 年间涨幅分别为 8.2%、7.8%、8.5%、8.2%。农村家庭

---

[1]　宁夏回族自治区省统计局：《宁夏回族自治区 2015 年国民经济和社会发展统计公报》，http://tj. nx. gov. cn/tjsj_htr/tjgb_htr/201605/t20160510_1470248. html。

[2]　宁夏回族自治区省统计局：《宁夏回族自治区 2016 年国民经济和社会发展统计公报》，http://tj. nx. gov. cn/tjsj_htr/tjgb_htr/201704/t20170418_1470249. html。

[3]　宁夏回族自治区省统计局：《宁夏回族自治区 2017 年国民经济和社会发展统计公报》，http://tj. nx. gov. cn/tjsj_htr/tjgb_htr/201805/t20180510_1470250. html。

[4]　宁夏回族自治区省统计局：《宁夏回族自治区 2018 年国民经济和社会发展统计公报》，http://tj. nx. gov. cn/tjsj_htr/tjgb_htr/201904/t20190430_1470251. html。

的居民收入则上涨更加明显，5 年间从 8410 元上涨至 11708 元，涨幅分别
为 8.4%、8.0%、9.0%、9.0%，农村居民可支配收入的增长速度要高于
城镇居民。不过，从整体上看，宁夏居民人均可支配收入水平要低于全国
平均水平。在消费方面，5 年间宁夏居民人均消费支出从 1.13 万元升至
1.67 万元。其中，城镇家庭的收入从 1.67 万元上升至 2.19 万元。扣除价
格影响，涨幅分别为 9.0%、5.6%、-2.4%、8.7%。虽 2017 年城镇家庭
的消费情况出现了稍许下降的现象，但整体来看还是在上升。从城镇居民
的消费支出结构来看，城镇家庭的食品花销占比逐渐减少，到 2017 年占比
24.49%，可以看出近年来宁夏城镇居民的生活水平在不断提升。而农村居
民人均可支配消费支出 5 年间从 7676 元上涨至 10790 元，涨幅分别为
8.5%、7.3%、7.8%、8.1%，增速要快于城镇（宁夏回族自治区统计局、
国家统计局宁夏调查总队，2018）。尽管如此，与全国平均水平相比，宁夏
居民的消费支出水平相对较低（国家统计局，2019）。

总体上看，由于历史和现实的因素，少数民族地区的经济发展水平与
全国平均水平相比相对落后。不过，新中国成立 70 年以来，尤其是改革开
放 40 年以来，少数民族地区的经济发展水平和人民生活水平不断提高，与
国家整体情况的差距也在不断缩小，在某些地区甚至已经达到或者超过
全国平均水平。虽然宁夏回族自治区的居民收入和消费支出水平较全国平
均水平相对较低，但是近年来，宁夏的经济发展水平正在稳步提升，进步
迅速，居民收入与消费水平增速超过了全国的平均增速，人民的生活也得
到了较大改善。为了更全面且深入地了解宁夏地区居民的经济状况，本章
基于 2019 年在宁夏回族自治区进行大规模的抽样调查数据，考察了城乡家
庭和不同民族家庭在家庭收入、家庭债务、家庭房产和家庭消费上基本
情况。

2.1 家庭收入

这次综合社会调查项目针对受访者的家庭收入设计了一系列的问
题，包括家庭总收入、自评家庭经济水平等。我们首先考察了宁夏不同地

区的家庭收入情况，其次考察了城乡家庭和不同民族家庭在收入水平上的差别。

表 2-1 为宁夏各地级市居民家庭总收入水平。从总体上看，宁夏全自治区居民家庭总收入在 4.3 万元左右。不过，不同地区居民家庭在总收入上存在差距。首先，我们看到石嘴山市居民家庭总收入最高，平均数已经接近 6 万元，银川市居民家庭的总收入略低于石嘴山，不过平均数也达到了 5 万元以上。吴忠市居民家庭的总收入在宁夏地区处于中等，平均数达到了 4 万元以上。固原市和中卫市居民家庭的总收入相对较低，低于宁夏的平均水平，平均数不到 4 万元。另外，表 2-1 也显示，在吴忠市、固原市以及中卫市，有 1/4 的家庭总收入低于 1.5 万元，银川市有 1/4 的家庭总收入低于 2.5 万元，石嘴山市有 1/4 的家庭总收入低于 3 万元。

表 2-1 宁夏各地级市居民家庭总收入情况

单位：元

	平均数	25% 分位数	中位数	75% 分位数
银川市	54246.08	25000	50000	80000
石嘴山市	58168.61	30000	55000	80000
吴忠市	44555.78	15000	40000	70000
固原市	29821.85	15000	25000	40000
中卫市	36766.10	15000	30000	50000
总计	43164.85	20000	35000	60000

调查结果显示，2019 年，宁夏居民家庭人均年收入为 1.3 万元左右，中位数为 1 万元，这个数值低于政府部门公布的数据（宁夏回族自治区统计局、国家统计局宁夏调查总队，2019）。此外，宁夏各地区居民家庭人均年收入存在显著差距。石嘴山市和银川市居民人均年收入已经接近 2 万元，固原市和中卫市居民人均年收入还没有达到 1 万元。表 2-2 显示了宁夏各地级市家庭人均年收入水平对比。

表 2-2 宁夏各地级市家庭人均年收入情况

单位：元

	平均数	25% 分位数	中位数	75% 分位数
银川市	17953.03	8000	15000	25000
石嘴山市	18338.98	10000	17500	24000
吴忠市	13335.14	5000	10000	18000
固原市	7622.32	3333	6000	10000
中卫市	9977.29	3536	8000	13333
总计	12955.48	5000	10000	17500

考虑到城镇居民和农村居民在收入上的差异问题，我们进一步考察了不同地级市城乡居民家庭收入情况。图 2-1 是宁夏各地级市城乡居民家庭总收入的中位数。首先，无论是哪个地区，城镇居民家庭的收入水平都要高于农村居民家庭。在经济发展水平相对落后的固原市，城乡差距相对较小，而吴忠市的城乡差距相对较大。此外，我们看到银川市、石嘴山市和吴忠市城镇居民家庭的总体收入水平持平，而这三个地级市农村居民家庭的总体收入水平则存在差异，其中固原市农村居民家庭的总体收入相对最低。固原市和中卫市城镇居民家庭的总体收入水平相对较低。

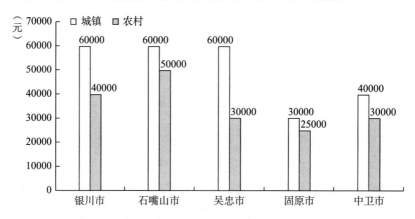

图 2-1 宁夏各地级市城乡居民家庭总收入水平对比

图 2-2 进一步显示了各地级市城乡居民家庭人均年收入的中位数。我们看到，银川市城镇居民家庭的人均年收入水平是最高的，达到了 2 万元；其次是石嘴山市和吴忠市，大约为 1.8 万元；中卫市约为 1 万元；固原市城

镇居民家庭的人均年收入是最低的，还不到 0.8 万元。在农村居民中，银川市和石嘴山市家庭人均年收入水平接近，大约为 1.2 万元，其次是吴忠市的 0.8 万元以及固原市和中卫市的 0.6 万元左右。吴忠市的家庭人均年收入的城乡差距上最大，其次是银川市和石嘴山市，固原市的城乡居民差距是最小的。

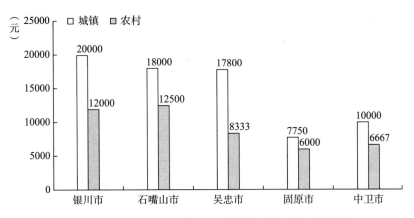

图 2－2 宁夏各地级市城乡居民家庭人均年收入水平对比

除了地区和城乡收入差距之外，我们进一步分析了不同民族家庭在收入上的差距情况。根据表 2－3，汉族居民家庭总收入水平要高于回族居民家庭。汉族居民家庭总收入平均数已经接近 5 万元，中位数达到了 4 万元，而回族家庭的总收入平均数不到 4 万元，中位数是 3 万元。汉族家庭中有 1/4 的家庭总收入在 2 万元以下，回族家庭中有 1/4 的家庭总收入在 1.3 万元以下。此外，我们看到回族家庭中有 1/4 的家庭总收入在 5 万元以上。

表 2－3 不同民族的家庭总收入情况

单位：元

	平均数	25% 分位数	中位数	75% 分位数
汉族	47619.01	20000	40000	70000
回族	35701.48	12850	30000	50000
总计	43087.41	20000	35000	60000

考虑到不同民族家庭在居住地上的差异，我们进一步考察了汉族城乡家庭和回族城乡家庭在收入上的情况。根据图 2－3，我们看到，无论是城

镇还是农村，汉族家庭的总收入都高于回族家庭。不过，在城镇中，汉族家庭和回族家庭在总收入上的差距是 1.2 万元，而在农村中，两者的差距缩小到 0.5 万元。可以看出，在控制了居住地之后，不同民族家庭在收入上的差距有所缩小，这也说明了不同民族家庭在收入上的差距有一部分是因为城乡差异导致的。

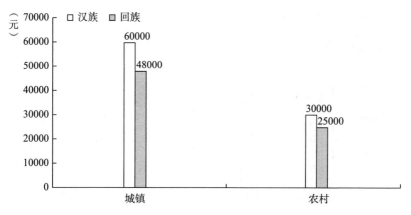

图 2 - 3 不同居住地、不同民族身份的家庭总收入水平对比

如表 2 - 4 所示，在家庭人均年收入方面，不同民族的家庭之间也存在显著差距。汉族家庭人均年收入大致为 1.5 万元，回族家庭人均年收入不到 1 万元。其中，汉族家庭中有 1/4 家庭人均年收入在 0.6 万元以下，回族家庭中有 1/4 家庭人均年收入在 0.33 万元以下。不过，在回族家庭中，有 1/4 家庭的人均年收入超过了 1.2 万元。图 2 - 4 显示了不同居住地和民族身份的家庭人均年收入中位数情况。虽然汉族家庭和回族家庭在人均年收入上都存在城乡差距，但是农村地区的差距相对较小。

表 2 - 4　不同民族家庭的人均年收入情况

单位：元

	平均数	25% 分位数	中位数	75% 分位数
汉族	15094.68	6000	12000	20000
回族	9389.34	3333	6667	12050
总计	12925.24	5000	10000	17500

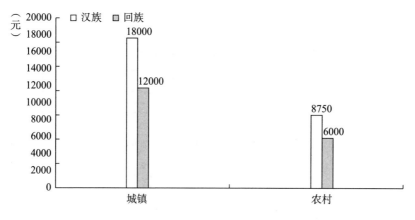

图 2－4　不同居住地、不同民族身份的家庭人均年收入
（中位数）水平对比

2.2　家庭债务

本节考察了不同居住地、不同民族身份居民在家庭债务上的基本情况，包括前一年是否借债以及具体金额，当前是否欠债以及具体金额，借债的主要原因等方面。

表 2－5 显示了不同居住地、不同民族身份家庭在过去一年的借债情况。我们看到，城镇居民家庭过去一年曾经借债的比例接近 26％，而农村居民家庭过去一年曾经借债的比例接近 40％，后者比前者高了约 14％，两者存在显著差异。此外，汉族家庭和回族家庭在借债上也存在显著差异，回族家庭过去一年借钱的比例接近 45％，汉族家庭约为 29％，前者比后者高约 16％。整体上看，宁夏地区居民家庭在过去一年中大约有 1/3 的家庭曾经借过钱。

图 2－5 对比不同居住地、不同民族身份家庭在过去一年的借债情况。在城镇居民家庭中，汉族家庭过去一年借债的比例为 23％ 左右，回族家庭借债的比例大约为 36％，后者比前者多了 13％。而在农村居民家庭中，汉族家庭过去一年借债的比例大约为 33％，回族家庭大约为 47％，后者比前者多了 14％。无论是城镇还是农村地区，回族家庭的借债比例都显著高于

汉族家庭。

表 2-5　不同居住地、不同民族身份的家庭过去一年的借债情况

	有		没有		总计	
	n	%	n	%	n	%
居住地						
城镇	221	25.94	631	74.06	852	100
农村	651	39.65	991	60.35	1642	100
总计	872	34.96	1622	65.04	2494	100
Pearson chi2（1）= 46.3530　Pr = 0.000						
民族身份						
汉族	448	29.05	1094	70.95	1542	100
回族	422	44.89	518	55.11	940	100
总计	870	35.05	1612	64.95	2482	100
Pearson chi2（1）= 64.3671　Pr = 0.000						

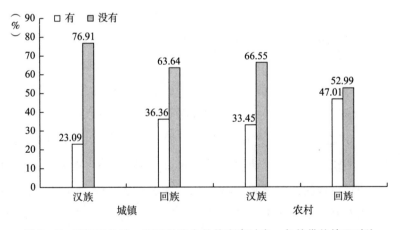

图 2-5　不同居住地、不同民族身份的家庭过去一年的借债情况对比

图 2-6 对比了不同收入水平的汉、回族家庭在过去一年的借债情况。从收入水平的角度来分析，汉族与回族家庭借债的可能性随着收入水平的提高而减低，家庭收入越高，借债比例越低，家庭收入越低，则借债比例越高。需要指出的是，无论在哪个等级收入水平上，回族家庭借债的比例都要高于汉族家庭。

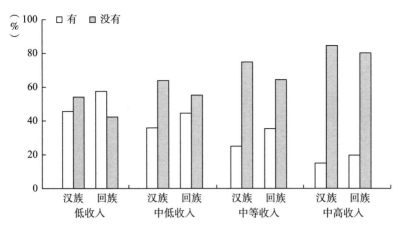

图 2 - 6　不同收入水平、不同民族身份的家庭过去一年的借债情况对比

表 2 - 6 显示了不同居住地、不同民族身份家庭过去一年的借钱金额。从借钱金额的平均数来看，城镇家庭相比农村家庭的借钱金额更高，汉族家庭比回族家庭的借钱金额更高。在城镇家庭中有 1/4 过去一年借钱金额小于 0.8 万元，而农村家庭中有 1/4 过去一年借钱金额小于 0.7 万元。汉族家庭中有 1/4 过去一年借钱金额小于 0.8 万元，而回族家庭中有 1/4 过去一年借钱金额小于 0.7 万元。城镇家庭和汉族家庭中，有 1/4 过去一年的借钱金额超过了 5 万元；农村家庭和回族家庭中，有 1/4 过去一年的借钱金额超过 4 万元。虽然在借债比例上，回族家庭高于汉族家庭，但是在借钱金额上前者却低于后者。

表 2 - 6　不同居住地、不同民族身份的家庭过去一年的借钱金额

单位：元

	平均数	25% 分位数	中位数	75% 分位数
居住地				
城镇	36773.09	8000	20000	50000
农村	34573.39	7000	20000	40000
民族身份				
汉族	37086.59	8000	20000	50000
回族	33123.28	7000	20000	40000
总计	35169.31	7800	20000	40000

图 2-7 显示家庭过去一年借钱的主要事由。我们看到，家庭借钱的主要事由是医疗，在过去一年曾经借钱的家庭中有超过 1/3 的家庭是因为医疗问题借钱。此外，家庭因为日常消费和住房问题而借钱的比例也相对较高，达到 10% 以上。教育问题和购买生产资料也是居民借钱的主要理由之一。因为婚事而借钱的比例约为 5%。

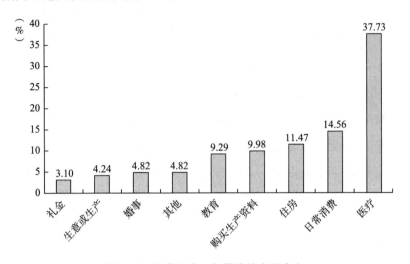

图 2-7 家庭过去一年借钱的主要事由

表 2-7 显示了不同居住地、不同民族身份的家庭当前欠债的情况。从居住地的数据看，城镇家庭当前有债务的比例要远低于农村家庭，大约低了 16%。此外，我们也看到汉族家庭当前有债务的比例接近 30%，回族家庭当前有债务的比例接近 50%，回族家庭的债务负担明显高于汉族家庭。图 2-8 显示了不同居住地和民族身份家庭的欠债情况。在城镇家庭中，汉族家庭的欠债比例为 22.17%，回族的欠债比例为 39.04%，高出汉族家庭 16.87%。在农村家庭中，汉族的欠债比例为 34.80%，回族的欠债比例为 49.40%，高出汉族家庭 14.60%。可以看出，无论是城镇地区还是农村地区，回族居民家庭有债务的比例都要显著高于汉族居民家庭。

表 2-8 对比了不同居住地、不同民族身份家庭的当前债务总额。从总体上看，宁夏地区家庭的平均债务超过了 5 万元，而且有一半以上的家庭债务总额超过 3 万元。从不同居住地角度来看，城镇家庭的债务总额平均数在 5.7 万元左右，农村则为 5.2 万元左右，后者比前者大约低 0.5 万元。从不

表 2 - 7　不同居住地、不同民族身份的家庭当前是否欠债情况

	有		没有		总计	
	n	%	n	%	n	%
居住地						
城镇	220	25.82	632	74.18	852	100
农村	681	41.47	961	58.53	1642	100
总计	901	36.13	1593	63.87	2494	100
Pearson chi2（1）= 59.5553　　Pr = 0.000						
民族身份						
汉族	454	29.44	1088	70.56	1542	100
回族	445	47.34	495	52.66	940	100
总计	899	36.22	1583	63.78	2482	100
Pearson chi2（1）= 80.9822　　Pr = 0.000						

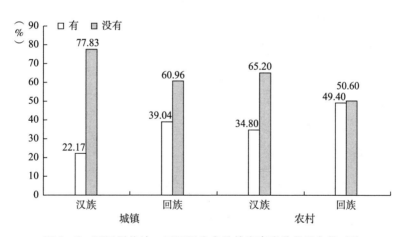

图 2 - 8　不同居住地、不同民族身份的家庭当前是否欠债对比

同民族身份角度来看，汉族家庭的债务总额平均数在 5.5 万元左右，回族家庭则为 5.1 万元左右，后者比前者大约低 0.4 万元。进一步我们看到，在当前有债务的城镇居民家庭中有一半以上的家庭债务超过了 4 万元，而在当前有债务的农民居民家庭中有一半以上的家庭超过了 3 万元。在当前有债务的汉族家庭和回族家庭中分别有一半以上的家庭债务超过了 3.5 万元和 3 万元。图 2 - 9 对比了不同居住地和民族身份的家庭当前债务总额的中位数。在当前有债务的城镇居民家庭中，回族家庭的债务总额显著低于汉族家庭。而在当

前有债务的农村家庭中，汉族家庭和回族家庭的债务总额没有显著差别。

表 2 - 8   不同居住地、不同民族身份的家庭当前债务总额

单位：元

	平均数	25%分位数	中位数	75%分位数
居住地				
城镇	57375.93	20000	40000	70000
农村	52124.89	10000	30000	70000
总计	53409.40	10000	30000	70000
民族身份				
汉族	55581.57	15000	35000	80000
回族	51357.11	10000	30000	70000
总计	53490.92	10000	30000	70000

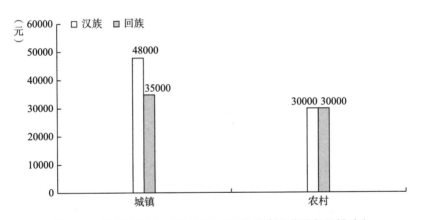

图 2 - 9   不同居住地、不同民族身份的家庭当前债务总额对比

2.3   家庭房产

本节考察了不同居住地、不同民族身份居民家庭的房产拥有情况，房屋市场价值以及房贷情况。如表 2 - 9 所示，宁夏地区居民家庭完全拥有自有住房的比例超过90%。在居住地的角度看，农村家庭与城镇家庭的住房拥有情况具有显著性差异。农村家庭中拥有住房的比例为93.07%，城镇家庭中拥有自有住房的比例为84.63%，农村家庭完全拥有自有住房的比例要

高于城镇。从民族身份的角度看，住房拥有的情况与民族身份的关系不显著。89.82%汉族家庭拥有自己住房，回族家庭则为90.88%，二者并无显著性差异。

表 2 - 9 不同居住地、不同民族身份的家庭拥有住房情况

	完全自有住房		没有完全自有住房		总计	
	n	%	n	%	n	%
居住地						
城镇	716	84.63	130	15.37	846	100
农村	1517	93.07	113	6.93	1630	100
总计	2233	90.19	243	9.81	2476	100
		Pearson chi2（1）= 44.7581		Pr = 0.000		
民族身份						
汉族	1376	89.82	156	10.18	1532	100
回族	847	90.88	85	9.12	932	100
总计	2223	90.22	241	9.78	2464	100
		Pearson chi2（1）= 0.7415		Pr = 0.389		

表 2 - 10 对比了不同居住地、不同民族身份的家庭房屋市场价值。从居住地角度看，城镇家庭的房屋市场价值的平均数约为 33.55 万元，农村家庭的房屋市场价值的平均数为 19.49 万元，二者相差 14.06 万元。进一步考察发现，在城镇有房的家庭中，有一半以上家庭房屋的市场价值超过 28 万元，而在农村地区有一半以上家庭房屋的市场价值超过 10 万元。从民族身份看，汉族家庭房屋市场价值的平均数为 26.29 万元，而回族家庭则为 19.87 万元，两者相差 6 万多元。此外，我们也看到，在有房屋的回族家庭中，有1/4 的家庭房屋价值超过了 25 万元。

图 2 - 10 显示不同居住地和民族身份家庭所拥有房屋市场价值的中位数。我们看到，在城镇地区，汉族家庭的房屋市场价值的中位数为 30 万元，回族家庭的房屋市场价值的中位数为 25 万元，后者比前者低了 5 万元。而在农村地区，无论是汉族家庭还是回族家庭，房屋市场价值的中位数为 10 万元，两者并无显著差异。

表 2 - 10　不同居住地、不同民族身份的家庭房屋市场价值情况

单位：万元

	平均数	25%分位数	中位数	75%分位数
居住地				
城镇	33.55	17	28	45
农村	19.49	5	10	25
民族身份				
汉族	26.29	8	20	36
回族	19.87	5	12	25
总计	23.89	7.5	16	30

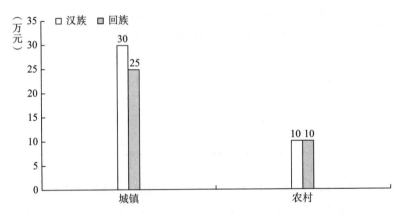

图 2 - 10　不同居住地、不同民族身份的家庭房屋市场价值对比

表 2 - 11 对比了不同居住地、不同民族身份家庭的房贷情况。从整体上看，宁夏地区家庭当前有房贷的比例为 11% 左右。不过，城镇家庭和农村

表 2 - 11　不同居住地、不同民族身份的家庭房贷情况

	有房贷		无房贷		总计	
	n	%	n	%	n	%
居住地						
城镇	142	16.67	710	83.33	852	100
农村	121	7.37	1521	92.63	1642	100
总计	263	10.55	2231	89.45	2494	100

Pearson chi2（1）= 51.4039　Pr = 0.000

	有房贷		无房贷		总计	
	n	%	n	%	n	%
民族身份						
汉族	179	11.61	1363	88.39	1542	100
回族	80	8.51	860	91.49	940	100
总计	259	10.44	2223	89.56	2482	100
Pearson chi2（1）=5.9957 Pr=0.014						

家庭在当前有无房贷上有显著性差异。城镇家庭有房贷情况的比例为 16.67%，农村家庭有房贷的比例为 7.37%，前者比后者高 9.30%。从民族身份的角度看，11.61% 汉族家庭有房贷，8.51% 的回族家庭有房贷，前者比后者高 3.10%。

2.4 家庭消费

本节考察了宁夏地区居民家庭在家庭消费上的基本情况，包括家庭总消费、家庭人均消费，占比重最大的消费项目等情况。表 2-12 显示了宁夏各地级市的家庭总消费情况。从整体上看，宁夏地区居民家庭年消费总额超过了 4 万元，有一半的家庭消费总额超过了 3 万元。分地区看，石嘴山市居民的家庭总消费的平均数最高，约为 5.3 万元，其次为银川市的家庭，约为 5.1 万元，两者都超过了 5 万元。吴忠市居民家庭的年总消费额平均也接近 5 万元。固原市和中卫市居民家庭的年总消费费较低，平均数分别约为 3.3 万元和 3.5 万元，与石嘴山市和银川市的家庭相比差距明显。

表 2-12 各地级市的家庭总消费情况

单位：元

	平均数	25%分位数	中位数	75%分位数
银川市	51026.78	24000	40000	60000
石嘴山市	52926.42	25000	40000	60000
吴忠市	49480.99	20000	30000	60000

续表

	平均数	25%分位数	中位数	75%分位数
固原市	32540.58	15000	20000	40000
中卫市	35235.45	15000	25000	40000
总计	43155.31	20000	30000	50000

表 2-13 对比了不同居住地、不同民族身份家庭在总消费上的情况。从居住地的角度来看，城镇家庭总消费的平均数约为 5.1 万元，相比农村 3.9 万元的家庭总消费高出 1.1 万元，城镇家庭的消费水平普遍高于农村家庭。从民族身份角度来看，汉族家庭总消费情况的平均数约为 4.4 万元，回族家庭的总消费情况的平均数约为 4 万元，两者相差约为 0.4 万元。不过，在家庭年消费的中位数上，汉族家庭和回族家庭都是 3 万元，即都有一半的家庭年消费总额超过了 3 万元。

表 2-13　不同居住地、不同民族身份的家庭总消费情况

单位：元

	平均数	25%分位数	中位数	75%分位数
居住地				
城镇	50592.80	25000	40000	60000
农村	39332.29	15000	30000	45000
总计	43155.31	20000	30000	50000
民族身份				
汉族	44664.09	20000	30000	50000
回族	40523.66	15000	30000	50000
总计	43093.88	20000	30000	50000

图 2-11 对比了不同居住地、不同民族身份的家庭在年总消费上的中位数。我们看到，在城镇中，汉族家庭总消费的中位数约为 4 万元，回族家庭总消费的中位数约为 3.8 万元，汉族家庭比回族家庭高约 0.2 万元。在农村地区，汉族家庭总消费的中位数为 3 万元，回族家庭则为 2.55 万元，汉族家庭比回族家庭高 0.45 万元。对比可以看出，城镇中不同民族家庭之间消费水平上的差异要小于农村的情况。

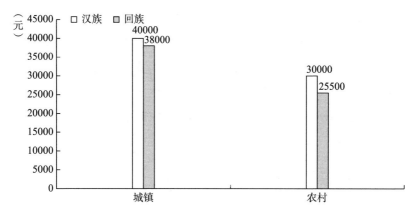

图 2 - 11　不同居住地、不同民族身份的家庭总消费情况

表 2 - 14 显示了宁夏各级市家庭年人均消费的情况。从整体上看，宁夏居民家庭年人均消费支出在 1.30 万元左右。具体而言，石嘴山市与银川市居民的家庭年人均消费支出最高，分别约为 1.66 万元和 1.65 万元，而且有 1/4 的家庭年人均消费支出超过了 2 万元。家庭人均年消费支出最低地区是固原市，还不到 1 万元，而且有一半的家庭年人均消费支出低于 0.50 万元。此外，我们也看到中卫市的家庭年人均消费支出接近 1 万元，有一半的家庭年消费支出在 0.67 万元以下。

表 2 - 14　各地级市的家庭年人均消费情况

单位：元

	平均数	25% 分位数	中位数	75% 分位数
银川市	16584.18	7500	12500	20000
石嘴山市	16640.76	8333	12500	20000
吴忠市	14103.02	5600	10000	16500
固原市	8214.25	3333	5000	10000
中卫市	9386.49	4000	6667	11000
总计	12606.45	5000	8750	15000

表 2 - 15 显示了不同居住地、不同民族身份家庭的年人均消费情况。从居住地的角度看，城镇家庭的年人均消费的数额约为 1.67 万元，农村家庭约为 1.05 万元，二者相差约 0.62 万元，城镇居民的人均消费显著高于农

村。而且，我们也看到，在城镇居民家庭中，有 1/4 的家庭年人均消费支出超过 2 万元，而在农村居民家庭中，有 1/4 的家庭年人均消费支出超过 1.2 万元。从民族身份的角度看，汉族家庭年人均消费的数额约为 1.3 万元，回族家庭约为 1 万元，二者相差 0.3 万元。在汉族居民家庭中，有 1/4 的家庭年人均消费支出超过 1.6 万元，而在回族居民家庭中，有 1/4 的家庭年人均消费支出超过 1.2 万元。

表 2 - 15　不同居住地、不同民族身份的家庭年人均消费情况

单位：元

	平均数	25% 分位数	中位数	75% 分位数
居住地				
城镇	16682.88	8000	12500	20000
农村	10511.09	4000	7000	12000
总计	12606.45	5000	8750	15000
民族身份				
汉族	13705.73	5200	10000	16667
回族	10743.64	4000	6667	12000
总计	12582.39	5000	8750	15000

图 2 - 12 对比了不同居住地、不同民族身份家庭的年人均消费情况。城镇汉族家庭年人均消费数额的中位数约为 1.33 万元，回族家庭约为 1 万元，二者相差 0.33 万元左右。农村汉族家庭年人均消费数额约为 0.75 万元，回族家庭约 0.63 万元。可以看出，农村地区不同民族家庭在年人均消费支出水平上的差距相比城镇地区较少。而且，我们看到控制了城乡因素，不同民族家庭之间在人均消费支出水平上的差距有所缩小。这说明，不同民族家庭之间的消费差距有一部分是因为城乡因素导致的。

图 2 - 13 显示了过去一年家庭消费支出的构成情况。我们看到，在宁夏地区家庭的消费支出中，医疗支出占比最高，占近 30%，也就是说有 30% 的家庭表示过去一年中消费支出最多的是医疗。此外，也有近 30% 的家庭表示过去一年中消费支出最多的是日常生活消费。有 16% 左右的家庭表示一年中支出最多的是住房费用。5.85% 的家庭表示教育费用是最大的

消费支出。医疗消费支出是居民家庭最重要的消费项目之一。

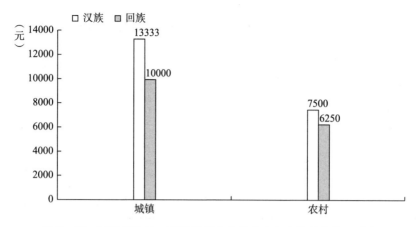

图 2-12 不同居住地、不同民族身份的家庭年人均消费情况对比

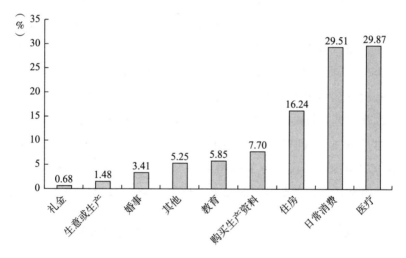

图 2-13 过去一年家庭消费支出的构成情况

　　为了进一步考察宁夏地区居民家庭的消费结构，我们分别考察了住房、教育和医疗支出在家庭总支出中所占的比重问题。表 2-16 显示不同居住地、不同民族身份家庭住房支出所占比重情况。从整体上看，有 75% 的家庭的住房支出比重为 0，也就是说没有住房方面的支出。不过，有 10% 的家庭的住房支出占其总支出的比重超过了 25%。从居住地的角度来看，有 10% 的城镇家庭住房支出比重超过 30%，而在农村中有 10% 的家庭住房支出比重超过 20%。从民族身份的角度看，10% 的汉族家庭住房支出比重超过 24%，10% 的回族家庭的住房支出比重超过了 27.78%。

表 2-16　不同居住地、不同民族身份的家庭住房支出比重

单位：%

	10% 分位数	25% 分位数	50% 分位数	75% 分位数	90% 分位数
居住地					
城镇	0	0	0	2.36	30
农村	0	0	0	0	20
民族身份					
汉族	0	0	0	0	24
回族	0	0	0	0	27.78
总计	0	0	0	0	25

　　表 2-17 显示不同居住地、不同民族身份家庭的教育支出所占比重情况。从总体上看，有一半的家庭教育支出占其总消费支出的比重不到 1%，有 25% 的家庭教育支出占比超过了 20%，有 10% 的家庭教育支出占比超过了 42.86%。从居住地角度来看，城镇家庭在教育支出上的比重要高于农村家庭。有 25% 的城镇家庭在教育支出上的比重超过了 20%，而 25% 的农村家庭在教育支出上的比重超过 17.50%。有 10% 的城镇家庭在教育支出上的比重超过了 50%，而 10% 的农村家庭在教育支出上的比重超过了 40%。从民族身份的角度看，汉族家庭在教育支出上的比重要高于回族家庭。有 25% 的城镇家庭在教育支出上的比重超过了 20%，而 25% 的回族家庭在教

表 2-17　不同居住地、不同民族身份的家庭教育支出比重

单位：%

	10% 分位数	25% 分位数	50% 分位数	75% 分位数	90% 分位数
居住地					
城镇	0	0	0	20	50
农村	0	0	1.25	17.50	40
民族身份					
汉族	0	0	0	20	45.45
回族	0	0	2.97	17.92	40
总计	0	0	0.80	20	42.86

育支出上的比重超过 17.92%。有 10% 的汉族家庭在教育支出上的比重超过了 45.45%，而 10% 的回族家庭在教育支出上的比重超过了 40%。

表 2 - 18 显示了不同居住地、不同民族身份家庭的医疗支出比重情况。从整体上看，有 50% 家庭的医疗支出占家庭总支出的比重超过了 10%，有 25% 家庭的医疗支出比重超过了 32%，有 10% 家庭的医疗支出比重超过了 57%。从居住地角度来看，城镇家庭在医疗支出上的比重要低于农村家庭。有 25% 的城镇家庭在医疗支出上的比重超过了 25%，而 25% 的农村家庭在医疗支出上的比重超过 34%。有 10% 的城镇家庭在医疗支出上的比重超过了 50%，而 10% 的农村家庭在医疗支出上的比重超过了 60%。从民族身份的角度看，汉族家庭在医疗支出上的比重要低于回族家庭。有 25% 的城镇家庭在医疗支出上的比重超过了 30%，而 25% 的回族家庭在医疗支出上的比重超过 33%。有 10% 的汉族家庭在医疗支出上的比重超过了 56%，而 10% 的回族家庭在医疗支出上的比重超过了 60%。由此可见，农村家庭和回族居民家庭的医疗支付负担相对更重。

表 2 - 18　不同居住地、不同民族身份的家庭医疗支出比重

单位：%

	10% 分位数	25% 分位数	50% 分位数	75% 分位数	90% 分位数
居住地					
城镇	0.4	2.5	8.57	25	50
农村	0.21	3.33	12.5	34.09	60
民族身份					
汉族	0	2.86	10	30	56.25
回族	0.5	3.33	12	33.33	60
总计	0.33	3	11.11	32	57.14

2.5　本章小结

基于 2019 年宁夏回族自治区抽样调查数据，本章的主要发现有如下几点。

（1）2019年宁夏居民家庭人均年收入大约为1.3万元，中位数为1万元，低于全国平均水平。宁夏各地区居民家庭人均年收入存在显著差距。石嘴山市和银川市居民人均年收入已经接近2万元，固原市和中卫市居民人均年收入还没有达到1万元。

（2）在家庭人均年收入上存在显著的城乡差距。不过，吴忠市的城乡差距是最大的，其次是银川市和石嘴山市，固原市的城乡居民差距是最小的。

（3）在家庭人均年收入方面，不同民族家庭之间存在显著差距。汉族家庭人均年收入大致为1.5万元，回族家庭人均年收入不到1万元。虽然在城镇和农村居民中，汉族家庭和回族家庭在人均年收入上都存在差距，但是在农村地区的差距相对较低。

（4）整体上看，宁夏地区居民家庭在过去一年中大约有1/3的家庭曾经借过钱。城镇居民家庭过去一年曾经借债的比例大约为26%，农村居民过去一年曾经借债的比例大约为40%，后者比前者高14%，两者存在显著差异。无论是城镇还是农村地区，回族家庭的借债比例都显著高于汉族家庭。从借钱金额的平均数来看，城镇家庭相比农村家庭的借钱金额更高，汉族家庭比回族家庭的借钱金额更高。

（5）家庭借钱的主要事由是医疗问题，在过去一年曾经借钱的家庭中有超过1/3的家庭是因为医疗问题借钱。此外，家庭因为日常消费和住房问题而借钱的比例也相对较高，达到了10%以上。

（6）从总体上看，宁夏地区家庭的平均债务超过了5万元，而且有一半以上的家庭债务总额超过3万元。从不同居住地角度来看，城镇家庭的债务总额平均数在5.7万元左右，农村则为5.2万元左右，后者比前者大约低0.5万元。从不同民族身份角度来看，汉族家庭的债务总额平均数在5.5万元左右，回族家庭则为5.1万元左右，后者比前者大约低了0.4万元。

（7）宁夏地区居民家庭完全自有住房的比例超过90%。从居住地角度看，城镇家庭的房屋市场价值的平均数约为33.55万元，农村家庭的房屋市场价值的平均数为19.48万元，二者相差14.07万元。从民族身份看，汉族家庭房屋市场价值的平均数为26.29万元，而回族家庭则为19.87万元，两者相差 6 万多元。从整体上看，宁夏地区家庭当前有房贷的比例大约为 11% 左右。

（8）从整体上看，宁夏居民家庭年人均消费支出在 1.3 万元左右。具体而言，石嘴山市与银川市居民的家庭年人均消费支出最高，人均年消费支出最低地区是固原市，还不到 1 万元，而且有一半的家庭年人均消费支出低于 0.5 万元。城镇居民的人均消费显著高于农村，汉族居民的人均消费显著高于回族居民。

（9）在宁夏地区家庭的消费支出中，医疗支出占近 30%，为最高。城镇家庭在医疗支出上的比重要低于农村家庭，汉族家庭在医疗支出上的比重要低于回族家庭。此外，教育支出和住房支出也是居民家庭支出的重要部分。

参考文献

国家统计局：《2019 中国统计年鉴》，中国统计出版社，2019。

宁夏回族自治区统计局、国家统计局宁夏调查总队编《2018 宁夏统计年鉴》，中国统计出版社，2018。

宁夏回族自治区统计局、国家统计局宁夏调查总队编《宁夏回族自治区 2018 年国民经济和社会发展统计公报》，2019。

第3章 家庭日常生活

　　生活质量不仅是人们客观物质生活水平和主观精神状态的综合反映，也是社会政策的结果（K. 苏斯耐等，1987）。基于其重要性，社会科学的各个领域都对其展开了研究。党的十九大报告多次提及"美好生活"并做出新时代主要社会矛盾是"人民日益增长的美好生活需要和不平衡不充分的发展之间的矛盾"的论断，提高生活质量成为当今社会发展的一个新内涵（吴姚东，2000）。此外，为加快全面小康进程提高人们生活质量，《全面建成小康社会统计监测指标体系》中设置了"人民生活"方面的几个重要监测指标，其中包括农户家庭居住条件的"人均家庭住房面积达标率""农村自来水普及率""卫生厕所普及率"等（张建华等，2003）。截至2018年底，我国城镇居民人均住房建筑面积达到39平方米，农村居民人均住房建筑面积达到47.3平方米①，住房条件明显改善。近年来，宁夏回族自治区制定了《美丽乡村实施方案》和《宁夏村庄布局规划（2015—2030年）》，不断加快危房危窑改造，农村深入推进以"两处理、两改造"（污水处理、垃圾处理、改厨改厕）为重点的新一轮农村环境综合整治，大大提高了人们的生活质量（陈之曦、陈通明，2019）。

　　国内的生活质量研究开始于20世纪80年代初期。生活质量研究主要集中在两个方面。一方面是关注人们客观生活状况的社会指标研究，另一方面是关注人们主观感受的生活满意度研究和幸福感研究（风笑天，2007）。在客观物质层面，居民家庭住房状况不仅反映了经济社会发展和居住文明

---

① 数据来源于《2018国家统计局统计年鉴》。

的程度，也是衡量居民生活质量的重要指标之一。住房作为人生存和发展的基础，对人的健康、家庭关系、主观幸福感以及社会稳定都起着重要作用（Edwards 等，1982；Inman & Sinn，2010；陈淑云、杨建坤，2018；李骏，2017）。大量研究考察了我国住房情况的城乡差异。在城乡方面，以往研究表明，我国城镇居民的住房面积小于农村住房面积，但在住房质量上，城镇居民的住房条件明显好于农村（易成栋，2007）。近年来我国住房结构布局在城镇和农村分别呈现两种现象，即城镇地区的"住房分异"和农村的"集中居住"。自 20 世纪 90 年代的住房改革以来，城镇居民住房逐渐呈现"居住分异"现象（李强、李洋，2010），即不同的社会阶层由于经济收入和社会地位差异以及家庭结构、择居观念的不同而产生的居住水平和居住区位的差异，在空间形态上形成面积不同、景观相异、相互隔离且具有连续性发展趋势的同质化居住体系（杜德斌等，1996）。以往研究指出，职业和受教育程度对住房分异的影响最大。在政府机关、事业单位和国有集体企业工作的人，自有住房的比例更高，住房条件也更好。其中，管理精英和专业精英的家庭在居住面积和居住质量上都有明显的优势（边燕杰、刘勇利，2005；刘玉亭等，2007）。从教育程度来看，不同受教育程度群体间的住房差异也十分明显。无论是人均居住面积、人均房间数，还是住房设施均和受教育程度存在正相关关系（刘玉亭等，2007）。而在农村，随着统筹城乡发展、大力推进城乡一体化的背景，"农民集中居住"成为当前农村地区的常见景象。农民集中居住就是把分散居住的零星居民点集中到新型社区居住，优化配套设施，辐射城市文明，使农民过上城市人的现代化生活，最终达到城乡一体化，是城镇化的一种形式（王正中，2010）。少数民族地区因为生态移民、危房改造等原因在农村形成大量的集中居住现象。已有研究发现集中居住有利于改善农民的居住环境和生活质量（贾燕等，2009）。

　　在主观评价方面，生活质量意义上的幸福感和生活满意度就是在一定物质条件基础上，根据自己的价值标准和主观偏好对于自身生活状态做出的满意程度的评价（朱艳玲等，2009）。以往研究发现，幸福感在城乡之间也存在差异。有学者研究得出，中国城乡经济社会发展中客观存在的差距，使城镇居民的幸福感高于农村（邢占军，2006）。但也有研究得出相反的结论，认为农民与城镇居民之间在生活条件和生活水平上的客观差距并未影响他们对未来的乐观态度和幸福感，并且由于农民的期望值相对城里人更低，所以农村居民幸福感强于城镇（曾慧超等，2005）。在民族方面，以往研究指出，汉族的生活满意度高于少数民族（訾非等，2012），但也有研究指出，少数民族的幸福感高于汉族（王武林，2015）。幸福感或生活满意度还受到多重因素的影响。除人口学上的特征外，以往研究发现，住房面积大的人的确比住房面积小的人要幸福，但是随着住房面积的增加，两者之间的关系则渐渐减弱（方纲、风笑天，2009）。另外研究指出家庭人情支出与主观幸福感、生活满意度均显著正相关，即人情支出越多则主观幸福感越高，生活满意度也越高（邹宇春、茅倬彦，2018）。另外，污染对主观幸福感有显著的不利影响，研究表明，尽管经济增长仍然是增进我国居民幸福感的重要来源，但居民对洁净的空气也有强烈的需求。环境污染对社会经济地位较低的人造成的不利影响可能更大（黄永明、何凌云，2013）。

通过以上文献回顾，可以发现以往研究对于生活质量的主观客观指标和主观评价已有较为丰富的成果，但也存在一些不足之处。测量和评估家庭生活质量应该将个体所在的家庭生活环境和个体对家庭生活的主观评价结合起来，才能够比较全面地了解家庭生活质量的真实状况。但以往关于日常生活质量的评定几乎都选择单一的客观物质指标或主观幸福感，很少有研究在同一地区将两者结合起来。基于此，本章将利用2019年在宁夏回族自治区进行的综合社会调查数据，从居住条件、生活满意度和主观幸福感等方面考察了新时代背景下宁夏地区居民的生活水平。

3.1　居住情况

在调查过程中，首先询问被访者"您家现在居住的房子总共有多少平方米"获得居住面积变量的数据；其次询问被访者"您家是否有以下耐用消费品"，来评价被访者的家用电器拥有情况；最后还询问了被访者"您家周边环境是否有以下问题"，了解被访者家庭周围环境情况。居住情况主要涉及三个变量——居住面积、家用电器拥有情况和家庭周边环境，具体操作化为：

- 家庭住房面积（仅指供人居住使用的房屋建筑面积）
- 家庭生活电器拥有情况（1 = 有，2 = 没有）
  - 是否有彩电
  - 是否有空调
  - 是否有冰箱
  - 是否有洗衣机
  - 是否有烤箱
  - 是否有微波炉
- 您家周边有没有空气污染（1 = 有，2 = 没有）
  - 您家周边有没有脏乱
  - 您家周边有没有吵闹
  - 您家周边有没有空气污染

表 3-1 是宁夏地区各地级市的家庭居住面积。从表中可以看出，宁夏地区居民家庭的平均住房总面积大约为 106 平方米。其中，有一半的家庭住房面积在 100 平方米以上，1/4 的家庭居住面积在 76 平方米以下，1/4 的家庭居住面积在 120 平方米以上。不过，从表中也可以看出，宁夏各地级市的家庭居住面积也存在差异。固原市的家庭平均居住面积在 5 个地级市中最小，大约为 91 平方米，吴忠市的家庭居住面积在 5 个市中最大，大约为 122 平方米。

表 3-1 各地级市的家庭居住面积

单位：平方米

	平均数	25% 分位数	中位数	75% 分位数
银川市	107.02	80	100	120
石嘴山市	93.76	76.83	90	102
吴忠市	122.01	87	110	150

续表

	平均数	25%分位数	中位数	75%分位数
固原市	91.29	60	80	109
中卫市	118.05	84	100	130
总计	106.87	76	100	120

表3-2显示了宁夏地区不同居住地、不同民族身份的家庭居住面积情况。从表中可以看出，农村家庭居住总面积平均为112平方米，城镇家庭居住总面积平均约为95平方米，农村家庭平均居住总面积高于城镇家庭平均居住总面积，这与全国家庭居住面积的城乡差异情况相同。[①] 从民族来看，汉族家庭居住总面积平均大约为104平方米，回族家庭居住总面积平均为110平方米，回族家庭平均居住总面积高于汉族家庭平均居住总面积。回族居民家庭中有一半的家庭居住面积大于100平方米，而有1/4家庭居住总面积在72平方米以下，低于汉族家庭的78平方米，也有1/4的家庭居住面积在130平方米以上，高于汉族家庭的120平方米。

表3-2 不同居住地、不同民族身份的家庭居住面积

单位：平方米

	平均数	25%分位数	中位数	75%分位数
居住地				
城镇	95.44	73	90	110
农村	112.8	80	100	130
民族身份				
汉族	104.67	78	98	120
回族	110.63	72	100	130
总计	106.91	76	100	120

表3-3显示了不同居住地家庭的家用电器拥有情况。从表中可以看出，居住地与家庭电器的拥有情况存在相关关系。城镇家庭彩电、空调、冰箱、

---

① 2018年，城镇居民人均住房建筑面积39平方米，农村居民人均住房建筑面积47.3平方米，农村的住房面积大于城镇住房面积。

洗衣机、烤箱和微波炉的拥有比例均高于农村。其中，微波炉、空调的城
乡拥有差距较大。而在各家庭电器的拥有比例也有差距，彩电、冰箱和洗
衣机等电器家庭拥有比例较高，分别为 93.47%、91.21%、94.07%。空调
的拥有量较少，这是因为宁夏地区夏季气温较为凉爽，家庭的空调需要小。
除此之外，烤箱和微波炉的家庭拥有比例相对较低。

表 3-3　不同居住地家庭的家用电器拥有情况

	城镇		农村		总计	
	n	%	n	%	n	%
家庭是否有彩电						
没有	26	3.08	136	8.32	162	6.53
有	819	96.92	1498	91.68	2317	93.47
Pearson chi2 (1) = 25.0978　Pr = 0.000						
家庭是否有空调						
没有	666	78.82	1551	94.92	2217	89.43
有	179	21.18	83	5.08	262	10.57
Pearson chi2 (1) = 152.8196　Pr = 0.000						
家庭是否有冰箱						
没有	24	2.84	194	11.87	218	8.79
有	821	97.16	1440	88.13	2261	91.21
Pearson chi2 (1) = 56.6554　Pr = 0.000						
家庭是否有洗衣机						
没有	21	2.49	126	7.71	147	5.93
有	824	97.51	1508	92.29	2332	94.07
Pearson chi2 (1) = 27.2688　Pr = 0.000						
家庭是否有烤箱						
没有	729	86.27	1535	93.94	2264	91.33
有	116	13.73	99	6.06	215	8.67
Pearson chi2 (1) = 41.3575　Pr = 0.000						
家庭是否有微波炉						
没有	508	60.12	1420	86.90	1928	77.77
有	337	39.88	214	13.10	551	22.23
Pearson chi2 (1) = 231.1579　Pr = 0.000						

表 3－4 是不同民族身份家庭的家用电器拥有情况。从表中可以看出，民族身份和家庭是否有彩电、空调、冰箱、洗衣机和微波炉都有相关关系，只有家庭是否拥有烤箱情况与民族身份不存在相关关系。整体上看，汉族居民家庭的彩电、冰箱、空调、洗衣机和微波炉的拥有比例都高于回族居民家庭。

表 3－4　不同民族身份家庭的家用电器拥有情况

	汉族		回族		总计	
	n	%	n	%	n	%
家庭是否有彩电						
没有	56	3.64	106	11.40	162	6.57
有	1481	96.36	824	88.60	2305	93.43
Pearson chi2（1）= 56.7852　Pr = 0.000						
家庭是否有空调						
没有	1339	87.12	870	93.55	2209	89.54
有	198	12.88	60	6.45	258	10.46
Pearson chi2（1）= 25.5869　Pr = 0.000						
家庭是否有冰箱						
没有	117	7.61	100	10.75	217	8.80
有	1420	92.39	830	89.25	2250	91.20
Pearson chi2（1）= 7.1231　Pr = 0.008						
家庭是否有洗衣机						
没有	69	4.49	78	8.39	147	5.96
有	1468	95.51	852	91.61	2320	94.04
Pearson chi2（1）= 15.7097　Pr = 0.000						
家庭是否有烤箱						
没有	1400	91.09	856	92.04	2256	91.45
有	137	8.91	74	7.96	211	8.55
Pearson chi2（1）= 0.6777　Pr = 0.410						
家庭是否有微波炉						
没有	1119	72.80	805	86.56	1924	77.99
有	418	27.20	125	13.44	543	22.01
Pearson chi2（1）= 63.8617　Pr = 0.000						

表 3-5 是不同居住地的家庭周边环境情况。从表中可以看出，家庭周边是否脏乱、吵闹、有空气污染都与居住地显著相关。总的来看，宁夏地区家庭周边环境较好，家庭周边脏乱、吵闹和有空气污染的比例分别为 13.67%、13.79% 和 8.14%，占比较低。从城乡差异来看，城镇家庭周边存在脏乱、吵闹和空气污染的占比明显高于农村地区，其中家庭周边是否存在吵闹的城乡占比差异最大。这说明城乡居住自然环境质量存在显著差异，农村居住自然环境明显好于城镇。

表 3-5　不同居住地的家庭周边环境

	城镇		农村		总计	
	n	%	n	%	n	%
您家周边是否脏乱						
是	157	18.43	184	11.21	341	13.67
否	672	78.87	1425	86.78	2097	84.08
不确定	23	2.70	33	2.01	56	2.25
Pearson chi2（2）= 26.7584　Pr = 0.000						
您家周边是否吵闹						
是	198	23.24	146	8.89	344	13.79
否	646	75.82	1475	89.83	2121	85.04
不确定	8	0.94	21	1.28	29	1.16
Pearson chi2（2）= 97.2197　Pr = 0.000						
您家周边有没有空气污染						
有	101	11.85	102	6.21	203	8.14
没有	728	85.45	1518	92.45	2246	90.06
不确定	23	2.70	22	1.34	45	1.80
Pearson chi2（2）= 30.7430　Pr = 0.000						

表 3-6 是不同民族身份的家庭周边环境情况。从表中可以看出，家庭周边是否吵闹和空气污染与民族身份存在相关性，但家庭周边是否脏乱与民族身份不存在相关性。在家庭周边各项环境问题中，汉族居民家庭周边存在脏乱情况的占 14.4%，回族居民家庭占 12.34%；汉族居民家庭周边存在吵闹的占 16.28%，回族居民家庭占 9.68%；汉族居民家庭周边存在空气

污染情况的占9.47%，回族居民家庭仅占5.96%。由此说明汉族家庭周边脏乱、吵闹和有空气污染的占比都明显高于回族家庭。回族居民家庭周边的环境质量要好于汉族居民家庭周边的环境质量。

表3-6　不同民族身份的家庭周边环境

	汉族		回族		总计	
	n	%	n	%	n	%
您家周边是否脏乱						
是	222	14.4	116	12.34	338	13.62
否	1286	83.4	802	85.32	2088	84.13
不确定	34	2.20	22	2.34	56	2.26
Pearson chi2 (2) = 2.1173　Pr = 0.347						
您家周边是否吵闹						
是	251	16.28	91	9.68	342	13.78
否	1277	82.81	834	88.72	2111	85.05
不确定	14	0.91	15	1.60	29	1.17
Pearson chi2 (2) = 23.2055　Pr = 0.000						
您家周边有没有空气污染						
有	146	9.47	56	5.96	202	8.14
没有	1368	88.72	867	92.23	2235	90.05
不确定	28	1.82	17	1.81	45	1.81
Pearson chi2 (2) = 9.6472　Pr = 0.008						

3.2　饮水问题

调查过程中，首先询问被访者"您家主要用什么水做饭"获得该家庭的饮用水源情况，其次询问被访者"您家的饮水是否存在下列情况"获得该家庭的饮水问题。本节涉及变量操作化为：

- 饮用水来源（1＝自来水或矿泉水，2＝自然水源）
- 饮用水是否有问题（1＝有，2＝没有）

■饮用水是否有异味

■饮用水颜色是否有异常

■饮用水是否有杂质

■饮用水水量是否不足

表 3-7 是居住地、民族身份和饮用水源的交互情况。如表所示，家庭饮用水源与民族身份和居住地都存在相关关系（在 0.01 水平上显著）。从总体来看，宁夏地区绝大部分家庭的饮用水源为自来水和矿泉水的占 93.5%。从城乡来看，城镇家庭用水来源为自来水和矿泉水的占 96.6%，高于农村家庭的 91.89%。从民族身份来看，汉族家庭饮用水源为自来水和矿泉水占 94.61%，略高于回族家庭为自来水和矿泉水的 91.59%。

表 3-7 居住地、民族身份与饮用水源

	自来水或矿泉水		自然水源		总计	
	n	%	n	%	n	%
居住地						
城镇	823	96.60	29	3.40	852	100
农村	1507	91.89	133	8.11	1640	100
总计	2330	93.50	162	6.50	2492	100
Pearson chi2（1）= 20.4298　Pr = 0.000						
民族身份						
汉族	1458	94.61	83	5.39	1541	100
回族	860	91.59	79	8.41	939	100
总计	2318	93.47	162	6.53	2480	100
Pearson chi2（1）= 8.7567　Pr = 0.003						

表 3-8 是居住地、民族身份和饮用水是否有问题的交互情况。从表中可以看出，家庭饮水是否有问题与居住地、民族身份都存在相关性。总体来看，宁夏地区有饮水问题的家庭占比较小，占 22.01%。从城乡来看，城镇家庭饮水有问题的占 28.64%，明显高于农村家庭的占 18.57%。从民族身份来看，汉族家庭饮水有问题的占 24.71%，明显高于回族家庭饮水问题

的占 17.13%。

表 3-8　居住地、民族身份与饮用水是否有问题

	有问题		没有问题		总计	
	n	%	n	%	n	%
居住地						
城镇	244	28.64	608	71.36	852	100
农村	305	18.57	1337	81.43	1642	100
总计	549	22.01	1945	77.99	2494	100
Pearson chi2（1）= 33.0920　Pr = 0.000						
民族身份						
汉族	381	24.71	1161	75.29	1542	100
回族	161	17.13	779	82.87	940	100
总计	542	21.84	1940	78.16	2482	100
Pearson chi2（1）= 19.6612　Pr = 0.000						

　　图 3-1 是宁夏地区的家庭饮用水的主要问题。如图所示，总体来看，家庭饮用水问题并非十分严重，但家庭各项饮用水问题情况存在差异，饮用水有杂质的占比最大，为 59.58%，其他三种类型饮用水有异味、饮用水颜色异常和饮用水水量不足分别占 18.21%、24.04%、17.49%，相差不大。这说明宁夏地区首先需要着重解决的饮用水问题是饮用水中有杂质的问题。

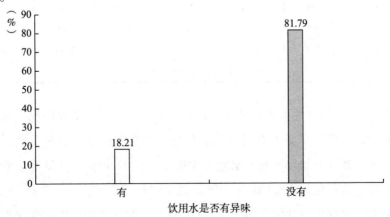
饮用水是否有异味

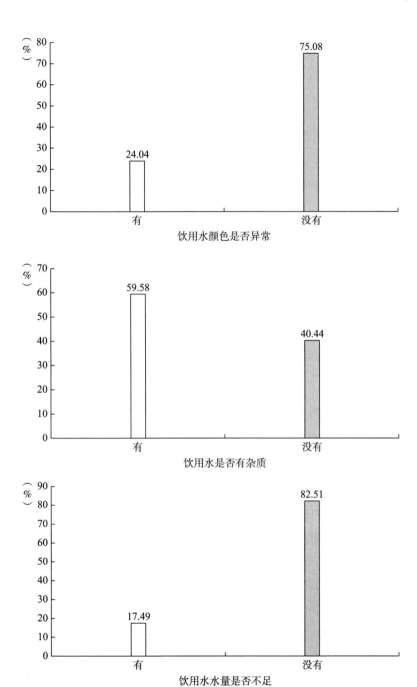

图 3-1 饮用水的主要问题

3.3 家庭日常生活水平自评

在调查过程中，主要询问了被访者如下问题：最近5年，您家的生活水平发生了怎样的变化？您对自己当前的生活感到满意吗？总的来说，您觉得您的生活是否幸福？这些问题有助于从主观层面上了解宁夏地区居民的生活改善情况，生活满意度和幸福感。本节涉及的变量操作化如下：

- 生活改善情况（1＝大大提高；2＝有所提高；3＝基本没有变化；4＝有所下降；5＝大大下降）
- 生活满意度（1＝非常满意；2＝满意；3＝一般；4＝不满意；5＝非常不满意）
- 幸福感（1＝非常幸福；2＝幸福；3＝一般；4＝不幸福；5＝非常不幸福）

表3－9是居住地、民族身份与生活改善情况的交互情况。从表中可以看出，生活水平改善情况和居住地存在相关关系（在0.01水平上显著），民族身份和生活水平改善情况不存在相关关系。总体来看，认为近5年生活水平大大提高和有所提高的家庭占16.52%和59.7%，说明大部分家庭认为最近5年生活水平在改善。从城乡来看，农村居民认为生活水平大大提高和有所提高的家庭分别占17.97%和59.87%，城镇居民认为生活水平大大提高和有所提高的家庭分别占13.73%和59.39%，农村生活改善情况要相对好于城镇。从民族身份来看，汉族居民和回族居民认为生活水平改善的家庭分别占76.2%和76.27%，两者相差不大。

表3－10是居住地、民族身份与生活满意度的交互情况。从表中可以看出，生活满意度和居住地之间存在相关关系（在0.01水平上显著），与民族身份之间不存在相关关系。总体来看，居民对自己当前生活感到非常满意和满意的分占15.16%和67.4%，生活满意度总体占比较高。从城乡来看，农村地区对自己当前生活感到非常满意和满意的家庭分别占15.35%和

69.18%，城镇地区对自己当前生活感到非常满意和满意的家庭分别占 14.79% 和 63.97%，农村地区居民的家庭生活满意度高于城镇地区。从民族身份来看，汉族家庭对自己当前生活感到非常满意和满意的占 13.88% 和 67.90%，回族家庭对自己当前生活感到非常满意和满意的占 17.02% 和 66.81%，两者相差不大。

表 3-9 居住地、民族身份与生活改善情况

	大大提高		有所提高		基本没有变化		有所下降		大大下降		总计	
	n	%	n	%	n	%	n	%	n	%	n	%
城镇	117	13.73	506	59.39	185	21.71	38	4.46	6	0.70	852	100
农村	295	17.97	983	59.87	297	18.09	63	3.84	4	0.24	1642	100
总计	412	16.52	1469	59.70	482	19.33	101	4.05	10	0.40	2494	100
Pearson chi2 (4) = 13.4294 Pr = 0.009												
汉族	260	16.86	915	59.34	301	19.52	58	3.76	8	0.52	1542	100
回族	151	16.06	566	60.21	178	18.94	43	4.57	2	0.21	940	100
总计	411	16.56	1481	59.67	479	19.30	101	4.07	10	0.40	2482	100
Pearson chi2 (4) = 2.7087 Pr = 0.608												

表 3-10 居住地、民族身份与生活满意度

	非常满意		满意		一般		不满意		非常不满意		总计	
	n	%	n	%	n	%	n	%	n	%	n	%
城镇	126	14.79	545	63.97	131	15.38	41	4.81	9	1.06	852	100
农村	252	15.35	1136	69.18	186	11.33	60	3.65	8	0.49	1642	100
总计	378	15.16	1681	67.40	317	12.71	101	4.05	17	0.68	2494	100
Pearson chi2 (4) = 14.1350 Pr = 0.007												
汉族	214	13.88	1047	67.90	199	12.91	71	4.60	11	0.71	1542	100
回族	160	17.02	628	66.81	117	12.45	29	3.09	6	0.64	940	100
总计	374	15.07	1675	67.49	316	12.73	100	4.03	17	0.68	2482	100
Pearson chi2 (4) = 7.4221 Pr = 0.115												

表 3-11 是居住地、民族身份和生活幸福感的交互情况。从表中可以看出，居民的生活幸福感和居住地、民族身份不存在相关关系。总体来看，

认为自己的生活非常幸福和幸福的家庭分别占 16.68% 和 66.68%，认为不幸福和非常不幸福的家庭仅占 2.77% 和 0.20%，这说明宁夏地区居民的幸福感较高。从城乡来看，城镇地区认为自己生活非常幸福和幸福的分别占 17.02% 和 63.73%，农村地区认为自己生活非常幸福和幸福的分别占 16.50% 和 68.21%，农村地区居民的幸福感高于城镇地区居民的幸福感。从民族身份来看，汉族认为自己生活幸福的家庭占 15.82% 和 66.86%，回族认为自己生活幸福的家庭占 18.09% 和 66.17%，回族居民幸福感略高于汉族居民。

表 3-11　居住地、民族身份与生活幸福感

	非常幸福		幸福		一般		不幸福		非常不幸福		总计	
	n	%	n	%	n	%	n	%	n	%	n	%
城镇	145	17.02	543	63.73	137	16.08	26	3.05	1	0.12	852	100
农村	271	16.50	1120	68.21	204	12.42	43	2.62	4	0.24	1642	100
总计	416	16.68	1663	66.68	341	13.67	69	2.77	5	0.20	2494	100
Pearson chi2 (4) = 8.0845　Pr = 0.089												
汉族	244	15.82	1031	66.86	218	14.14	46	2.98	3	0.19	1542	100
回族	170	18.09	622	66.17	123	13.09	23	2.45	2	0.21	940	100
总计	414	16.68	1653	66.60	341	13.74	69	2.78	5	0.20	2482	100
Pearson chi2 (4) = 2.9171　Pr = 0.572												

3.4　家庭日常生活面临的问题

通过询问被访者"在过去一年中，下列生活问题对您或者您家庭有没有影响"，了解被访者遭遇的日常生活问题。本节涉及的变量操作化如下：

- 住房条件差对您或您的家庭有没有影响（1 = 不存在这个问题；2 = 影响小；3 = 影响一般；4 = 影响较大；5 = 影响非常大）
- 子女教育费用高对您或您的家庭有没有影响（1 = 不存在这个问题；2 = 影响小；3 = 影响一般；4 = 影响较大；5 = 影响非常大）

● 家庭关系不和（如离婚、分居、婆媳关系不好等）对您或您的家庭有没有影响（1 = 不存在这个问题；2 = 影响小；3 = 影响一般；4 = 影响较大；5 = 影响非常大）

● 医疗支出大对您或您的家庭有没有影响（1 = 不存在这个问题；2 = 影响小；3 = 影响一般；4 = 影响较大；5 = 影响非常大）

● 物价上涨对您或您的家庭有没有影响（1 = 不存在这个问题；2 = 影响小；3 = 影响一般；4 = 影响较大；5 = 影响非常大）

● 家庭收入低对您或您的家庭有没有影响（1 = 不存在这个问题；2 = 影响小；3 = 影响一般；4 = 影响较大；5 = 影响非常大）

● 家人无业、失业或工作不稳定对您或您的家庭有没有影响（1 = 不存在这个问题；2 = 影响小；3 = 影响一般；4 = 影响较大；5 = 影响非常大）

● 赡养老人负担过重对您或您的家庭有没有影响（1 = 不存在这个问题；2 = 影响小；3 = 影响一般；4 = 影响较大；5 = 影响非常大）

● 家庭人情支出大对您或您的家庭有没有影响（1 = 不存在这个问题；2 = 影响小；3 = 影响一般；4 = 影响较大；5 = 影响非常大）

● 遇到受骗、失窃、被抢劫等犯罪事件对您或您的家庭有没有影响（1 = 不存在这个问题；2 = 影响小；3 = 影响一般；4 = 影响较大；5 = 影响非常大）

图 3 - 2 描述了家庭面临的主要问题。从总体来看，过去一年面临问题的家庭约占 67%，过去没有面临家庭问题的家庭约占 33%，这说明大部分家庭在过去一年中曾面临一些问题。从图中可以看出，在家庭面临的各项问题中，就业和收入问题对家庭的影响最大，占 16.64%，其次是医疗和教育，分别占 14.72% 和 12.19%。养老和婚事对家庭的影响不大，仅占 2.85% 和 2.89%。

表 3 - 12 是居住地与影响家庭的主要问题的交互情况。从表中可以看出，医疗支出大，物价上涨，家人无业、失业或工作不稳定以及家庭人情支出大和居住地存在相关性。住房条件差、子女教育费用高、家庭关系不

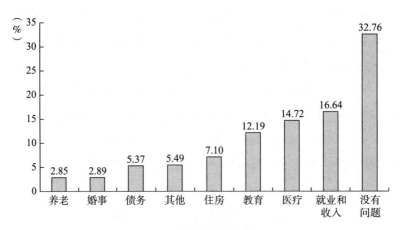

图 3 - 2　家庭面临的主要问题

和、赡养老人负担过重、犯罪事件与居住地不存在相关性。从总体来看，影响家庭的主要问题集中在医疗支出大、家庭收入低以及家人无业、失业或工作不稳定。总体来看，医疗支出大对 26.86% 和 11.95% 的家庭影响较大和非常大。家庭收入低对家庭影响较大和非常大的分别占 37.29% 和 11.23%。家人无业、失业或工作不稳定影响占比较大和非常大的分别占为 28.51% 和 10.67%。家庭关系不和及犯罪事件对家庭的影响较小。家庭关系不和对家庭影响较大和非常大的分别占 2.97% 和 1.24%，犯罪事件对家庭影响较大和非常大的分别占 5.49% 和 3.01%。从城乡差异来看，住房条件差、子女教育费用高、家庭关系不和、物价上涨对家庭的影响，两者差异不大；治疗支出大、家庭收入低、家人无业、失业或工作不稳定、赡养老人负担过重、家庭人情支出大对农村家庭的影响比城镇家庭的影响大。犯罪事件对城镇家庭的影响比农村家庭的影响大。

表 3 - 12　居住地与影响家庭的主要问题

	城镇		农村		总计	
	n	%	n	%	n	%
住房条件差对家庭的影响						
不存在这个问题	573	67.25	1040	63.34	1613	64.68
影响小	128	15.02	254	15.47	382	15.32

续表

	城镇		农村		总计	
	n	%	n	%	n	%
住房条件差对家庭的影响						
影响一般	72	8.45	152	9.26	224	8.98
影响较大	53	6.22	152	9.26	205	8.22
影响非常大	26	3.05	44	2.68	70	2.81
总计	852	100	1642	100	2494	100
Pearson chi2 (4) = 8.3770　Pr = 0.079						
子女教育费用高对家庭的影响						
不存在这个问题	438	51.41	831	50.61	1269	50.88
影响小	124	14.55	241	14.68	365	14.64
影响一般	89	10.45	178	10.84	267	10.71
影响较大	127	14.91	296	18.03	423	16.96
影响非常大	74	8.69	96	5.85	170	6.82
总计	852	100	1642	100	2494	100
Pearson chi2 (4) = 10.0111　Pr = 0.040						
家庭关系不和对家庭的影响						
不存在这个问题	669	78.52	1321	80.45	1990	79.79
影响小	116	13.62	174	10.6	290	11.63
影响一般	29	3.40	80	4.87	109	4.37
影响较大	26	3.05	48	2.92	74	2.97
影响非常大	12	1.41	19	1.16	31	1.24
总计	852	100	1642	100	2494	100
Pearson chi2 (4) = 7.7397　Pr = 0.102						
医疗支出大对家庭的影响						
不存在这个问题	205	24.06	331	20.16	536	21.49
影响小	240	28.17	368	22.41	608	24.38
影响一般	126	14.79	256	15.59	382	15.32
影响较大	186	21.83	484	29.48	670	26.86
影响非常大	95	11.15	203	12.36	298	11.95
总计	852	100	1642	100	2494	100
Pearson chi2 (4) = 24.7329　Pr = 0.000						

续表

	城镇		农村		总计	
	n	%	n	%	n	%
物价上涨对家庭的影响						
不存在这个问题	102	11.97	302	18.39	404	16.20
影响小	278	32.63	525	31.97	803	32.20
影响一般	230	27.00	372	22.66	602	24.14
影响较大	198	23.24	385	23.45	583	23.38
影响非常大	44	5.16	58	3.53	102	4.09
总计	852	100	1642	100	2494	100

Pearson chi2 (4) = 22.3899　Pr = 0.000

	城镇		农村		总计	
家庭收入低对家庭的影响						
不存在这个问题	163	19.13	190	11.57	353	14.15
影响小	207	24.30	298	18.15	505	20.25
影响一般	139	16.31	287	17.48	426	17.08
影响较大	247	28.99	683	41.60	930	37.29
影响非常大	96	11.27	184	11.21	280	11.23
总计	852	100	1642	100	2494	100

Pearson chi2 (4) = 57.4681　Pr = 0.000

	城镇		农村		总计	
家人无业、失业或工作不稳定对家庭的影响						
不存在这个问题	297	34.86	377	22.96	674	27.02
影响小	160	18.78	298	18.15	458	18.36
影响一般	99	11.62	286	17.42	385	15.44
影响较大	196	23.00	515	31.36	711	28.51
影响非常大	100	11.74	166	10.11	266	10.67
总计	852	100	1642	100	2494	100

Pearson chi2 (4) = 56.8702　Pr = 0.000

	城镇		农村		总计	
赡养老人负担过重对家庭的影响						
不存在这个问题	423	49.65	811	49.39	1234	49.48
影响小	204	23.94	356	21.68	560	22.45
影响一般	111	13.03	215	13.09	326	13.07
影响较大	89	10.45	203	12.36	292	11.71

续表

	城镇		农村		总计	
	n	%	n	%	n	%
赡养老人负担过重对家庭的影响						
影响非常大	25	2.93	57	3.47	82	3.29
总计	852	100	1642	100	2494	100

Pearson chi2（4）= 3.5412 Pr = 0.472

	城镇		农村		总计	
家庭人情支出大对家庭的影响						
不存在这个问题	144	16.90	319	19.43	463	18.56
影响小	291	34.15	468	28.50	759	30.43
影响一般	229	26.88	380	23.14	609	24.42
影响较大	142	16.67	387	23.57	529	21.21
影响非常大	46	5.40	88	5.36	134	5.37
总计	852	100	1642	100	2494	100

Pearson chi2（4）= 23.6243 Pr = 0.000

	城镇		农村		总计	
犯罪事件对家庭的影响						
不存在这个问题	638	74.88	1277	77.77	1915	76.78
影响小	91	10.68	156	9.50	247	9.90
影响一般	42	4.93	78	4.75	120	4.81
影响较大	55	6.46	82	4.99	137	5.49
影响非常大	26	3.05	49	2.98	75	3.01
总计	852	100	1642	100	2494	100

Pearson chi2（4）= 3.6254 Pr = 0.459

　　表 3 - 13 是民族身份与影响家庭的主要问题的交互情况。从表中可以看出，住房条件差，子女教育费用高，家庭关系不和，家庭收入低，家人无业、失业或工作不稳定，家庭人情支出大与民族身份存在相关性（在 0.01 水平上显著）。而医疗支出大，物价上涨和赡养老人负担过重，犯罪事件和民族身份不存在相关关系。从民族身份来看，住房条件差，子女教育费用高，医疗支出大，家庭收入低，家人无业、失业或工作不稳定以及人情支出大对回族家庭的影响比汉族家庭的影响更大。但犯罪事件对汉族家庭的影响比对回族家庭的影响更大。

表 3-13 民族身份与影响家庭的主要问题

	汉族		回族		总计	
	n	%	n	%	n	%
住房条件差对家庭的影响						
不存在这个问题	1043	67.64	564	60.00	1607	64.75
影响小	223	14.46	158	16.81	381	15.35
影响一般	125	8.11	98	10.43	223	8.98
影响较大	111	7.20	92	9.79	203	8.18
影响非常大	40	2.59	28	2.98	68	2.74
总计	1542	100	940	100	2482	100
Pearson chi2 (4) = 15.9560 Pr = 0.003						
子女教育费用高对家庭的影响						
不存在这个问题	840	54.47	424	45.11	1264	50.93
影响小	210	13.62	154	16.38	364	14.67
影响一般	141	9.14	124	13.19	265	10.68
影响较大	246	15.95	175	18.62	421	16.96
影响非常大	105	6.81	63	6.70	168	6.77
总计	1542	100	940	100	2482	100
Pearson chi2 (4) = 24.5209 Pr = 0.000						
家庭关系不和对家庭的影响						
不存在这个问题	1245	80.74	736	78.30	1981	79.81
影响小	186	12.06	102	10.85	288	11.60
影响一般	50	3.24	59	6.28	109	4.39
影响较大	48	3.11	26	2.77	74	2.98
影响非常大	13	0.84	17	1.81	30	1.21
总计	1542	100	940	100	2482	100
Pearson chi2 (4) = 18.1551 Pr = 0.001						
医疗支出大对家庭的影响						
不存在这个问题	344	22.31	190	20.21	534	21.51
影响小	378	24.51	223	23.72	601	24.21
影响一般	237	15.37	143	15.21	380	15.31
影响较大	399	25.88	270	28.72	669	26.95

续表

	汉族		回族		总计	
	n	%	n	%	n	%
医疗支出大对家庭的影响						
影响非常大	184	11.93	114	12.13	298	12.01
总计	1542	100	940	100	2482	100

Pearson chi2（4）=3.1282　Pr=0.537

	汉族		回族		总计	
物价上涨对家庭的影响						
不存在这个问题	257	16.67	147	15.64	404	16.28
影响小	504	32.68	295	31.38	799	32.19
影响一般	368	23.87	230	24.47	598	24.09
影响较大	359	23.28	221	23.51	580	23.37
影响非常大	54	3.50	47	5.00	101	4.07
总计	1542	100	940	100	2482	100

Pearson chi2（4）=4.0088　Pr=0.405

	汉族		回族		总计	
家庭收入低对家庭的影响						
不存在这个问题	243	15.76	108	11.49	351	14.14
影响小	340	22.05	161	17.13	501	20.19
影响一般	256	16.60	168	17.87	424	17.08
影响较大	548	35.54	380	40.43	928	37.39
影响非常大	155	10.05	123	13.09	278	11.20
总计	1542	100	940	100	2482	100

Pearson chi2（4）=23.6149　Pr=0.000

	汉族		回族		总计	
家人无业、失业或工作不稳定对家庭的影响						
不存在这个问题	466	30.22	206	21.91	672	27.07
影响小	298	19.33	158	16.81	456	18.37
影响一般	217	14.07	165	17.55	382	15.39
影响较大	424	27.50	284	30.21	708	28.53
影响非常大	137	8.88	127	13.51	264	10.64
总计	1542	100	940	100	2482	100

Pearson chi2（4）=34.7500　Pr=0.000

	汉族		回族		总计	
赡养老人负担过重对家庭的影响						
不存在这个问题	798	51.75	429	45.64	1227	49.44

续表

	汉族		回族		总计	
	n	%	n	%	n	%
赡养老人负担过重对家庭的影响						
影响小	329	21.34	228	24.26	557	22.44
影响一般	183	11.87	142	15.11	325	13.09
影响较大	180	11.67	112	11.91	292	11.76
影响非常大	52	3.37	29	3.09	81	3.26
总计	1542	100	940	100	2482	100
Pearson chi2 (4) = 11.4865 Pr = 0.022						
家庭人情支出大对家庭的影响						
不存在这个问题	323	20.95	138	14.68	461	18.57
影响小	546	35.41	209	22.23	755	30.42
影响一般	385	24.97	221	23.51	606	24.42
影响较大	251	16.28	276	29.36	527	21.23
影响非常大	37	2.40	96	10.21	133	5.36
总计	1542	100	940	100	2482	100
Pearson chi2 (4) = 159.7925 Pr = 0.000						
犯罪事件对家庭的影响						
不存在这个问题	1171	75.94	736	78.3	1907	76.83
影响小	168	10.89	78	8.30	246	9.91
影响一般	70	4.54	49	5.21	119	4.79
影响较大	88	5.71	48	5.11	136	5.48
影响非常大	45	2.92	29	3.09	74	2.98
总计	1542	100	940	100	2482	100
Pearson chi2 (4) = 5.3875 Pr = 0.250						

3.5 本章小结

本章利用宁夏地区的综合社会调查数据，对宁夏地区的日常生活情况进行考察，包括生活质量客观层面的内容（居民的住房情况、饮水情况），也包括生活质量主观层面的内容（生活改善情况自评、生活满意度自评、幸福感自评)。一方面考察了宁夏地区居民的整体日常生活情况,另一方面也考察了其日常生活情况存在的民族和城乡差异情况,得出的主要结论如下。

(1) 从居住情况来看,宁夏地区家庭居住平均面积约为 106 平方米,高于全国平均水平。农村家庭平均居住面积大于城镇家庭。回族家庭的平均居住面积大于汉族家庭。

(2) 在家电拥有程度方面,各家庭电器的拥有量有差距,彩电、冰箱和洗衣机等电器家庭拥有量较大,空调、烤箱和微波炉的拥有量较小。城镇家庭彩电、空调、冰箱、洗衣机、烤箱和微波炉的拥有量均高于农村。其中,微波炉、空调的城乡拥有差距较大。汉族的彩电、冰箱、空调、洗衣机和微波炉的拥有程度都略微高于回族。

(3) 在家庭周边环境方面,总的来看,宁夏地区家庭周边环境较好。家庭周边脏乱、吵闹和存在空气污染的占比较低。从城乡差异来看,城镇家庭周边脏乱、吵闹和存在空气污染的占比明显高于农村地区,其中家庭周边是否吵闹的城乡占比差异最大。同时,宁夏地区家庭周边环境问题也存在民族差异,回族家庭周边的环境质量明显好于汉族家庭周边。

(4) 从饮水情况来看,宁夏地区绝大部分家庭的饮用水源为自来水和矿泉水。城镇家庭用水来源为自来水和矿泉水的占比略高于农村,汉族家庭饮用水源为自来水和矿泉水占比略高于回族。在饮水问题方面,有饮水问题的家庭比较少。在饮水各问题中,饮用水有杂质的情况出现较多,其他饮水问题不明显。城镇家庭饮水有问题的占比明显高于农村家庭,汉族家庭饮水有问题占比明显高于回族家庭。

(5) 从家庭日常生活水平自评来看,首先,在生活水平改善方面,大部分家庭认为最近 5 年生活水平在改善,农村生活改善情况好于城镇,汉族和回族生活改善情况相差不大。其次,在生活满意度方面,大部分居民对自己当前的生活表示满意。农村地区的家庭生活满意度高于城镇地区,汉族和回族的生活满意度相差不大。最后,在幸福感方面,宁夏地区居民的总体幸福感较高,农村地区的幸福感高于城镇地区的居民幸福感,回族幸福感略高于汉族。

(6) 从家庭面临的各问题来看,67% 的家庭在过去一年中曾面临一些问题。其中，就业和收入问题对家庭的影响最大，其次是医疗和教育，养老和婚事对家庭的影响不大。从城乡差异来看，住房条件差、子女教育费用高、家庭关系不和、物价上涨对家庭的影响城乡差异不大。治疗支出大，家庭收入低，家人无业、失业或工作不稳定，赡养老人负担过重，家庭人情支出大对农村家庭的影响比城镇家庭的影响大。犯罪事件对城镇家庭的影响比农村家庭的影响大。从民族身份来看，住房条件差，子女教育费用，医疗支出大，家庭收入低，家人无业、失业或工作不稳定以及人情支出大对回族家庭的影响比汉族家庭的影响更大。但犯罪事件对汉族家庭的影响比对回族家庭的影响更大。

总体来看，宁夏地区的日常生活质量高于全国平均水平，但生活质量存在明显的城乡差异，城镇地区客观层面的生活质量高于农村地区，但在生活质量的主观评价方面，农村地区的幸福感、生活满意度以及生活水平改善情况都要好于城镇地区。民族差异情况相比城乡差异较小。

参考文献

J. N. Edwards, A. Booth and P. K. Edwards, "Housing Type, Stress, and Family Relations", *Social Forces*, 1982（1）.

Marjorie Inman, Margie Sinn, "Family Stress in the Interior Living Environment Related to the Number of Bathrooms", *Family & Consumer Sciences Research Journal*, 2010（2）.

边燕杰、刘勇利：《社会分层、住房产权与居住质量——对中国"五普"数据的分析》，《社会学研究》2005 年第 3 期。

陈淑云、杨建坤：《住房是否影响了居民健康？——来自中国综合社会调查（2015）的实证分析》，《华中师范大学学报》（人文社会科学版）2018 年第 5 期。

陈之曦、陈通明：《从传统到现代的宁夏社会——纪念新中国成立 70 周年》，《宁夏社会科学》2019 年第 5 期。

杜德斌、崔裴、刘小玲：《论住宅需求、居住选址与居住分异》，《经济地理》1996 年第 1 期。

方纲、风笑天：《城乡居民主观幸福研究述评》，《广西民族大学学报》（哲学社会科学版）2009 年第 2 期。

风笑天：《生活质量研究：近三十年回顾及相关问题探讨》,《社会科学研究》2007 年第
　　6 期。

黄永明、何凌云：《城市化、环境污染与居民主观幸福感——来自中国的经验证据》,
　　《中国软科学》2013 年第 12 期。

贾燕、李钢、朱新华、王静、李妍：《农民集中居住前后福利状况变化研究——基于森
　　的"可行能力"视角》,《农业经济问题》2009 年第 2 期。

K. 苏斯耐、G. A. 费舍、唐仲勋：《"生活质量"的社会学研究》,《国外社会科学》
　　1987 年第 10 期。

李骏：《城市住房阶层的幸福感与公平感差异》,《华中科技大学学报》（社会科学版）
　　2017 年第 1 期。

李强、李洋：《居住分异与社会距离》,《北京社会科学》2010 年第 1 期。

刘玉亭、何深静、魏立华、吴缚龙：《市场转型背景下南京市的住房分异》,《中国人口
　　科学》2007 年第 6 期。

王武林：《西部地区农村老年人生活质量的民族差异》,《中国老年学杂志》2015 年第
　　14 期。

王正中：《集中居住对欠发达地区农村社区发展的影响——基于对苏北 W 村社会变迁的
　　个案研究》,《学海》2010 年第 5 期。

吴姚东：《生活质量：当代发展观的新内涵——当代国外生活质量研究综述》,《国外社
　　会科学》2000 年第 4 期。

邢占军：《城乡居民主观生活质量比较研究初探》,《社会》2006 年第 1 期。

易成栋：《中国家庭住房状况的城乡差异——基于 2000 年人口普查资料的分析》,《中国
　　人口学家前言论坛》2007 年 7 月。

张建华、卞亚萍、王宏阳：《全面建设小康社会的统计监测指标体系》,《统计与决策》
　　2003 年第 8 期。

朱艳玲、周立华、黄玉邦、宋翔：《北方农牧交错区农民生活满意度的影响因素与地域
　　差异——以宁夏盐池县为例》,《经济地理》2009 年第 2 期。

訾非、杨智辉、张帆、田浩、王广新、吴建平、刘洋、方刚、项锦晶、方然：《中国 10
　　城市环境满意度和生活满意度调查报告》,《北京林业大学学报》（社会科学版）
　　2012 年第 4 期。

曾慧超、袁岳、高萍：《2004 年中国居民生活质量报告》,《创造》2005 年第 4 期。

邹宇春、茅倬彦：《人情支出是家庭负担吗——中国城镇居民的人情支出变化趋势与负
　　担假说》,《华中科技大学学报》（社会科学版）2018 年第 3 期。

第4章　扶贫工作

　　贫困问题是世界范围内广泛存在的，国际社会对于扶贫问题一直持续关注，我国也不例外，党和政府一直都把扶贫工作放在重要战略位置。习近平总书记 2013 年 11 月在湘西考察时首次提出"精准扶贫"重要思想，强调"实事求是、因地制宜、分类指导、精准扶贫"[①]，为我国现阶段的扶贫政策指明了方向。十九大报告充分肯定了过去 5 年我国脱贫攻坚战取得的决定性进展，6000 多万贫困人口稳定脱贫，贫困发生率从 10.2% 下降到4% 以下。[②] 而根据《中国统计年鉴 2019》数据，按照每人每年 2300 元（2010 年不变价）的农村贫困标准计算，2018 年末我国贫困人口 1660 万人，贫困发生率为 1.7%，扶贫工作成效显著（国家统计局，2019）。

　　我国少数民族地区由于地理位置、自然环境和历史传统等多方面因素的影响，群众的整体生活水平相较于全国非民族地区比较落后，贫困发生率较高。新中国成立以来，尤其是改革开放 40 多年以来，我国民族地区扶贫事业成效显著，扶贫政策演进经历了从救济式扶贫、体制改革式扶贫、开发式扶贫、综合性扶贫和精准扶贫五个阶段（邢中先、张平，2019），这些政策的实施极大地改变了民族地区的贫困面貌，对于民族团结与社会稳定有着重要的意义。宁夏地处西北内陆高原，是中国五大少数民族自治区之一，辖 5 个地级市，22 个县、市（区）（黄艳，2017），2018 年底全区总

[①] 《习近平的"扶贫观"：因地制宜"真扶贫，扶真贫"》，人民网，http://politics.people.com.cn/n/2014/1017/c1001-25854660.html，2014 年 10 月 17 日。

[②] 习近平：《决胜全面建成小康社会夺取新时代中国特色社会主义伟大胜利——在中国共产党第十九次全国代表大会上的报告》，人民出版社，2017。

人口 688.11 万人，其中回族人口占 36.55%，乡村人口占 41.12%①，由于受历史条件和地理位置等因素影响，经济发展长期滞后。但是，经过多年努力，宁夏回族自治区脱贫攻坚成效显著，贫困人口已经大幅减少，按照每人每年 2300 元（2010 年不变价）的农村贫困标准计算，2018 年末全区农村贫困人口 12 万人，贫困发生率为 3%，比上一年度下降 3.0 个百分点②，与国家整体状况之间差距不断缩小。

　　关于贫困成因问题的社会学研究主要可以划分为个体主义与结构主义两种范式。个人主义贫困观从主观上探讨成因，预设了贫困产生的根源在于个体，强调贫困的个人原因以及心理和文化因素（熊静、李从松，2002）。而结构主义贫困观从客观上探讨成因，认为社会环境的不平等以及制度性排斥是导致贫困的主要原因。实际上，贫困问题既有个人的主观原因，又有客观的社会根源，它是环境、经济和社会相互作用和相互影响的结果，具有很强的复杂性与综合性。在扶贫方面，既需要社会的努力，又需要个人做出自己的努力。

　　基于不同范式的贫困成因，以往学者关于扶贫模式的研究可以分为两大类。第一类从个体主义贫困观出发，认为扶贫的主要手段是为贫困者提供能力与资产建设，主要聚焦于能力扶贫。有学者倡导以健康生活、自由劳动、自我意识等可行能力为导向进行基本公共服务、医疗卫生、公共教育等建设（方劲，2011；马文峰，2017）。另外，有学者从赋权增能理论出发，论述了参与式扶贫模式的运行机制及绩效评价，主张赋予贫困农户知情权和参与权，激发他们的参与意愿，从而提高贫困农户自主脱贫、自我发展能力，解决贫困问题（李兴江、陈怀叶，2008）。第二类从结构主义贫困观出发，倡导文化资本、社会资本和权力建设以及国家制度的完善，主要关注物质扶贫、文化扶贫、权利扶贫三个方面内容。物质扶贫认为扶贫的主要任务是为贫困者提供生活上的救济、保障，从收入水平、消费水平、

---

① 宁夏回族自治区省统计局：《宁夏回族自治区 2018 年国民经济和社会发展统计公报》，http：//tj. nx. gov. cn/tjsj_htr/tjgb_htr/201904/t20190430_1470251. html？1 =1&h =0。

② 宁夏回族自治区省统计局：《宁夏回族自治区 2018 年国民经济和社会发展统计公报》，http：//tj. nx. gov. cn/tjsj_htr/tjgb_htr/201904/t20190430_1470251. html？1 =1&h =0。

个人生活条件和家庭生活条件多个维度测量物质贫困（孙咏梅、傅成昱，2016）；文化贫困认为文化因素是贫困的主要原因，要通过弘扬先进文化、加强教育培训事业、推进公共文化服务、开发民族民俗文化资源等方式进行文化扶贫（方清云，2012；李云，2012）；权利扶贫强调贫困人口权利不足的根源不在于个体，而来自制度性的剥削与排斥，如城乡二元结构下农民政治、经济、社会与文化权利的贫困（张等文、陈佳，2014）。少数民族地区由于其基础设施薄弱、自然资本脆弱、文化教育落后、经济要素水平低等问题（谢尚果、胡美术，2016；张丽君等，2015），相较于其他地区，贫困原因更为复杂，扶贫难度更大。要从根本上解决民族地区贫困问题，学者们认为应该进行文化扶贫，植入先进文化理念，阻断贫困文化代际传递，推进先进文化与本土文化融合共生。强调少数民族群众的主体性，激发内生活力，进而推进扶贫工作（鲁建彪，2011；王建民，2012）。

在扶贫绩效评估方面，以往研究主要包括客观评估绩效与主观感知绩效两个方面。2016年2月，中共中央办公厅、国务院办公厅印发的《省级党委和政府扶贫开发工作成效考核办法》中，扶贫成效考核不仅包括贫困人口数量、贫困群众收入等脱贫"硬指标"外，也包括第三方评估产生的"群众满意度"这一"软指标"[1]，兼顾了客观评估和主观感知两种绩效评估方式。首先，在客观评估绩效方面，有研究主要围绕经济绩效评估，如贫困人口收入、基础设施建设、经济社会发展等方面（陈爱雪、刘艳，2017；陈小丽，2015）。除了经济绩效外，不同的扶贫模式也相应采取了针对性扶贫绩效评估体系。有学者对于文化扶贫中的教育扶贫进行了绩效评价（吴宗璇，2019），还有学者对于旅游扶贫进行生态绩效研究（黄梅芳、于春玉，2014；王仟滢、霍云惠，2019）。也有学者整体上对精准扶贫的过程进行了多维评估，如经济－社会总产出、结构变迁、贫困动态以及资金效率等内容（张衔，2000）。在主观感知绩效方面，有研究通过对农户进行精准扶贫政策实施效果评价，发现农户总体对精准扶贫政策正面评价较高，但认为帮扶措施及精准度仍有待提高（李春祖、曹军会，2017）。还有研究

---

[1] 《22省份扶贫考核引入第三方评估或与官帽挂钩》，新华网，http://www.xinhuanet.com/politics/2016－02/17/c_128727709.htm，2016年2月17日。

发现，贫困人口对积极效应感知明显而对消极效应感知较弱（谭燕瑜等，2019）。

针对扶贫工作中存在的问题，以往研究主要从"精准识别"、"精准扶持"和"精准管理"三个方面进行分析。首先，在"精准识别"方面，有研究认为存在贫困标准脱离实际、自上而下确定贫困规模等问题（揭子平，2016；汪三贵、郭子豪，2015；张翼，2016）。其次，在"精准扶持"方面，有学者认为存在扶贫项目没有瞄准贫困人口、扶贫内容重物质忽略其他方面、重形式脱离实际需求、重生产忽视市场的问题（揭子平，2016；汪三贵、郭子豪，2015）。有学者从多元协同精准扶贫治理模式出发，认为精准扶贫工作中存在政府强势、社会弱势问题，导致了治理主体不平等、力量不均衡、协同不一致、成效不理想的困境（何炜、刘俊生，2017）。最后，在"精准管理"方面，有研究认为存在扶贫资金与项目管理不符合要求、扶贫对象管理动态性欠缺、扶贫绩效考核不够完善的问题（邓永超，2019；揭子平，2016）。

综上所述，一方面，虽然以往关于贫困的研究成果多且丰富，但是少有基于少数民族地区的大规模调查的研究，也缺乏对于宁夏回族自治区整体贫困情况的调查分析。另一方面，以往研究对扶贫的绩效评估多，但对扶贫工作绩效考核中主观感知评价方面的研究以及返贫现象的研究较少。基于以上考虑，本章基于最新的抽样调查数据，对宁夏回族自治区的精准扶贫的进展情况进行考察，分析贫困现状、贫困救助与帮扶情况以及扶贫工作中的问题，总结经验教训，这对接下来的脱贫攻坚工作具有十分重要的意义。

4.1　贫困户认定与自评贫困

一方面，我们考察了受访家庭被政府认定为贫困户的情况以及贫困户认定情况在不同居住地、不同民族身份家庭是否存在差异。另一方面，我们考察了受访家庭对家庭贫困程度的评价以及这种评价在不同居住地、不同民族身份家庭是否存在差异。此外，也考察了受访者对家庭致贫原因的认知情况。在贫困认定方面，分析内容涉及本次调查的问卷问题包括："您家现在被政府认定为贫困户了吗？"（1＝是，2＝否），"您认为您家贫困吗？"（1＝很贫困，2＝比较贫困，3＝不贫困）。在贫困原因方面，分析内容涉及本次调查的问卷问题为"您家贫困的原因是？"，我们将回答的原因操作化为"缺乏劳动力致贫""医疗负担过重致贫""教育负担过重致贫""缺乏就业机会致贫""个人能力差致贫""彩礼多致贫"六个变量，并分别编码为"0＝没有，1＝有"。

图4－1显示了宁夏回族自治区5个地市之间的贫困户认定情况。首先，我们看到固原市的贫困户比例最高，将近一半受访家庭被认定为贫困户，贫困现象比较严重，扶贫任务最为艰巨。其次，吴忠市与中卫市受访家庭为贫困户比例约为20%，贫困也比较普遍。贫困率最低的是银川市，受访家庭为贫困户的比例低于10%。

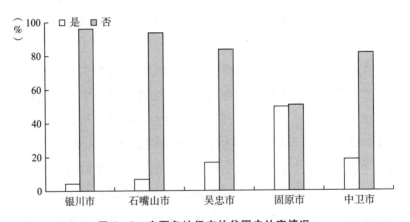

图4－1　宁夏各地级市的贫困户认定情况

表4－1显示了不同居住地、不同民族身份家庭的贫困户认定情况。首先，我们可以看到，居住地与家庭贫困情况之间存在显著相关性（Pr＜0.05），农村受访家庭中的贫困户比例（28.56%）约为城镇受访家庭（5.99%）的5倍，农村受访家庭的贫困比例明显高于城镇受访家庭。其次，民族身份与家庭贫困情况之间也有显著相关性（Pr＜0.05），回族受访家庭的贫困户比例为28.83%，汉族受访家庭中的贫困户比例为16.08%，回族家庭的贫困比例要高于汉族家庭。

表 4 - 1　不同居住地、不同民族身份家庭的贫困户认定情况

	是		否		总计	
	n	%	n	%	n	%
居住地						
城镇	51	5.99	801	94.01	852	100
农村	469	28.56	1173	71.44	1642	100
总计	520	20.85	1974	79.15	2494	100
Pearson chi2（1）= 173.2543　Pr = 0.000						
民族身份						
汉族	248	16.08	1294	83.92	1542	100
回族	271	28.83	669	71.17	940	100
总计	519	20.91	1963	79.09	2482	100
Pearson chi2（1）= 57.3756　Pr = 0.000						

　　图 4 - 2 对比了不同地级市、不同民族身份的贫困户认定情况。首先，我们看到，中卫市的汉族与回族间贫困差异最为明显，受访家庭中回族贫困户约为汉族的 2 倍。其次，吴忠市与固原市的受访家庭中，回族贫困户比例略高于汉族。最后，在银川市与石嘴山市的受访家庭中，汉族的贫困户比例则要高于回族。由此可见，民族身份与贫困的关系在不同地级市间存在差异。

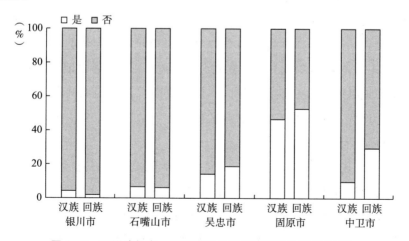

图 4 - 2　不同地级市、不同民族身份的贫困户认定情况对比

图4-3对比了不同居住地、不同民族身份家庭的贫困户认定情况。首先，我们看到，在城镇中汉族与回族受访家庭之间的贫困差异并不显著，回族贫困户比例（7.49%）略高于汉族（5.50%）；其次，在农村，回族受访家庭的贫困户比例比汉族高约10%，有较为明显的差异。由此，我们可以发现不同民族身份家庭的贫困状况差异在城乡之间存在不同，农村不同民族家庭贫困情况上的差异要大于城镇。

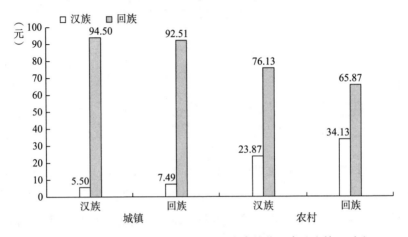

图4-3　不同居住地、不同民族身份家庭的贫困户认定情况对比

图4-4对比了不同地级市家庭自评贫困情况。首先，我们看到，固原市中有近70%的受访家庭认为自己很贫困或比较贫困，自评贫困率在5市中最高。其次，中卫市与吴忠市自评贫困率也相对较高，分别约为60%和50%。最后，石嘴山市与银川市自评贫困率相对较低，约为40%和30%。将图4-4与表4-3对比分析，我们可以发现，家庭自评贫困与政府贫困认定情况在地级市间的差异大致相同，但是家庭自评贫困比例高于政府认定贫困户的比例，这说明存在较多没有被评定为贫困户而自认为处在贫困状态的家庭。

表4-2显示了不同居住地、不同民族身份家庭的自评贫困情况。首先，居住地与家庭自评贫困情况之间存在显著相关性（Pr<0.05），农村受访家庭中近6成自认为贫困，而城镇受访家庭中约4成自认为贫困，可以说农村家庭自评贫困率明显高于城镇家庭。其次，民族身份与家庭自评贫困情况之间存在显著相关性（Pr<0.05），约6成的回族受访家庭自认为贫困，这

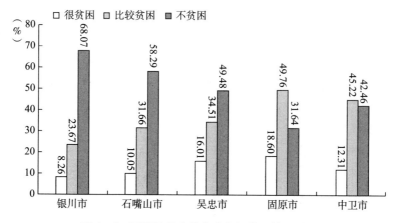

图 4 - 4　不同地级市的家庭自评贫困情况对比

一比例高于汉族家庭（45.27%）。

表 4 - 2　不同居住地、不同民族身份家庭的自评贫困情况

	很贫困		比较贫困		不贫困		总计	
	n	%	n	%	n	%	n	%
居住地								
城镇	73	8. 57	243	28. 52	536	62. 91	852	100
农村	258	15. 71	681	41. 47	703	42. 81	1642	100
总计	331	13. 27	924	37. 05	1239	49. 68	2494	100
Pearson chi2（2）= 92. 5801　Pr = 0. 000								
民族身份								
汉族	161	10. 44	537	34. 82	844	54. 73	1542	100
回族	169	17. 98	385	40. 96	386	41. 06	940	100
总计	330	13. 3	922	37. 15	1230	49. 56	2482	100
Pearson chi2（2）= 52. 8910　Pr = 0. 000								

　　图 4 - 5 对比了不同居住地、不同民族身份的自评贫困状况。首先，我们分析同一地区中不同民族身份间的自评贫困情况差异。在城镇中，自认为贫困的回族受访家庭比例为 43.85%，略高于汉族受访家庭的 35.47%；在农村中，自认为贫困的回族受访家庭比例为 62.68%，也略高于汉族受访家庭的 52.48%。其次，我们分析同一民族身份在不同地区间的自评贫困情

况差异。农村的汉族受访家庭自评贫困率（52.48%）明显高于城镇的汉族受访家庭（35.47%），农村的回族受访家庭自评贫困率（62.68%）也明显高于城镇的回族受访家庭（43.85%）；由此，我们可以发现，城乡差异所导致的自评贫困状况差异要明显大于民族身份不同所导致的自评贫困状况差异。

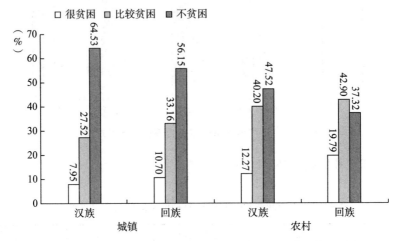

图4-5 不同居住地、不同民族身份家庭的自评贫困情况对比

图4-6显示了贫困家庭的主要致贫原因。其中，"医疗负担过重"是超过半数受访贫困家庭选择的主要致贫原因，"缺乏劳动力"和"教育负担过重"也分别成为超过3成受访贫困家庭的主要致贫原因。此外，分别有约2成受访贫困家庭将"缺乏就业机会"与"个人能力差"作为主要致贫原因，而只有约不到1成的受访贫困家庭是因"结婚彩礼多"致贫。可见，医疗、教育与欠缺劳动力是贫困家庭的主要负担。

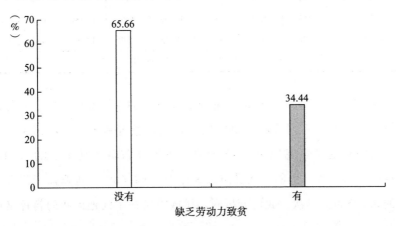

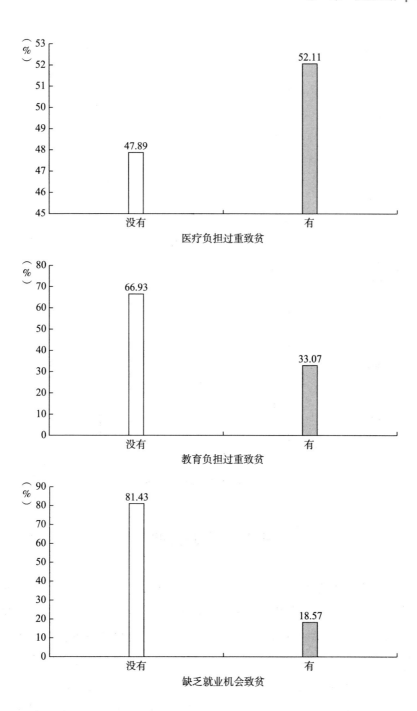

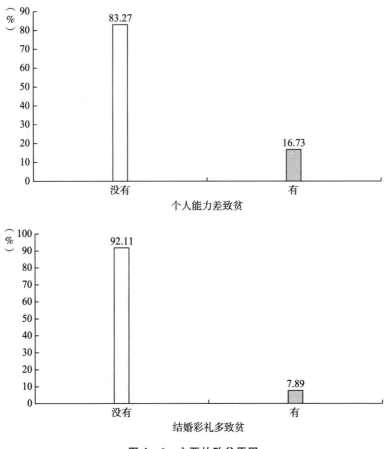

图 4 - 6　主要的致贫原因

4.2　贫困救助

　　贫困救助情况包括贫困家庭接受的政府救助情况以及对于政府救助项目效果的评价。本节所分析内容涉及的问卷问题包括"您家2018年有没有享受过以下政府提供的救助或优惠项目？""政府提供的以下救助或优惠项目对您家的帮助作用大不大？"我们将"贫困家庭接受的政府救助情况"操作化为"接受政府救助项目数"（0～9）、"家庭是否接受了低保金"、"家庭是否接受了医疗救助"、"家庭是否接受了教育救助"、"家庭是否接受了住房补贴"、"家庭是否接受了自然灾害救助"、"家庭是否接受了临时救助"、"家庭是否接受了水电、燃料、取暖费减免"、"家庭是否接受了物价补贴"以及"家庭是否接受了其他救助项目"十个变量，对后九个变量进行的编码为"1 = 有，2 = 没有"。类似地，我们将"贫困家庭对于政府救助项目效果的评价"操作化为"低保金的帮助作用""医疗救助的帮助作用""教育救助的帮助作用""住房补贴的帮助作用""自然灾害救助的帮助作用""临时补贴的帮助作用""费用减免的帮助作用""物价补贴的帮助作用""其他救助或优惠的帮助作用"九个变量，并将其编码为"1 = 很大，2 = 有点大，3 = 不大，4 = 没有任何帮助"。

表 4 - 3 显示了自评为很贫困与比较贫困的家庭接受的贫困救助情况。整体而言，受访家庭中接受贫困救助项目的自评贫困家庭数量较少。具体而言，接受了"低保金"这一贫困救助的自评贫困家庭相对较多，近 40%，其中自认为很贫困的受访家庭接受低保金的比例为 51.06%，显著高于自认为比较贫困的受访家庭的 33.98%。接受了"医疗救助"和"教育救助"的自评贫困家庭数仅次于接受了"低保金"，分别占 24.3% 与 19.68%，其中在"医疗救助"方面，自评为很贫困的受访家庭接受了的比例（28.4%）要高于自评为比较贫困的受访家庭（22.84%），而在"教育救助"方面，自评为很贫困与比较贫困之间几乎没有差别。此外，约有 1 成受访的自评贫困家庭接受了"住房补贴"与"物价补贴"，而只有极少的贫困家庭接受"自然灾害救助""临时救助""费用减免""其他救助项目"。

表 4 - 3　自评贫困状况与接受的贫困救助

	很贫困		比较贫困		总计	
	n	%	n	%	n	%
家庭是否接受了低保金						
有	169	51.06	314	33.98	483	38.49
没有	162	48.94	610	66.02	772	61.51
总计	331	100	924	100	1255	100
家庭是否接受了医疗救助						
有	94	28.40	211	22.84	305	24.30
没有	237	71.60	713	77.16	950	75.70

	很贫困		比较贫困		总计	
	n	%	n	%	n	%
家庭是否接受了医疗救助						
总计	331	100	924	100	1255	100
家庭是否接受了教育救助						
有	63	19.03	184	19.91	247	19.68
没有	268	80.97	740	80.09	1008	80.32
总计	331	100	924	100	1255	100
家庭是否接受了住房补贴						
有	41	12.39	104	11.26	145	11.55
没有	290	87.61	820	88.74	1110	88.45
总计	331	100	924	100	1255	100
家庭是否接受了自然灾害救助						
有	10	3.02	29	3.14	39	3.11
没有	321	96.98	895	96.86	1216	96.89
总计	331	100	924	100	1255	100
家庭是否接受了临时救助						
有	8	2.42	36	3.90	44	3.51
没有	323	97.58	888	96.1	1211	96.49
总计	331	100	924	100	1255	100
家庭是否接受了水电、燃料、取暖费减免						
有	18	5.44	32	3.46	50	3.98
没有	313	94.56	892	96.54	1205	96.02
总计	331	100	924	100	1255	100
家庭是否接受了物价补贴						
有	30	9.06	59	6.39	89	7.09
没有	301	90.94	865	93.61	1166	92.91
总计	331	100	924	100	1255	100
家庭是否接受了其他救助项目						
有	17	5.14	45	4.87	62	4.94
没有	314	94.86	879	95.13	1193	95.06
总计	331	100	924	100	1255	100

　　表 4 - 4 显示了在自评贫困家庭中，贫困户认定与接受的贫困救助情况。首先，我们看到"家庭是否接受了低保金、医疗救助、教育救助、住房补贴、费用减免、物价补贴以及其他救助项目"这七个变量与"家庭是否被认定为贫困户"之间均有显著相关性（Pr < 0.05），即在自评贫困的家庭中，如果家庭被政府认定为贫困户，接受这七项贫困救助的可能性显著高于那些没有被认定为贫困户的家庭。其次，我们发现被认定为贫困户的受访家庭中有近 7 成接受了低保金，约 3 成接受了医疗救助与教育救助，2 成左右接受了住房补贴，几乎没有家庭接受自然灾害救助、临时补贴、费用减免、物价补贴以及其他救助项目。最后，在未被认定为贫困户的受访家庭中只有 2 成左右接受了低保金以及医疗救助，1 成多接受了教育救助。

　　表 4 - 5 显示了自评贫困家庭与政府认定贫困户接受的贫困救助项目数量。整体而言，受访的贫困家庭得到救助项目数大多集中在 1 ~ 2 个。具体看来，自评贫困家庭平均接受的贫困救助项目数为 1.17 个，中位数为 1 个，其中被认定为贫困户的受访家庭平均能够得到 1.92 个贫困救助项目，高于没有被认定为贫困户的受访家庭的 0.75 个。

表 4 - 4　贫困户认定与接受的贫困救助情况

	是		否		总计	
	n	%	n	%	n	%
家庭是否接受了低保金						
有	305	68.54	178	21.98	483	38.49
没有	140	31.46	632	78.02	772	61.51
总计	445	100	810	100	1255	100
Pearson chi2（1）= 263.0421　Pr = 0.000						
家庭是否接受了医疗救助						
有	151	33.93	154	19.01	305	24.30
没有	294	66.07	656	80.99	950	75.70
总计	445	100	810	100	1255	100
Pearson chi2（1）= 34.7550　Pr = 0.000						
家庭是否接受了教育救助						
有	135	30.34	112	13.83	247	19.68

续表

	是		否		总计	
	n	%	n	%	n	%
家庭是否接受了教育救助						
没有	310	69.66	698	86.17	1008	80.32
总计	445	100	810	100	1255	100
Pearson chi2（1）= 49.5246　Pr = 0.000						
家庭是否接受了住房补贴						
有	93	20.90	52	6.42	145	11.55
没有	352	79.10	758	93.58	1110	88.45
总计	445	100	810	100	1255	100
Pearson chi2（1）= 58.9227　Pr = 0.000						
家庭是否接受了自然灾害救助						
有	19	4.27	20	2.47	39	3.11
没有	426	95.73	790	97.53	1216	96.89
总计	445	100	810	100	1255	100
Pearson chi2（1）= 3.0924　Pr = 0.079						
家庭是否接受了临时救助						
有	21	4.72	23	2.84	44	3.51
没有	424	95.28	787	97.16	1211	96.49
总计	445	100	810	100	1255	100
Pearson chi2（1）= 2.9993　Pr = 0.083						
家庭是否接受了水电、燃料、取暖费减免						
有	34	7.64	16	1.98	50	3.98
没有	411	92.36	794	98.02	1205	96.02
总计	445	100	810	100	1255	100
Pearson chi2（1）= 24.0965　Pr = 0.000						
家庭是否接受了物价补贴						
有	57	12.81	32	3.95	89	7.09
没有	388	87.19	778	96.05	1166	92.91
总计	445	100	810	100	1255	100
Pearson chi2（1）= 34.2064　Pr = 0.000						

续表

	是		否		总计	
	n	%	n	%	n	%
家庭是否接受了其他救助项目						
有	41	9.21	21	2.59	62	4.94
没有	404	90.79	789	97.41	1193	95.06
总计	445	100	810	100	1255	100

Pearson chi2（1）= 26.8095　Pr = 0.000

表 4 – 5　自评贫困、贫困户认定与接受贫困救助项目数量

	平均数	25% 分位数	中位数	75% 分位数
您认为您家贫困吗？				
很贫困	1.36	0	1	2
比较贫困	1.10	0	1	2
不贫困				
总计	1.17	0	1	2
您家现在被认定为贫困户了吗？				
是	1.92	1	2	3
否	0.75	0	0	1
总计	1.17	0	1	2

图 4 – 7 具体显示了不同居住地、不同民族身份的受访家庭接受的贫困救助项目数量情况。首先，分城镇地区与农村地区来看，农村自评贫困的受访家庭接受的贫困救助项目平均数（1.29）明显高于城镇（0.79）；其次，对于民族身份而言，回族自评贫困的受访家庭接受的贫困救助项目平均数（1.36）要高于汉族（1.01）。

整体而言，大部分受访的贫困家庭都认可贫困救助项目的效果。具体而言，"低保金"的帮助作用最大，94% 的接受贫困救助的家庭认为其有较大或很大帮助作用。其次是"住房补贴"，有 93.79% 的接受贫困救助的家庭认为其有较大或很大帮助作用。"医疗救助"和"教育救助"对大多数接受贫困救助的家庭而言也有较大作用。而"费用减免"的效用的认可度相

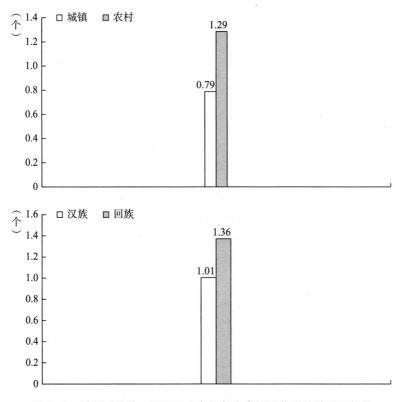

图4-7　不同居住地、不同民族身份与家庭接受贫困救助项目数量

对较低，34%的接受贫困救助的家庭认为其几乎没有帮助作用。

表4-6显示了不同居住地的贫困家庭对于贫困救助项目效果的评价情况。卡方检验结果表明受访的贫困家庭对于"教育救助"和"费用减免"的效果评价与居住地之间存在显著相关性（Pr＜0.05），其中，关于"教育救助"的效果，受访的农村贫困家庭相较于城镇家庭认为帮助作用更大，而对于"费用减免"，受访的城镇贫困家庭认为帮助作用更大。

表4-6　不同居住地的贫困家庭对贫困救助项目效果的评价

	城镇		农村		总计	
	n	%	n	%	n	%
低保金的帮助作用						
很大	54	69.23	275	67.90	329	68.12

续表

	城镇		农村		总计	
	n	%	n	%	n	%
低保金的帮助作用						
有点大	18	23.08	107	26.42	125	25.88
不大	6	7.69	23	5.68	29	6.00
总计	78	100	405	100	483	100
Pearson chi2（2）= 0.7409　Pr = 0.690						
医疗救助的帮助作用						
很大	34	55.74	139	56.97	173	56.72
有点大	19	31.15	75	30.74	94	30.82
不大	8	13.11	28	11.48	36	11.80
没有任何帮助	0	0	2	0.82	2	0.66
总计	61	100	244	100	305	100
Pearson chi2（3）= 0.6268　Pr = 0.890						
教育救助的帮助作用						
很大	11	28.95	125	59.81	136	55.06
有点大	18	47.37	65	31.10	83	33.60
不大	9	23.68	18	8.61	27	10.93
没有任何帮助	0	0	1	0.48	1	0.40
总计	38	100	209	100	247	100
Pearson chi2（3）= 14.9578　Pr = 0.002						
住房补贴的帮助作用						
很大	7	63.64	87	64.93	94	64.83
有点大	2	18.18	40	29.85	42	28.97
不大	2	18.18	6	4.48	8	5.52
没有任何帮助	0	0	1	0.75	1	0.69
总计	11	100	134	100	145	100
Pearson chi2（3）= 4.0229　Pr = 0.259						
自然灾害救助的帮助作用						
很大	0	0	7	18.42	7	17.95
有点大	0	0	19	50.00	19	48.72
不大	1	100	12	31.58	13	33.33

续表

	城镇		农村		总计	
	n	%	n	%	n	%
自然灾害救助的帮助作用						
总计	1	100	38	100	39	100
Pearson chi2（2）=2.0526　Pr=0.358						
临时救助的帮助作用						
很大	5	71.43	17	45.95	22	50
有点大	1	14.29	11	29.73	12	27.27
不大	1	14.29	9	24.32	10	22.73
总计	7	100	37	100	44	100
Pearson chi2（2）=1.5403　Pr=0.463						
费用减免的帮助作用						
很大	9	60	8	22.86	17	34
有点大	4	26.67	12	34.29	16	32
不大	1	6.67	13	37.14	14	28
没有任何帮助	1	6.67	2	5.71	3	6
总计	15	100	35	100	50	100
Pearson chi2（3）=7.9498　Pr=0.047						
物价补贴的帮助作用						
很大	12	42.86	18	29.51	30	33.71
有点大	8	28.57	29	47.54	37	41.57
不大	8	28.57	14	22.95	22	24.72
总计	28	100	61	100	89	100
Pearson chi2（2）=2.9209　Pr=0.232						
其他救助或优惠的帮助作用						
很大	3	30	26	50	29	46.77
有点大	3	30	16	30.77	19	30.65
不大	4	40	10	19.23	14	22.58
总计	10	100	52	100	62	100
Pearson chi2（2）=2.3211　Pr=0.313						

表4-7显示了不同民族身份贫困家庭对于贫困救助项目效果的评价。

根据卡方检验结果显示，只有"教育救助"这一项目的评价与民族身份之间存在显著相关性（Pr<0.05）。我们可以看到，92.76%的回族贫困受访家庭认为"教育救助"有较大或很大帮助作用，对于"教育救助"的认可度要高于汉族（83.33%）。而"低保金"、"医疗救助"以及"住房补贴"的效果评价在汉族与回族之间没有明显差别，两个民族都比较认可其效果。

表 4 - 7　不同民族身份的贫困家庭对贫困救助项目效果的评价

	汉族		回族		总计	
	n	%	n	%	n	%
低保金的帮助作用						
很大	143	68.42	185	67.77	328	68.05
有点大	55	26.32	70	25.64	125	25.93
不大	11	5.26	18	6.59	29	6.02
总计	209	100	273	100	482	100
Pearson chi2 (2) = 0.3764　Pr = 0.828						
医疗救助的帮助作用						
很大	94	55.62	79	58.52	173	56.91
有点大	52	30.77	41	30.37	93	30.59
不大	22	13.02	14	10.37	36	11.84
没有任何帮助	1	0.59	1	0.74	2	0.66
总计	169	100	135	100	304	100
Pearson chi2 (3) = 0.5841　Pr = 0.900						
教育救助的帮助作用						
很大	51	47.22	84	60.87	135	54.88
有点大	39	36.11	44	31.88	83	33.74
不大	18	16.67	9	6.52	27	10.98
没有任何帮助	0	0	1	0.72	1	0.41
总计	108	100	138	100	246	100
Pearson chi2 (3) = 8.8408　Pr = 0.031						
住房补贴的帮助作用						
很大	42	62.69	52	66.67	94	64.83
有点大	21	31.34	21	26.92	42	28.97

续表

	汉族		回族		总计	
	n	%	n	%	n	%
住房补贴的帮助作用						
不大	3	4.48	5	6.41	8	5.52
没有任何帮助	1	1.49	0	0	1	0.69
总计	67	100	78	100	145	100

Pearson chi2（3）= 1.7394　Pr = 0.628

	汉族		回族		总计	
自然灾害救助的帮助作用						
很大	5	25	2	11.11	7	18.42
有点大	9	45	10	55.56	19	50
不大	6	30	6	33.33	12	31.58
总计	20	100	18	100	38	100

Pearson chi2（2）= 1.2365　Pr = 0.539

	汉族		回族		总计	
临时补贴的帮助作用						
很大	11	45.83	11	55	22	50
有点大	6	25	6	30	12	27.27
不大	7	29.17	3	15	10	22.73
总计	24	100	20	100	44	100

Pearson chi2（2）= 1.2467　Pr = 0.536

	汉族		回族		总计	
费用减免的帮助作用						
很大	10	37.04	6	27.27	16	32.65
有点大	10	37.04	6	27.27	16	32.65
不大	5	18.52	9	40.91	14	28.57
没有任何帮助	2	7.41	1	4.55	3	6.12
总计	27	100	22	100	49	100

Pearson chi2（3）= 2.9972　Pr = 0.392

	汉族		回族		总计	
物价补贴的帮助作用						
很大	11	25.58	18	40	29	32.95
有点大	18	41.86	19	42.22	37	42.05
不大	14	32.56	8	17.78	22	25
总计	43	100	45	100	88	100

Pearson chi2（2）= 3.3093　Pr = 0.191

续表

	汉族		回族		总计	
	n	%	n	%	n	%
其他救助或优惠的帮助作用						
很大	16	42.11	13	54.17	29	46.77
有点大	11	28.95	8	33.33	19	30.65
不大	11	28.95	3	12.50	14	22.58
总计	38	100	24	100	62	100

Pearson chi2 (2) = 2.3121　Pr = 0.315

4.3　贫困帮扶

贫困帮扶情况，包括贫困家庭所接受的政府帮扶情况以及对于政府帮扶项目效果的评价。本节所分析内容涉及的问卷问题包括"您家 2018 年有没有获得过政府提供的这些帮扶？"以及"在以下政府提供的帮扶项目中，您认为对您家帮助作用大不大？"两个问题。我们将"贫困家庭所接受的政府帮扶情况"操作化为"有没有获得农业技能培训/就业培训/职业教育""有没有获得职业介绍/就业机会""有没有获得信用社/银行免息或低息贷款""有没有获得税收优惠""有没有获得技术支持""有没有获得结对帮扶""有没有加入农业合作社""有没有获得政府组织的易地搬迁""有没有获得政府提供的农田改造/危房改造等基础设施建设""接受的帮扶项目数"（0~9）十个变量，将前九个变量编码为"1=有，2=没有"。我们将"贫困家庭对于政府帮扶项目效果的评价"操作化为"农业技能帮扶的作用""职业帮扶的作用""金融帮扶的作用""税收优惠帮扶的作用""技术支持帮扶的作用""结对帮扶的作用""组建农业合作社帮扶的作用""易地搬迁帮扶的作用""基础设施改造帮扶的作用"九个变量，并将它们分别编码为"1=很大，2=有点大，3=不大，4=没有任何帮助"。

表 4-8 显示了自评为很贫困与比较贫困的受访家庭接受的贫困帮扶情况。综合来看，获得政府各项贫困帮扶项目的自评贫困受访家庭比例较低。具体来看，接受了"信用社/银行免息或低息贷款"这一帮扶项目的贫困受

访家庭占比最高，但也仅为31.1%，其中自评为"比较贫困"的受访家庭获得这一项目的比例（32.85%）略高于"很贫困"受访家庭（26.38%）。获得了"农田改造/危房改造等基础设施建设"与"农业技能培训/就业培训/职业教育"的自评贫困受访家庭分别占比28.22%和27.8%。其中，"比较贫困"的受访家庭中获得这两项帮扶项目的比例均略高于"很贫困"受访家庭；而获得"职业介绍/就业机会""税收优惠""技术支持""加入农业合作社""政府组织的易地搬迁"帮扶的贫困受访家庭不到1成，且"很贫困"受访家庭与"比较贫困"受访家庭之间差异不大。

表4-8　自评贫困状况与接受的贫困帮扶

	很贫困		比较贫困		总计	
	n	%	n	%	n	%
农业技能培训/就业培训/职业教育						
有	61	24.02	200	29.2	261	27.8
没有	193	75.98	485	70.8	678	72.2
总计	254	100	685	100	939	100
职业介绍/就业机会						
有	17	6.69	51	7.45	68	7.24
没有	237	93.31	634	92.55	871	92.76
总计	254	100	685	100	939	100
信用社/银行免息或低息贷款						
有	67	26.38	225	32.85	292	31.1
没有	187	73.62	460	67.15	647	68.9
总计	254	100	685	100	939	100
税收优惠						
有	6	2.36	18	2.63	24	2.56
没有	248	97.64	667	97.37	915	97.44
总计	254	100	685	100	939	100
技术支持						
有	24	9.45	66	9.64	90	9.58
没有	230	90.55	619	90.36	849	90.42
总计	254	100	685	100	939	100

续表

	很贫困		比较贫困		总计	
	n	%	n	%	n	%
结对帮扶						
有	41	16.14	122	17.81	163	17.36
没有	213	83.86	563	82.19	776	82.64
总计	254	100	685	100	939	100
加入农业合作社						
有	8	3.15	34	4.96	42	4.47
没有	246	96.85	651	95.04	897	95.53
总计	254	100	685	100	939	100
政府组织的易地搬迁						
有	15	5.91	40	5.84	55	5.86
没有	239	94.09	645	94.16	884	94.14
总计	254	100	685	100	939	100
农田改造/危房改造等基础设施建设						
有	69	27.17	196	28.61	265	28.22
没有	185	72.83	489	71.39	674	71.78
总计	254	100	685	100	939	100

　　表 4-9 显示了自评贫困中认定贫困户与非认定贫困户获得的贫困帮扶情况。首先，我们看到"家庭有没有获得农业技能培训/就业培训/职业教育、职业介绍/就业机会、信用社/银行免息或低息贷款、税收优惠、技术支持、结对帮扶以及农田改造/危房改造等基础设施建设"与"家庭是否被认定为贫困户"之间均有显著相关关系（Pr<0.05），即在自评贫困的家庭中，如果家庭被政府认定为贫困户，接受以上贫困帮扶的可能性或者数量显著高于那些没有被认定为贫困户的家庭。其次，我们发现被认定为贫困户的受访家庭有近一半获得了"信用社/银行免息或低息贷款"，约 4 成获得了"农业技能培训/就业培训/职业教育"、"结对帮扶"以及"农田改造/危房改造等基础设施建设"，而只有极少家庭获得过"职业介绍/就业机会""税收优惠""技术支持""加入农业合作社""政府组织的易地搬迁"帮扶。最后，表 4-9 还显示，在未被认定为贫困户的受访家庭中有近 2 成接

受了"农业技能培训/就业培训/职业教育""信用社/银行免息或低息贷款"
"农田改造/危房改造等基础设施建设"。

表4-9　贫困户认定与接受的贫困帮扶情况

	是		否		合计	
	n	%	n	%	n	%
农业技能培训/就业培训/职业教育						
有	167	42.49	94	17.22	261	27.80
没有	226	57.51	452	82.78	678	72.20
总计	393	100	546	100	939	100
Pearson chi2（1）= 72.7528　Pr = 0.000						
职业介绍/就业机会						
有	41	10.43	27	4.95	68	7.24
没有	352	89.57	519	95.05	871	92.76
总计	393	100	546	100	939	100
Pearson chi2（1）= 10.2441　Pr = 0.001						
信用社/银行免息或低息贷款						
有	196	49.87	96	17.58	292	31.10
没有	197	50.13	450	82.42	647	68.90
总计	393	100	546	100	939	100
Pearson chi2（1）= 111.2012　Pr = 0.000						
税收优惠						
有	15	3.82	9	1.65	24	2.56
没有	378	96.18	537	98.35	915	97.44
总计	393	100	546	100	939	100
Pearson chi2（1）= 4.3143　Pr = 0.038						
技术支持						
有	65	16.54	25	4.58	90	9.58
没有	328	83.46	521	95.42	849	90.42
总计	393	100	546	100	939	100
Pearson chi2（1）= 37.7236　Pr = 0.000						
结对帮扶						
有	149	37.91	14	2.56	163	17.36

续表

	是		否		合计	
	n	%	n	%	n	%
结对帮扶						
没有	244	62.09	532	97.44	776	82.64
总计	393	100	546	100	939	100

Pearson chi2（1）= 199.0514　Pr = 0.000

加入农业合作社						
有	18	4.58	24	4.40	42	4.47
没有	375	95.42	522	95.60	897	95.53
总计	393	100	546	100	939	100

Pearson chi2（1）= 0.0182　Pr = 0.893

政府组织的易地搬迁						
有	24	6.11	31	5.68	55	5.86
没有	369	93.89	515	94.32	884	94.14
总计	393	100	546	100	939	100

Pearson chi2（1）= 0.0763　Pr = 0.782

农田改造/危房改造等基础设施建设						
有	169	43	96	17.58	265	28.22
没有	224	57	450	82.42	674	71.78
总计	393	100	546	100	939	100

Pearson chi2（1）= 72.8955　Pr = 0.000

表 4-10 显示了自评贫困户与政府认定贫困户获得的政府贫困帮扶项目数量。整体而言，受访的贫困家庭得到的帮扶项目数大多集中在一至两个。自评贫困的受访家庭平均获得的贫困帮扶项目数为 1.34 个，其中被认定为贫困户的受访家庭平均能够获得 2.15 个贫困帮扶项目，明显高于没有被认定为贫困户的受访家庭（0.76 个）。

图 4-8 显示了不同民族身份的贫困家庭获得的帮扶项目数量。总体而言，汉族与回族受访家庭平均获得贫困帮扶项目数差异不大，其中，受访的回族贫困家庭平均获得 1.40 个帮扶项目，略高于汉族（1.28 个）。

表4-10　自评贫困户、政府贫困户认定与接受贫困帮扶项目数量

单位：个

	平均数	25%分位数	中位数	75%分位数
您认为您家贫困吗？				
很贫困	1.21	0	1	2
比较贫困	1.39	0	1	2
不贫困				
总计	1.34	0	1	2
您家现在被认定为贫困户了吗？				
是	2.15	1	2	3
否	0.76	0	0	1
总计	1.34	0	1	2

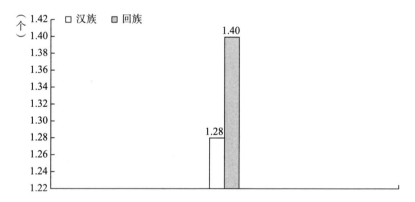

图4-8　不同民族身份的贫困家庭接受贫困帮扶项目数量

表4-11显示了农村地区自评贫困家庭对于贫困帮扶项目效果的评价情况。整体而言，大部分受访贫困家庭都认可政府贫困帮扶项目的效果。具体来说，"金融帮扶"与"基础设施改造帮扶"的作用得到高度认可，约95%的接受贫困帮扶的受访家庭认为这两个项目有较大作用；"易地搬迁"、"结对帮扶"以及"技术支持帮扶"也获得了约90%的接受贫困帮扶的受访家庭的认可。相较而言，"组建农业合作社帮扶"的作用认可度不高，有近半数接受贫困帮扶的受访家庭认为作用不大。

表 4 –11　农村地区自评贫困家庭对贫困帮扶项目的效果评价

	n	%
农业技能帮扶的作用		
很大	93	35.63
有点大	99	37.93
不大	69	26.44
总计	261	100
职业帮扶的作用		
很大	17	25.00
有点大	30	44.12
不大	21	30.88
总计	68	100
金融帮扶的作用		
很大	194	66.44
有点大	85	29.11
不大	13	4.45
总计	292	100
税收优惠帮扶的作用		
很大	10	41.67
有点大	9	37.50
不大	5	20.83
总计	24	100
技术支持帮扶的作用		
很大	35	38.89
有点大	43	47.78
不大	12	13.33
总计	90	100
结对帮扶的作用		
很大	78	47.85
有点大	67	41.10
不大	18	11.04
总计	163	100

续表

	n	%
组建农业合作社帮扶的作用		
很大	7	16.67
有点大	15	35.71
不大	20	47.62
总计	42	100
异地搬迁帮扶的作用		
很大	26	47.27
有点大	23	41.82
不大	6	10.91
总计	55	100
基础设施改造帮扶的作用		
很大	173	65.28
有点大	79	29.81
不大	13	4.91
总计	265	100

4.4 扶贫工作存在的问题

当前宁夏回族自治区的扶贫工作已经取得了巨大成就，但是仍然存在一些问题和亟待改进的地方。本节主要从以下几个方面进行考察和分析：贫困家庭接受社会组织以及亲友救助的情况，被认定为贫困户的样本中不符合贫困户资格的情况，自评贫困家庭的贫困认定情况、仍然面临的问题以及未来脱贫的信心。

首先，本节将分析贫困家庭接受社会组织以及亲友救助的情况，涉及的问卷问题有："2018 年您家有没有从其他社会组织或基金会那里得到任何救助、补贴或捐赠？""2018 年您家有没有从亲人、朋友或者其他人那里得到过任何救助、补贴和捐赠？"。我们将其操作化为"接受社会组织的救助"与"接受亲友的救助"两个变量，并编码为"1＝有，2＝没有"。

其次，本节将分析被认定为贫困户的样本中不符合贫困户资格的情况，涉及问卷问题包括："您家现在被认定为贫困户了吗？""您家人中是否有人是公务员""您家人中是否有在任的社区/村干部（支书、主任、监察委员会主任、副书记、副主任）""您家是否有拖拉机、铲车、货车、面包车、轿车等价格大于 3 万元的车辆""您家是否在城镇购买了商品房或门面房""您家是否是专业种植、养殖大户""您家是否长期雇佣他人从事生产经营活动""您家是否在工商部门注册有经营执照并开展了相应经营活动"，我们将回答编码为"1 = 是，2 = 否"。基于以上八个问题的回答，我们创建了一个新变量"不符合贫困认定资格数目"，统计被认定为贫困户的家庭中存在多少项不符合贫困认定资格的情况。

　　最后本节将分析自评贫困家庭的贫困认定情况、仍然面临的问题以及未来脱贫的信心。在自评贫困家庭的贫困认定情况部分，本节涉及"自评贫困"与"贫困户认定"两个变量。在自评贫困家庭仍然面临的问题部分，本节涉及的问卷问题有："现在，您家是否还面临有劳动能力者无工作的困难？""现在，您家是否还面临有大额负债的困难？""现在，您家是否还面临医疗负担重的困难？""现在，您家是否还面临孩子上学的困难？"，我们将其操作化为"家庭有劳动能力者无工作""家庭仍有大额负债""家庭医疗负担重""家庭上学仍存在困难"四个变量，并将其编码为"0 = 没有，1 = 有"。自评贫困家庭未来脱贫信心这一变量，涉及的问卷问题为"您认为在未来一两年内自己家庭能否摆脱贫困？"，我们将这一变量编码为"1 = 完全可能，2 = 有一些困难，3 = 不可能"。

　　图 4 - 9 表示了贫困家庭接受社会组织以及亲友救助的情况。首先，我们可以看到绝大多数的受访贫困家庭没有接受过社会组织与亲友的救助。其次，受访贫困家庭接受过亲友救助的比例（9.48%）相对高于接受过社会组织的救助（4.30%）。最后，结合表 4 - 3 与图 4 - 9 我们可以发现，政府在扶贫工作占主体地位，受访的贫困家庭主要依靠政府提供的救助项目，亲人与社会组织救助所占比例很少。

　　图 4 - 10 显示了被认定为贫困户的样本中不符合贫困户认定资格情况。首先，我们看到绝大多数的受访贫困户（80.58%）符合认定资格；其次，我们也看到贫困户认定存在偏差，在不符合认定资格的受访贫困户中，超

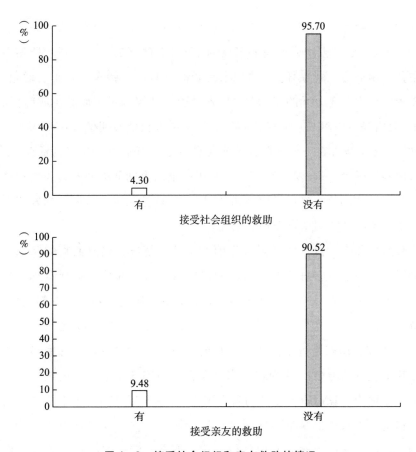

图 4 - 9　接受社会组织和亲友救助的情况

过 4/5 有 1 项不符合认定资格，剩余 1/5 有 2 项或 3 项不符合认定资格。

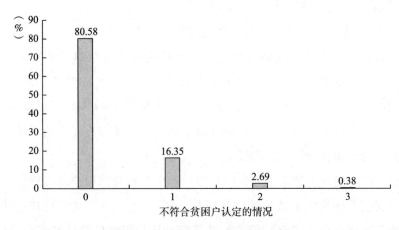

图 4 - 10　不符合贫困户认定的情况

表4-12显示了自评贫困家庭的贫困认定情况。首先，我们看到自评贫困与贫困户认定之间存在显著相关关系（Pr < 0.05），自认为贫困的受访家庭相较于自认为不贫困的受访家庭被认定为贫困户的比例更高，自评贫困的受访家庭中自认为"很贫困"的家庭相较于自认为"比较贫困"的家庭被认定为贫困户的比例更高。其次，我们也看到超过一半自评为"很贫困"的受访家庭以及近7成自评为"比较贫困"的受访家庭没有被认定为贫困户。最后，表4-12还显示，有6.05%的自认为不贫困受访家庭被认定为贫困户。这说明了自评贫困与贫困户认定之间虽然存在相关性，但也存在一些偏差。

表 4 - 12 自评贫困与贫困户认定

	是		否		合计	
	n	%	n	%	n	%
您认为您家贫困吗？						
很贫困	152	45.92	179	54.08	331	100
比较贫困	293	31.71	631	68.29	924	100
不贫困	75	6.05	1164	93.95	1239	100
总计	520	20.85	1974	79.15	2494	100

Pearson chi2（2）= 356.4881 Pr = 0.000

经过政府救助帮扶后，贫困家庭衣食住行等基本生活方面的问题已经显著减少，但是如图4-11所示，自评贫困家庭仍然面临一些问题。其中，

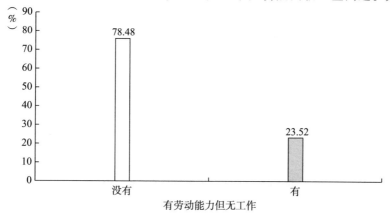

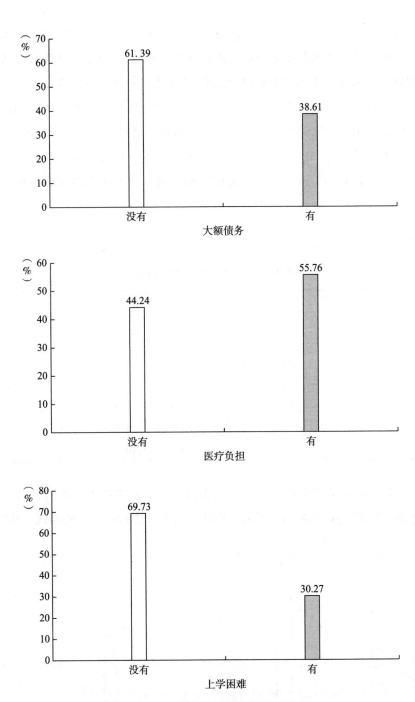

图 4 - 11　自评贫困家庭仍然面临的问题

"医疗负担"在救助和帮扶后仍然是约半数受访贫困家庭面临的问题。此外，约 4 成受访贫困家庭仍有"大额债务"，约 3 成受访贫困家庭存在孩子"上学困难"的问题，约 2 成受访贫困家庭存在"有劳动能力但无工作"的问题。

表 4 - 13 显示了自评贫困家庭对未来脱贫的信心。整体而言，大部分受访贫困家庭对未来脱贫比较有信心。约 1 成受访家庭认为自己完全可能在一两年内摆脱贫困，约 6 成受访家庭认为在未来一两年内可以摆脱贫困但有一些困难，只有约 2 成受访家庭认为无法在未来一两年内摆脱贫困。具体分城镇地区与农村地区来看，受访的农村地区贫困家庭认为自己能够在未来一两年内脱贫的有 78.48%，而城镇只有 72.78%，由此可见，农村地区受访贫困家庭比城镇地区更有信心脱离贫困。从民族身份来看，汉族和回族贫困群体在脱贫信心上存在显著差异。进一步比较发现，在完全有信心的比例上，汉族（15.90%）高于回族（10.65%），这说明汉族贫困群体的信心程度要高于回族群体。

表 4 - 13　自评贫困家庭对未来脱贫的信心

	您认为在未来的一两年内自己家庭能否摆脱贫困？							
	完全可能		有一些困难		不可能		合计	
	n	%	n	%	n	%	n	%
居住地								
城镇	37	11.71	193	61.08	86	27.22	316	100
农村	133	14.16	604	64.32	202	21.51	939	100
总计	170	13.55	797	63.51	288	22.95	1255	100
Pearson chi2 (2) = 4.7957　Pr = 0.091								
民族身份								
汉族	111	15.90	432	61.89	155	22.21	698	100
回族	59	10.65	363	65.52	132	23.83	554	100
总计	170	13.58	795	63.50	287	22.92	1252	100
Pearson chi2 (2) = 7.2717　Pr = 0.026								

4.5　本章小结

基于 2019 年宁夏回族自治区抽样调查数据的分析，本章的主要发现有如下几点。

（1）贫困认定方面。从地域差异角度看，宁夏回族自治区 5 个地级市中，固原市贫困现象比较严重，有近一半受访家庭被认定为贫困户。从城乡差异角度看，受访家庭中农村贫困户比例明显高于城镇，约为城镇的 5倍。从民族身份角度看，整体而言受访家庭中回族贫困户比例要高于汉族，但是存在地域差异。在贫困户比例较高的固原市、中卫市以及吴忠市，回族的贫困户比例要高于汉族，而在贫困比例较低的银川市与石嘴山市，汉族贫困户比例则要高于回族。此外，不同民族身份家庭的贫困状况差异在城乡之间存在不同，农村中回族与汉族家庭在贫困情况上的差异要大于城镇。

（2）自评贫困方面。从地域差异角度看，固原市受访家庭的自评贫困率最高，这与贫困认定结果相一致。从城乡差异与民族身份角度看，农村受访家庭自评贫困率高于城镇受访家庭，回族受访家庭自评贫困率高于汉族受访家庭，但是城乡差异相较于民族身份所导致的自评贫困状况差异更大。医疗负担过重是最为普遍的致贫原因，此外，教育负担沉重与缺乏劳动力也会在很大程度上导致贫困。

（3）当下实行的精准扶贫救助项目与帮扶项目总体符合当地群众的需求，得到了大部分贫困家庭的认可。在救助项目中，低保金的认可度最高，其次为住房补贴、医疗救助以及教育救助。帮扶项目中的金融帮扶与基础设施帮扶得到了受访贫困家庭的高度认可。这也从侧面体现出宁夏回族自治贫困家庭的需求仍处在一个比较基础的层面。整体而言，贫困家庭的城乡差异以及民族身份差异对于救助项目的效果评价差异不大，但教育救助这一项目对于回族以及农村的受访贫困家庭的帮助相较于汉族与城镇家庭更大。这也体现了回族与农村地区贫困家庭在教育方面的压力与救助需求更大。

（4）政府扶贫救助与帮扶项目存在覆盖面不够广泛的问题。整体而言，受访的自评贫困家庭接受的政府救助与帮扶项目数量较少，平均约为一个，其中被认定为贫困户的家庭平均能够接受约两个救助与帮扶项目。在各项救助项目中，低保金、医疗救助与教育救助惠及的家庭相对较多，而在各项帮扶项目中，信用社/银行免息或低息贷款、基础设施建设以及技能培训惠及的家庭较多。从城乡差异以及民族身份角度看，农村受访家庭接受的救助项目数高于城镇，回族受访家庭接受的救助与帮扶项目数略高于汉族。

（5）当地扶贫工作的主体是政府，受访的贫困家庭获得的由政府提供的救助与帮扶显著多于来自社会组织与亲友的救助。贫困户认定过程存在一定偏差。有近1/5的受访贫困户不符合贫困认定资格，此外，有超过一半自认为很贫困的受访家庭没有被认定为贫困户。这说明精准扶贫政策在落实过程中，精准识别方面的工作需要强调。

（6）经过政府救助帮扶后，受访贫困家庭衣食住行等基本生活方面的问题已经显著减少，但是仍然面临医疗、教育与债务的负担。自评贫困的家庭中，大部分受访家庭对于未来脱贫比较有信心，其中汉族家庭的脱贫信心程度高于回族家庭，农村家庭脱贫信心程度高于城镇家庭。

参考文献

陈爱雪、刘艳：《层次分析法的我国精准扶贫实施绩效评价研究》，《华侨大学学报》（哲学社会科学版）2017年第1期。

陈小丽：《基于多层次分析法的湖北民族地区扶贫绩效评价》，《中南民族大学学报》（人文社会科学版）2015年第3期。

邓永超：《预见式行动视角下精准扶贫的机制优化》，《社会科学》2019年第8期。

方劲：《可行能力视野下的新阶段农村贫困及其政策调整》，《经济体制改革》2011年第1期。

方清云：《贫困文化理论对文化扶贫的启示及对策建议》，《广西民族研究》2012年第4期。

国家统计局编《2019中国统计年鉴》，《中国统计出版社》，2019。

何炜、刘俊生：《多元协同精准扶贫：理论分析、现实比照与路径探寻——一种社会资本理论分析视角》，《西南民族大学学报》（人文社科版）2017年第6期。

黄梅芳、于春玉：《民族旅游扶贫绩效评价指标体系及其实证研究》，《桂林理工大学学报》2014年第2期。

黄艳：《宁夏回族自治区精准扶贫案例研究》，《时代金融》2017年第18期。

揭子平：《农村"精准扶贫"工作中存在的问题及对策》，《农村经济与科技》2016年第17期。

李春祖、曹军会：《精准扶贫政策实施效果及改进路径——基于27省（区）农户的调查》，《开发研究》2017年第4期。

李兴江、陈怀叶：《参与式扶贫模式的运行机制及绩效评价》，《开发研究》2008年第2期。

李云：《文化扶贫：武陵山片区扶贫攻坚的战略选择》，《民族论坛》2012年第22期。

鲁建彪：《关于民族贫困地区扶贫路径选择的理性思考》，《经济问题探索》2011年第5期。

马文峰：《可行能力视野下我国精准扶贫的新思路》，《西北民族研究》2017年第4期。

孙咏梅、傅成昱：《中国农民工多维物质贫困测度及精准扶贫策略研究》，《学习与探索》2016年第7期。

谭燕瑜、谢雨萍、王祖良：《广西少数民族特色村寨旅游扶贫村民感知效益的实证分析——以桂北地区为例》，《农村经济与科技》2019年第17期。

汪三贵、郭子豪：《论中国的精准扶贫》，《贵州社会科学》2015年第5期。

王建民：《扶贫开发与少数民族文化——以少数民族主体性讨论为核心》，《民族研究》2012年第3期。

王仟滢、霍云惠：《基于AHP-模糊综合评价的旅游扶贫绩效研究——以安徽省歙县为例》，《农家参谋》2019年第13期。

吴宗璇：《固始县教育扶贫绩效评价研究》，硕士学位论文，中南林业科技大学，2019。

谢尚果、胡美术：《少数民族地区精准扶贫问题研究》，《学术论坛》2016年第9期。

邢中先、张平：《民族地区70年扶贫政策回顾与展望》，《湖北民族学院学报》（哲学社会科学版）2019年第5期。

熊静、李从松：《西方社会学的贫困观》，《湖北广播电视大学学报》2002年第1期。

张等文、陈佳：《城乡二元结构下农民的权利贫困及其救济策略》，《东北师大学报》（哲学社会科学版）2014年第3期。

张丽君、董益铭、韩石：《西部民族地区空间贫困陷阱分析》，《民族研究》2015年第1期。

张衔:《民族地区扶贫绩效分析——以四川省为例》,《西南民族学院学报》(哲学社会科学版) 2000 年第 3 期。

张翼:《当前中国精准扶贫工作存在的主要问题及改进措施》,《国际经济评论》2016 年第 6 期。

第5章　婚姻状况与性别观念

　　婚姻是最基本的社会关系，是社会发展演变出的关于男女匹配的制度化安排。婚姻的缔结不仅是男女双方的相互选择，还体现了人们的价值观念、社会背景甚至民族意识。稳定和谐的婚姻关系对于维持正常基本的社会生活环境具有重要作用。族际通婚在某种程度上反映了不同民族间的交往联系，是测量不同民族相互关系和深层次融合的一个重要指标。回族由于其宗教文化的特殊性，早年基本奉行严格的宗教内婚制，但时至近现代，在"大杂居、小聚居"的分布格局下，各个民族交错分布、相互影响，彼此间的联系也更加紧密。近年来，我国回汉通婚率有一定提升，体现了在当代文化影响下的传统婚姻观的改变。此外，随着时代的发展和文化的交流互鉴，我国人民的思想态度更加包容开放。尤其是近些年，随着女权主义思潮的涌入，越来越多的学者为性别平权做出呼吁和努力。树立健康、平等的性别观念对于婚姻家庭的和谐幸福，乃至社会的持续发展都有着极为重要的意义。在宁夏，主要人口由汉族和回族构成，在两族人民密切的交往联系中，其民族间的差异越来越小。研究宁夏当地居民的婚姻状况和性别观念等情况，有助于我们更好地理解和比较民族的发展现状，促进其沟通学习、共同繁荣。

　　以往关于婚姻状况的研究主要集中于婚姻匹配模式、跨民族婚姻情况等方面。首先，在婚姻匹配模式中，"同类匹配"和"梯度匹配"是两种主要的理论观念。前者认为男女双方倾向于选择同一阶层的伴侣，而后者指出，以理性的择偶行为出发，人们更愿意选择比自己条件更好的异性作为伴侣。现有多数关于婚姻双方婚龄匹配的研究都表明，丈夫的年龄普遍高于妻子，年龄维度的婚姻匹配模式是以同龄婚为基础的男高女低模式（朱梦冰，2017）。对婚姻的教育匹配的研究发现，教育水平是区分不同婚姻匹配模式的重要社会边界。男女双方的教育水平差距越大，跨越教育壁垒结婚的可能性越小，这在一定程度上支持了同质婚理论（马磊，2017）。而也有研究发现，教育的异质性婚配现象多发生在教育梯度的顶端，即若各学历在资源文化、经济潜力等方面差距较小时，婚配更容易发生（齐亚强、牛建林，2012）。此外，在原有的城乡二元背景下，户籍中蕴含了社会福利、社会地位的附加值。在关于户口类型婚配关系的研究中，有学者发现"男高女低"的选择相对更为普遍，女性向上婚的婚配模式在统计上具有显著性（齐亚强、牛建林，2012）。也有研究分析了婚姻彩礼在城乡中的差异，指出在农村女儿出嫁得到的彩礼较多，而城镇家庭嫁女儿花费的嫁妆较多，这种婚姻缔结中发生的转移支付可能受到不同社会文化观念的影响（袁晓燕，2017）。

跨民族婚姻的研究主要集中在各民族族际通婚情况和影响族际通婚的因素等方面。总体来看，中国民族间的族际通婚已经较为普遍。有学者比较了"五普"和"六普"的数据，显示在 2000 年全国有 2.96% 的家庭户（1008.6 万户）属于族际通婚户，而在 2010 年全国有 2.74% 的家庭户（1102.0 万户）是族际通婚户。有研究发现，在婚姻对象群体的比较中，以回族为户主的家庭户为分母，其配偶族群为分子，发现 2010 年回汉通婚占比 12.07%（菅志翔，2016）。有学者研究了族际通婚夫妇的婚龄情况，发现夫妻同为某一少数民族的平均初婚年龄比夫妻均为汉族的平均初婚年龄要提前 1 岁以上，而不同民族间的通婚却能够提高初婚年龄（郭志刚、李睿，2008）。在影响族际通婚的因素中，主要体现出个体选择和社会文化两个方面的作用。婚姻首先基于男女双方的感情因素。既有的对于回汉通婚家庭的研究发现，回汉双方在考虑通婚的过程中，个体首先考虑的是个人能力以及双方的情感因素，民族间的异质性在生活中为了家庭的和谐往往会被掩盖或是慢慢形成个体和家庭间的相互认同（伏丽芸，2011）。但同时，民族文化、社会背景和国家政策的影响也不容忽视。对于回族人口而言，其因信仰伊斯兰教并且有严格的习俗禁忌，相比其他民族而言"族内婚"的比例较高（菅志翔，2016）。在国家政策上，1981年颁布实施的《宁夏回族自治区执行〈中华人民共和国婚姻法〉的补充规定》提出"回族同其他民族的男女自愿结婚，任何人不得干涉"，保护了婚姻当事人自主选择婚姻的权利（李晓霞，2010）。

以往关于性别观念的研究主要集中在性别不平等的情况及其影响因素、性别观及婚姻质量等方面。有学者在对于中国性别关系的研究中指出，中国家庭暴力现象得以存续的根本原因在于传统性别不平等的观念已经深入每个男女的意识形态和行动中，反映着性别关系不平等的二重结构（佟新，2000）。一些学者对于当代人们性别观念的研究表明，个体在社会结构中的位置影响其性别角色观念。高社会地位的群体的性别角色观念更为开放。男女之中存在性别观念差异，相比之下，女性的观念更偏于现代而男性更偏传统，家庭内部的性别不平等模式对性别角色观念的影响也存在差异（刘爱玉、佟新，2014；王鹏、吴愈晓，2019）。此外，有学者探究了居民教育获得的性别差异情况，认为性别不平等存在城乡差异。农业户籍居民的不平等程度高于非农业户籍，此种性别不平等模式可能来源于不同的社会群体对父权制观念或传统性别角色观念的认同感的差异（吴愈晓，2012）。最后，以往有关性别观与婚姻质量的研究发现，婚姻取向和性别观念二者之间存在正相关。人们在婚姻生活中强调共同性因素时，由于要求实现夫妻间在价值观念上的同质性，男女平等的现代性别观念也就更容易为人们所接受。而当家庭权力形态越趋向于平权，即越契合于人们的婚姻价值取向和性别观念，人们的婚姻生活满意度也就越高（卢淑华、文国锋，1999）。

综合来看，既有研究关于婚姻匹配状况的研究主要从先赋性和自致性两个方向展开，本章也将从年龄、教育和户籍三个方面对于宁夏的婚姻匹配进行探究。另外，关于婚姻质量和性别观念的研究表明，两者之间存在较为紧密的联系，并且受到城乡背景、社会文化等因素的影响，本章也将用实证数据对此情况进行进一步的考察。本章将利用2019年在宁夏回族自治区进行的随机抽样调查数据，研究宁夏居民的婚姻状况、家庭观与性别观念等问题。

5.1　婚姻状况与婚姻匹配

本节主要内容包括：（1）当前宁夏居民的婚姻状况；（2）不同居住地和民族身份居民的初婚年龄；（3）居民婚姻的教育、户籍、民族匹配情况。本节内容涉及的调查问题包括"请问您现在的婚姻状况是？"（1 = 未婚；2 = 初婚有配偶；3 = 再婚有配偶；4 = 离婚；5 = 丧偶）和"您的初婚年龄为？"内容分析中还涉及调查对象及其配偶的年龄、户籍、教育水平、民族身份等变量。通过数据处理，将这些变量整理合并为"婚姻的年龄匹配""婚姻的户口匹配""婚姻的教育匹配""婚姻的民族匹配"四个变量，来直观展示宁夏居民婚姻的匹配情况。

图 5 - 1 是对当前宁夏居民总体婚姻状况的统计。总的来说，宁夏成年居民以初婚有配偶为主，占 80.70%，再婚有配偶的人口占 2.98%。在无配偶的人口中，未婚人群占 9.61%，离婚人群占 2.13%，丧偶的人口占 4.58%。

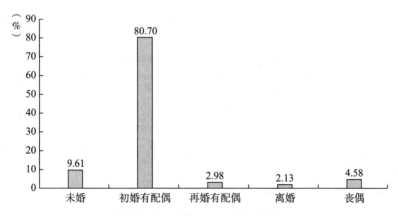

图 5 - 1　当前宁夏居民的总体婚姻状况

表 5 - 1 显示了不同居住地、不同民族身份居民的初婚年龄情况。整体来看，城镇居民的初婚年龄大体略高于农村居民，而汉族居民的初婚年龄亦略高于回族居民。从平均数来看，城镇居民的平均初婚年龄为 23.83 岁，相比之下农村居民的初婚年龄小了近 2 岁（22.04 岁）。在 25% 分位数、中位数与 75% 分位数的比较下显示出相似的结果。在不同民族居民的比较中，

平均数与各分位数亦展现了汉族居民的初婚年龄基本大于回族居民2岁的情况，汉族平均初婚年龄为23.18岁，而回族平均初婚年龄为21.65岁。

表5-1　不同居住地、不同民族身份居民的初婚年龄

单位：岁

	平均数	25%分位数	中位数	75%分位数
居住地				
城镇	23.83	21	24	26
农村	22.04	20	22	24
民族身份				
汉族	23.18	21	23	25
回族	21.65	20	21	23
总计	22.60	20	22	24

表5-2显示了不同居住地、不同民族身份居民结婚双方年龄的匹配情况。总体来看，结婚双方年龄的匹配情况与其所在居住地和所属民族身份无显著相关。表中可以看出，整体上结婚双方中，男性的年龄要大于女性。其中，男方年龄大于女方的占比73%，男女双方年龄相等的占比13.86%，

表5-2　不同居住地、不同民族身份居民的婚姻年龄匹配

	男方年龄大于女方		男方年龄等于女方		男方年龄小于女方		总计	
	n	%	n	%	n	%	n	%
居住地								
城镇	437	70.48	90	14.52	93	15.00	620	100
农村	949	74.67	172	13.53	150	11.80	1271	100
总计	1386	73.29	262	13.86	243	12.85	1891	100
Pearson chi2（2）=4.6023　Pr=0.100								
民族身份								
汉族	844	71.77	167	14.20	165	14.03	1176	100
回族	535	75.67	94	13.30	78	11.03	707	100
总计	1379	73.23	261	13.86	243	12.90	1883	100
Pearson chi2（2）=4.2549　Pr=0.119								

而男方年龄小于女方的情况占比 12.8%。由此可见，在婚姻的年龄匹配上以男方年龄大于女方年龄为主要模式。

表 5 - 3 显示了不同居住地、不同民族身份居民婚姻双方的户口匹配情况。可以看出，男女双方的户籍一致的情况较多。在户籍存在差异的情况下，男方非农业、女方农业户口的情况较多。总体来看，夫妻双方均为农业户口的比例最大，占比约 69%，均为非农业户口的占比约 24%。在户籍不一致的婚姻中，男方非农业户口而女方农业户口的占比约为 3.42%，比"男方农业女方非农业"的比例 2.74% 要高。受居住地条件的影响，农村中农业户口居民较多、城镇户口居民较少，故在婚姻匹配中均为农业户口的比例较大（88.17%）。而在不同民族身份的比较下，显示回族中"均为农业户口"的比例较大，为 80.03%，相比汉族只有 63.14%。考虑到回族居民相比汉族居民属于农村户口的比例较大，故影响了婚姻户口匹配的结果。

表 5 - 3 不同居住地、不同民族身份居民婚姻的户口匹配

	都是农业户口		都是非农业户口		男方农业女方非农业		男方非农业女方农业		总计	
	n	%	n	%	n	%	n	%	n	%
居住地										
城镇	199	29.84	388	58.17	38	5.70	42	6.30	667	100
农村	1245	88.17	119	8.43	19	1.35	29	2.05	1412	100
总计	1444	69.46	507	24.39	57	2.74	71	3.42	2079	100
Pearson chi2 (3) = 736.7791 Pr = 0.000										
民族身份										
汉族	805	63.14	390	30.59	41	3.22	39	3.06	1275	100
回族	637	80.03	113	14.20	15	1.88	31	3.89	796	100
总计	1442	69.63	503	24.29	56	2.70	70	3.38	2071	100
Pearson chi2 (3) = 78.5138 Pr = 0.000										

表 5 - 4 显示了不同居住地、不同民族身份居民婚姻双方的教育水平匹配程度。整体看来，男方学历高于女方或是与女方一致的情况较多。其中男方学历高于女方的比例为 42%，夫妻双方学历一致的比例为 41%。男方学历低于女方的情况最少，占 15%。在不同居住地的比较中，发现城镇

男方学历低于女方的比例相对于农村要高，前者为 20.63%，而后者为 13.19%。而在不同民族身份的比较中，汉族居民中男方学历低于女方的比例也高于回族居民，分别为 17.49% 和 12.31%。

表 5 - 4　不同居住地、不同民族身份居民的婚姻的教育匹配情况

	婚姻的教育匹配							
	男方学历高于女方		男方学历与女方一致		男方学历低于女方		总计	
	n	%	n	%	n	%	n	%
居住地								
城镇	246	36.77	285	42.6	138	20.63	669	100
农村	638	45.25	586	41.56	186	13.19	1410	100
总计	884	42.52	871	41.9	324	15.58	2079	100
Pearson chi2 (2) = 23.8847　Pr = 0.000								
民族身份								
汉族	540	42.35	512	40.16	223	17.49	1275	100
回族	343	43.09	355	44.60	98	12.31	796	100
总计	883	42.64	867	41.86	321	15.5	2071	100
Pearson chi2 (2) = 10.8504　Pr = 0.004								

表 5 - 5 显示了不同居住地居民婚姻的民族匹配情况。可以看出，相同民族身份的男女结婚的比例很大，跨民族婚姻情况极少。其中，均为汉族的比例为 61.14%，均为回族的比例为 37.93%，而回汉通婚的比例不到 1%。此外，发现在城镇中均为汉族的婚姻比例较高，为 76.66%，可能是受到城镇中汉族人口占比较大的影响。

综上所述，宁夏成年人口中已婚有配偶是主要的婚姻模式，初婚年龄基本在 22 岁左右。受传统习惯和生活实际的影响，城镇居民和汉族居民相比农村居民和回族居民的初婚年龄稍大。在婚姻双方匹配的比较中，发现人们仍多坚持"同质婚"，在年龄和教育程度上体现了"上行婚"的趋势。在结婚民族身份匹配上，回族人口因受到宗教文化的影响较大，与其他民族通婚的情况很少。

表 5-5　不同居住地居民婚姻的民族匹配情况

	都是汉族		都是回族		男方汉族 女方回族		男方回族 女方汉族		总计	
	n	%	n	%	n	%	n	%	n	%
居住地										
城镇	496	76.66	139	21.48	7	1.08	5	0.77	647	100
农村	742	53.85	629	45.65	5	0.36	2	0.15	1378	100
总计	1238	61.14	768	37.93	12	0.59	7	0.35	2025	100

Pearson chi2（3）=114.1206　Pr=0.000

5.2　婚姻关系

本节主要从夫妻间吵架情况、女性受到家暴情况以及人们的婚姻满意度三个方面来展开。涉及的调查问题有："最近一年，您和配偶吵架多不多？"（1=非常多；2=比较多；3=比较少；4=非常少；5=从来没有），"过去一年中，您老公打过您吗？"（1=经常打；2=偶尔打；3=从来没有打过），"整体上，您对自己的婚姻生活感到满意吗？"（1=非常满意；2=比较满意；3=一般；4=比较不满意；5=非常不满意）。

图 5-2 显示了最近一年中夫妻的吵架情况。可以看出在最近一年，宁夏居民夫妻之间的吵架情况较少，关系基本稳定。其中，夫妻吵架"非常少"和"从来没有"的比例分别为 44.88% 和 30.51%，吵架"比较多"的占 4.42%，而吵架次数非常多的情况极少，只占 0.86%。

图 5-3 显示了在过去一年中，女性受到配偶家庭暴力的情况。从图中可以看出，大多数女性没有受到家庭暴力，"从来没有打过"的占 91.96%，偶尔受到家庭暴力的占 7.81%，而经常受到家庭暴力的比例仅为 0.23%。

图 5-4 显示了居民对于当前婚姻的满意程度。可以看出大部分居民对于自身婚姻是满意的。其中，"比较满意"和"非常满意"各占比 55.45% 和 35.18%，有 7.50% 的居民表示对自己婚姻的满意度一般。而对自己的婚姻表示比较不满意和非常不满意的情况仅占比 1.2% 和 0.67%。

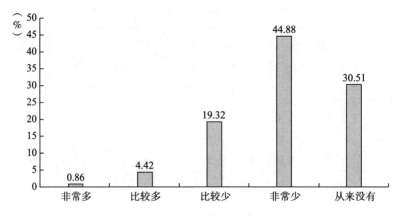

图 5 – 2　与配偶吵架情况

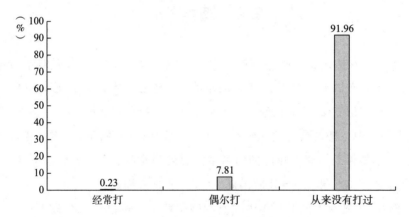

图 5 – 3　女性受到配偶家庭暴力情况

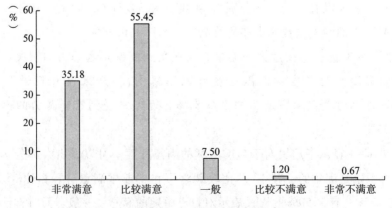

图 5 – 4　对当前婚姻的满意度

表 5–6 显示了不同居住地、不同民族身份居民的婚姻满意度情况。居民的婚姻满意度和其所属民族、居住地存在一定相关关系。我们可以看出，农村居民对于自身婚姻情况表示"非常满意"的比例（37.61%）高于城镇居民（30.04%）；而城镇居民选择满意度"一般"的比例（11.06%）相比农村居民要高（5.81%）。在不同民族身份的比较中，汉族居民选择"非常满意"的居民比例（32.65%）略低于回族居民（39.07%），而选择"一般"的比例（9.08%）要大于回族居民（5.03%）。

表 5–6 不同居住地、不同民族身份居民的婚姻满意度情况

	非常满意		比较满意		一般		比较不满意		非常不满意		总计	
	n	%	n	%	n	%	n	%	n	%	n	%
居住地												
城镇	201	30.04	382	57.10	74	11.06	7	1.05	5	0.75	669	100
农村	531	37.61	772	54.67	82	5.81	18	1.27	9	0.64	1412	100
总计	732	35.18	1154	55.45	156	7.50	25	1.20	14	0.67	2081	100

Pearson chi2 (4) = 24.8537 Pr = 0.000

民族身份												
汉族	417	32.65	719	56.3	116	9.08	17	1.33	8	0.63	1277	100
回族	311	39.07	431	54.15	40	5.03	8	1.01	6	0.75	796	100
总计	728	35.12	1150	55.48	156	7.53	25	1.21	14	0.68	2073	100

Pearson chi2 (4) = 17.4429 Pr = 0.002

综上来看，宁夏居民夫妻之间产生矛盾的情况较少，尤其是采用肢体暴力的方式更是少见，居民的婚姻满意度较高，生活比较幸福。在不同居住地和民族身份的比较中发现，农村居民和回族居民相比而言对于自身婚姻情况有更为积极的评价。

5.3 家庭观和性别观

本节内容主要考察了宁夏居民的家庭观和性别观，包括家庭与事业的重要程度，对于一些行为的态度以及对于男女性别平等的观念。本节涉及

的调查问题是让调查者表达其主观上对于一些说法的支持程度，包括"美满幸福的家庭生活比事业成功更重要""离婚是个人行为，他人不应该指责""未婚同居是个人行为，他人不应该指责""男孩比女孩更应该获得教育机会""当工作岗位减少时，男人比女人更应该得到工作"这五项说法。将调查者的支持程度分为五个等级，并将其编码为"1 = 非常同意；2 = 同意；3 = 无所谓同意还是不同意；4 = 不同意；5 = 非常不同意"。

如图 5 - 5 所示，在对于"美满幸福的家庭生活比事业成功更重要"这一观点的态度上，多数人表达了赞同的态度，非常同意的占 26.22%，同意的人数占 59.06%；而持不赞成态度的居民较少，只有 7.66% 的人表示不同意和 0.68% 的人表示非常不同意。说明在更多人心中，家庭比事业更加重要。

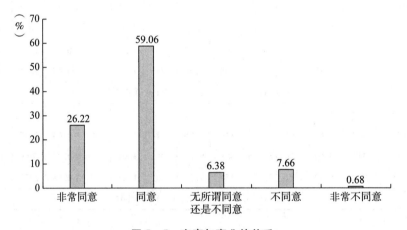

图 5 - 5　家庭与事业的关系

表 5 - 7 显示了在不同居住地、不同民族身份影响下，人们对于家庭工作重要性的评价情况。发现居住地和民族身份与人们关于家庭事业的看法无显著相关。城镇和农村居民表达支持态度的比例均为 85% 左右，城镇居民表示非常不同意的比例（1.29%）稍高于农村（0.37%）。回族居民对于该说法表示赞成的比例稍高于汉族，在"非常满意"的选择中，回族居民占 27.23%，而汉族居民 25.75%。所以总体看来，不论城镇还是农村居民、回族还是汉族居民对于婚姻家庭的重要性评价显示出一致的趋势，即人们大多认为家庭幸福比事业成功重要。

表 5 – 7　不同居住地、不同民族身份的居民家庭生活重要性评价

	美满幸福的家庭生活比事业成功更重要										
	非常同意		同意		无所谓同意还是不同意		不同意		非常不同意		总计	
	n	%	n	%	n	%	n	%	n	%	n	%
居住地												
城镇	220	25.82	493	57.86	60	7.04	68	7.98	11	1.29	852	100
农村	434	26.43	980	59.68	99	6.03	123	7.49	6	0.37	1642	100
总计	654	26.22	1473	59.06	159	6.38	191	7.66	17	0.68	2494	100
Pearson chi2（4）= 8.5244　Pr = 0.074												
民族身份												
汉族	397	25.75	905	58.69	96	6.23	130	8.43	14	0.91	1542	100
回族	256	27.23	560	59.57	62	6.60	60	6.38	2	0.21	940	100
总计	653	26.31	1465	59.02	158	6.37	190	7.66	16	0.64	2482	100
Pearson chi2（4）= 8.2710　Pr = 0.082												

图 5 – 6 显示了居民对于"离婚是个人行为，他人不应该指责"观点的态度，可以看出，大部分人持肯定态度，说明现代人对于"离婚"这一行为的看法更为理性开明了。其中表示"非常同意"的人数占 8.82%，"同意"的人数占 48.52%；而仍有约 31% 的人认为离婚这一行为不甚合理，需要他人的干涉。

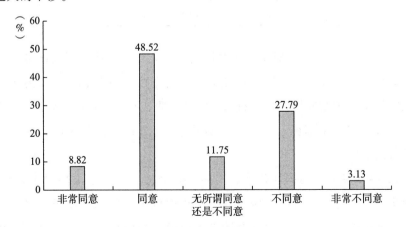

图 5 – 6　对离婚的态度

表 5 - 8 显示了不同居住地、不同民族身份居民对于"离婚"行为的态度，可以看出农村居民相对城镇居民，对于该行为的态度更偏向于保守。同时，回族居民相比汉族居民，对于离婚这一行为的态度也偏于传统。城镇居民对于这一观点持否定态度的约占 20%，而农村居民表达不同意的约占 37%。此外，汉族居民表示不同意的约占 28%，而回族居民约有 35% 的人表示不同意，明显高于汉族。

表 5 - 8　不同居住地、不同民族身份居民对离婚的态度

	离婚是个人行为，他人不应该指责										
	非常同意		同意		无所谓同意 还是不同意		不同意		非常不同意		总计	
	n	%	n	%	n	%	n	%	n	%	n	%
居住地												
城镇	99	11.62	481	56.46	103	12.09	148	17.37	21	2.46	852	100
农村	121	7.37	729	44.40	190	11.57	545	33.19	57	3.47	1642	100
总计	220	8.82	1210	48.52	293	11.75	693	27.79	78	3.13	2494	100
Pearson chi2（4）= 80.7717　Pr = 0.000												
民族身份												
汉族	141	9.14	788	51.10	177	11.48	392	25.42	44	2.85	1542	100
回族	79	8.40	414	44.04	115	12.23	299	31.81	33	3.51	940	100
总计	220	8.86	1202	48.43	292	11.76	691	27.84	77	3.10	2482	100
Pearson chi2（4）= 16.0244　Pr = 0.003												

图 5 - 7 显示了人们对于"未婚同居是个人行为，他人不应该指责"观点的看法。总体来说，在这一观点上人们的态度比较分化，更多的人表示不太能接受"未婚同居"这一行为。统计表明，有 41.06% 的人不同意这一观点，有 7.38% 的居民表示"非常不同意"。同时约有 36% 的人对于该观点持肯定态度。

表 5 - 9 显示了不同居住地、不同民族身份居民对于未婚同居的态度。总体来说，农村居民与回族居民的态度相比城镇居民和汉族居民对于该行为的态度偏向于传统。其中，表示"不同意"的农村居民比例为 44.95%，比城镇居民高出 10% 左右。回族居民表达不赞同的态度比例为 54.36%，也

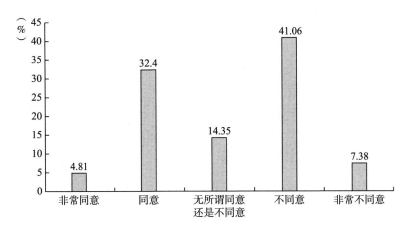

图 5 - 7　对 "未婚同居" 的态度

比汉族居民的比例（44.95%）高 10% 左右。

表 5 - 9　不同居住地、不同民族身份居民对同居的态度

	未婚同居是个人行为，他人不应该指责										
	非常同意		同意		无所谓同意 还是不同意		不同意		非常不同意		总计	
	n	%	n	%	n	%	n	%	n	%	n	%
居住地												
城镇	46	5.40	314	36.85	137	16.08	286	33.57	69	8.10	852	100
农村	74	4.51	494	30.09	221	13.46	738	44.95	115	7	1642	100
总计	120	4.81	808	32.40	358	14.35	1024	41.06	184	7.38	2494	100
Pearson chi2（4）= 30.1412　Pr = 0.000												
民族身份												
汉族	77	4.99	549	35.60	223	14.46	595	38.59	98	6.36	1542	100
回族	42	4.47	255	27.13	132	14.04	425	45.21	86	9.15	940	100
总计	119	4.79	804	32.39	355	14.3	1020	41.1	184	7.41	2482	100
Pearson chi2（4）= 25.7460　Pr = 0.000												

　　图 5 - 8 显示了居民对于教育机会性别差异的态度。总的来说，多数人认为男女的受教育机会应该是平等的。其中，近 80% 的人认为男生不应该比女生拥有更多的教育机会，其中 "不同意" 的占 59.54%，而 "非常不同

意"的占 19.53%。同时，也有近 16.5% 的人认为男生应该获得更多的教育机会。

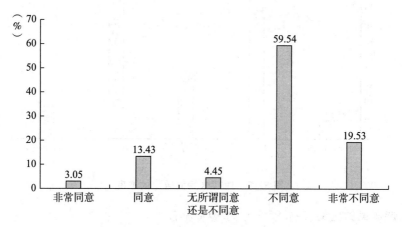

图 5-8　居民对教育机会性别差异的态度

表 5-10 显示了不同居住地、不同民族身份居民对于教育机会性别差异的态度情况。总体看来，不同居住地人们的态度有一定的差异，而不同民族身份的居民态度差异不显著。从表中可知，居住在农村的居民同意"男生应该比女生获得更多教育机会"的比例较高，将近 20%，相比而言，城镇居民持同一观念的比例只占了约 12%。说明农村相比城镇来说仍保有更多重男轻女的观念。

表 5-10　不同居住地、不同民族身份居民对教育机会性别差异的态度

	男孩比女孩更应该获得教育机会										
	非常同意		同意		无所谓同意 还是不同意		不同意		非常不同意		总计	
	n	%	n	%	n	%	n	%	n	%	n	%
居住地												
城镇	28	3.29	79	9.27	31	3.64	519	60.92	195	22.89	852	100
农村	48	2.92	256	15.59	80	4.87	966	58.83	292	17.78	1642	100
总计	76	3.05	335	13.43	111	4.45	1485	59.54	487	19.53	2494	100

Pearson chi2 (4) = 26.7261　Pr = 0.000

续表

	男孩比女孩更应该获得教育机会										
	非常同意		同意		无所谓同意 还是不同意		不同意		非常不同意		总计	
	n	%	n	%	n	%	n	%	n	%	n	%
民族身份												
汉族	37	2.4	207	13.42	72	4.67	912	59.14	314	20.36	1542	100
回族	39	4.15	128	13.62	39	4.15	564	60	170	18.09	940	100
总计	76	3.06	335	13.5	111	4.47	1476	59.47	484	19.5	2482	100

Pearson chi2（4）= 7.8330　Pr = 0.098

　　图 5-9 显示的是居民对于"当工作岗位减少时，男人比女人更应该得到工作"观点的态度，发现更多人认为男女在就业机会上应该均等。其中，约有 68% 的居民认为男人不应该比女人得到更多的工作机会，同时有 26% 左右的居民认为在岗位减少时，男人相比女人更应该得到工作。

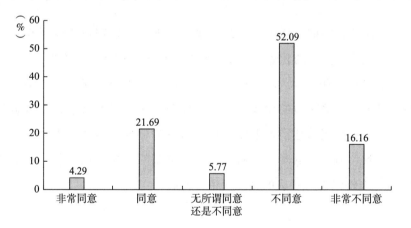

图 5-9　居民对于就业机会性别差异的态度

　　表 5-11 显示了不同居住地、不同民族身份条件下居民对于男女就业机会的态度情况。可以看出人们的民族身份与其性别观念无显著相关，而居住地却与其有较显著关联。基本可知，约 28% 农村居民更倾向于让男人获得更多的就业机会，而城镇居民持此态度的只占 22%。这表明，农村居民比城镇居民受到传统"男主外、女主内"的观念影响较深。

表5-11 不同居住地、不同民族身份居民对就业机会性别差距的态度

	当工作岗位减少时，男人比女人更应该得到工作										
	非常同意		同意		无所谓同意还是不同意		不同意		非常不同意		总计	
	n	%	n	%	n	%	n	%	n	%	n	%
居住地												
城镇	40	4.69	151	17.72	43	5.05	454	53.29	164	19.25	852	100
农村	67	4.08	390	23.75	101	6.15	845	51.46	239	14.56	1642	100
总计	107	4.29	541	21.69	144	5.77	1299	52.09	403	16.16	2494	100
Pearson chi2 (4) = 19.0814 Pr = 0.001												
民族身份												
汉族	60	3.89	344	22.31	93	6.03	792	51.36	253	16.41	1542	100
回族	47	5	196	20.85	51	5.43	498	52.98	148	15.74	940	100
总计	107	4.31	540	21.76	144	5.8	1290	51.97	401	16.16	2482	100
Pearson chi2 (4) = 3.0578 Pr = 0.548												

综上所述，当前宁夏居民的家庭观念较强，在婚姻观和性别观上呈现更加开明化、个体化的趋势。更多人愿意尊重个体的选择，不再把"离婚"或"未婚同居"视为令人不齿的事情，同时也发现当代居民的性别平等意识越来越强。在居住地的比较中，可以发现农村居民的观念相比城镇居民较为保守，在婚姻和性别观上体现比较传统的倾向。而回汉人民在性别观上态度一致，但在婚姻观上，回族因受到更多的文化规范限制，对于"离婚"和"未婚同居"行为的接受度相对较低。

5.4 结婚彩礼

本节分析宁夏居民结婚的彩礼情况，涉及的主要变量为"结婚时，男方给女方的彩礼钱是多少？"。

如表5-12所示，在宁夏，结婚时男方给女方的彩礼钱数额差异较大，总体来看彩礼的平均数为9412.56元。中卫市、固原市和石嘴山市的彩礼数额较大，平均为11849.21元、11011.82元和9336.10元，而银川市和吴忠

市的彩礼数额平均较小，不到 8000 元。此外，我们也看到，宁夏地区有一半居民的结婚彩礼低于 1000 元。固原市和中卫市有一半居民的结婚彩礼低于 2000 元，吴忠市和银川市有一半居民的结婚彩礼低于 800 元和 500 元。另外，我们也看到宁夏有 1/4 居民结婚时的彩礼高于 7000 元。

表 5 - 12　各地级市的居民结婚时男方给女方的彩礼情况

单位：元

	平均数	25% 分位数	中位数	75% 分位数
银川市	7778.40	0	500	5000
石嘴山市	9336.10	0	1000	8000
吴忠市	7670.28	400	800	5000
固原市	11011.82	500	2000	8000
中卫市	11849.21	500	2000	8000
总计	9412.56	300	1000	7000

表 5 - 13 显示了不同居住地、不同民族身份条件下结婚彩礼的差异情况。可以看到城镇居民的彩礼平均数额要高于农村，75% 分位数中，城镇居民为 8000 元，而农村居民为 6000 元。但从中位数来看，城镇居民结婚的彩礼钱（700 元）要略少于农村（1000 元），说明城镇存在一些超高额的彩礼，但是农村送彩礼的习惯比城镇普遍。在回汉的比较中，发现回族居民的结婚彩礼钱普遍高于汉族居民。平均来看，汉族居民的彩礼数为 7907.74 元，而回族为 11718.04 元。此外，我们看到有 1/4 的回族居民的结婚彩礼超过了 10000 元，而汉族居民中有 1/4 的人只超过了 5000 元。

表 5 - 13　不同居住地、不同民族身份的居民结婚时男方给女方的彩礼情况

单位：元

	平均数	25% 分位数	中位数	75% 分位数
居住地				
城镇	10532.16	0	700	8000
农村	8887.84	400	1000	6000
总计	9412.56	300	1000	7000

续表

	平均数	25%分位数	中位数	75%分位数
民族身份				
汉族	7907.74	200	800	5000
回族	11718.04	400	2000	10000
总计	9365.82	300	1000	6666

图 5 - 10 对比了城镇和农村中回族和汉族居民的彩礼平均数额。可以看出，城镇的彩礼平均额度均高于农村，而不论是在城镇还是农村，回族居民的结婚彩礼都显著高于汉族居民。其中，城镇的回族居民平均彩礼数额最高，为 16398 元。同时，城镇的汉族居民彩礼金额仅占其约一半，为8706 元。而农村的汉族居民平均彩礼数额最低，为 7376 元。

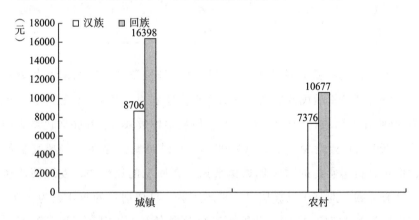

图 5 - 10　不同居住地、不同民族身份的居民结婚时
男方给女方的彩礼情况对比

表 5 - 14 比较了不同年龄组、不同教育背景、不同收入水平条件下居民结婚的彩礼数额。在年龄组的比较中可以看出，越是年轻一辈，其彩礼数额越大。18～29 岁年龄组的彩礼平均数为 6 万多元，60 岁及以上的夫妻当年的彩礼钱不到 300 元。年轻一辈中，有 1/4 的人结婚时的彩礼超过了 84000元，而在老一辈中，400 元已经是很高的彩礼钱了。在不同教育背景的比较下，学历越高，彩礼数额越大。文盲/半文盲居民的彩礼最低，75%分位数仅为 2000 元；而本科及以上居民的彩礼数额很大，平均有 34368 元，75%分位

数达到 60000 元，远远高于其他教育背景的居民。最后，在家庭收入水平的比较下，基本可以看出，收入越高，给的彩礼数额越大，但差距相对较小。低收入者的彩礼平均数为 7444.89 元，而中高收入家庭的彩礼为 11257.12 元。

表 5-14　不同年龄组、不同教育背景、不同收入水平的居民
结婚时男方给女方的彩礼

单位：元

	平均数	25% 分位数	中位数	75% 分位数
年龄段				
18~29 岁	61658.38	21500	60000	84000
30~39 岁	23020.74	6666	12000	30000
40~49 岁	5641.25	1000	3000	6000
50~59 岁	1796.84	300	600	1000
60 岁及以上	285.81	0	200	400
总计	9432.13	300	1000	7000
最高学历				
文盲/半文盲	1997.48	200	500	2000
小学	6010.28	300	800	5000
初中	8591.02	400	1200	7000
高中	11497.09	200	1000	8000
大专	22948.94	0	5000	30000
本科及以上	34368.46	60	20000	60000
总计	9419.46	300	1000	7000
家庭人均年收入等级				
低收入	7444.89	300	1000	6000
中低收入	9424.07	500	1500	7000
中等收入	9627.23	400	1000	6000
中高收入	11257.12	0	800	8000
总计	9354.48	300	1000	6500

图 5-11 对比了在不同年龄段中，城镇居民和农村居民的彩礼情况。可以发现在 18~39 岁的年龄段中，城镇居民的彩礼平均数额明显高于农村居民，而在 40 岁及以上的年龄段中却略低于农村居民。其中，在 30~39 岁年

龄段，城乡居民的彩礼差异最大，城镇平均彩礼数为 30899 元，而农村的彩礼数为 19135 元。

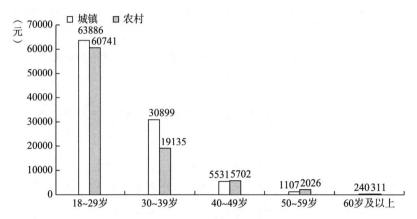

图 5－11　不同年龄段、不同居住地的居民结婚时男方给女方彩礼情况对比

图 5－12 对比了不同年龄段中汉族和回族的彩礼情况。从图中来看，各个年龄段汉族的彩礼平均数额基本均高于回族居民。综合表 5－14 的结果，本图的结果可能受到调查样本中回汉年龄构成的影响，在汉族样本中，年轻人相对较多，使分年龄段统计中表现出了汉族平均彩礼高于回族的情况。

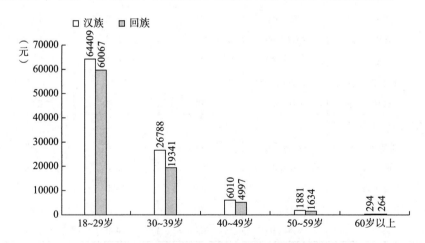

图 5－12　不同年龄段、不同民族身份的居民结婚时
男方给女方彩礼情况对比

综上来看，结婚彩礼数额差异化较大，基本受到年龄、经济水平和传统习惯的影响。随着时代发展，当代经济水平相比以往有了质的提升，结

婚的彩礼数额也有极大增长。而个人或家庭条件较好的居民也更倾向于给较高数额的彩礼钱。此外，虽然固原市相比银川市整体经济水平较低，但由于该地居民的传统习俗较稳固，故对于结婚彩礼的重视程度较高，彩礼金额也较大。这种传统习惯的影响同时也表现在农村居民和回族居民身上。

5.5　本章小结

根据 2019 年在宁夏回族自治区进行的随机抽样调查数据，我们首先考察了居民的婚姻匹配模式、居民的婚姻满意度、婚姻观与性别观等情况，其次考察了结婚彩礼数额等情况。进一步，我们还考察了城乡和汉回居民在这些问题上的差异情况。本章的主要结论如下。

（1）在婚姻状况和婚姻匹配方面，宁夏居民以已婚为主要婚姻模式，平均初婚年龄为 22 岁，基本为同质婚匹配模式。对于初婚年龄的比较发现，城镇居民的初婚年龄比农村居民稍高，汉族居民的初婚年龄比回族居民要高，基本存在 2 岁的差距。婚姻的年龄匹配整体基本遵循"男大女小"的趋势，户籍和教育水平匹配上可以看出男女双方的同质性较强，在女性中表现出一定"梯形上嫁"的情况。而在族际通婚中，因受到宗教规范和传统文化的影响，回族内婚情况依旧显著，回汉通婚比例较低。

（2）在婚姻关系上，宁夏居民的婚姻状态较好，婚姻满意度较高。在近一年中，与配偶吵架或女性遭遇家暴的情况都十分稀少，一定程度上可以表明随着时代的发展，人们的性别权利意识逐步增强。在婚姻满意度上，不论是城乡还是不同民族身份的居民表现了一致的高评价，甚至农村居民和回族居民在对于婚姻满意度的极高评价上表现更为突出。

（3）在家庭观和性别观方面，宁夏居民整体表现出较为开放、现代的态度。在家庭和事业的比较中，大多数人仍持家庭幸福比事业成功更加重要的观点。在对于"离婚"和"未婚同居"行为的态度上，人们的观点较为分化，有较为明显的城乡和民族差异。相比来说，农村居民和回族居民的态度更为传统和保守。另外，在对于受教育机会和职业机会性别差异的问题中，多数人持男女应该平等的观点。对于性别权利平等的态度上，回汉居民没有明显差别，而农村居民更多地体现出"重男轻女"的观念。

（4）在结婚彩礼方面，彩礼金额受到年龄、经济发展情况和传统习惯的影响较显著。基本上来看，年轻一辈的彩礼金额大大高于老一辈的彩礼金额、城镇居民的彩礼数额高于农村居民，这与社会经济发展情况密不可分。此外，高教育背景、高收入水平的人相比来说更偏向于给予高额彩礼，这与个人的经济承受情况相关。此外，统计发现，给予彩礼的情况在农村和回族聚居区更加常见，而城镇中有时没有彩礼。可以推断，农村地区居民和回族居民更加坚持传统婚仪礼俗，对于彩礼的重视程度较高。

参考文献

伏丽芸：《回汉通婚研究》，硕士学位论文，西北民族大学，2011。

郭志刚、李睿：《从人口普查数据看族际通婚夫妇的婚龄、生育数及其子女的民族选择》，《社会学研究》2008年第5期。

菅志翔：《中国族际通婚的发展趋势初探——对人口普查数据的分析与讨论》，《社会学研究》2016年第1期。

李晓霞：《国家政策对族际婚姻状况的影响》，《新疆社会科学》2010年第5期。

刘爱玉、佟新：《性别观念现状及其影响因素——基于第三期全国妇女地位调查》，《中国社会科学》2014年第2期。

卢淑华、文国锋：《婚姻质量的模型研究》，《妇女研究论丛》1999年第2期。

马磊：《同质婚、交换婚与当前中国社会的婚姻壁垒》，《人口研究》2017年第6期。

齐亚强、牛建林：《新中国成立以来我国婚姻匹配模式的变迁》，《社会学研究》2012年第1期。

佟新：《不平等性别关系的生产与再生产——对中国家庭暴力的分析》，《社会学研究》2000年第1期。

王鹏、吴愈晓：《社会经济地位、性别不平等与性别角色观念》，《社会学评论》2019年第2期。

吴愈晓：《中国城乡居民教育获得的性别差异研究》，《社会》2012年第4期。

袁晓燕：《众里寻他!?——一个基于婚姻匹配理论的综述》，《南方经济》2017年第2期。

朱梦冰：《婚姻匹配问题研究进展》，《经济学动态》2017年第6期。

第6章 健康状况

健康是促进人全面发展的必然要求，是经济社会发展的基础条件，是民族昌盛和国家富强的重要标志，也是广大人民群众的共同追求。在提升身体素质、减少疾病发生的道路上，各民族应该共同进步。新中国成立后，特别是改革开放以来，我国居民的健康素质得到极大改善，平均寿命由1949年的35岁提升到2010年的74.9岁，在世界同等经济发展水平的国家中居于领先地位。特别是少数民族地区居民的健康水平不断提升，一些指标已经达到甚至已经超过全国平均水平。

以往关于健康状况的研究，主要集中在体质状况、身体健康程度以及慢性病等方面。首先，在体质方面，以往研究通过收集被测对象的具体身体数据来对被测群体的体质状况进行定量分析。体质研究早期主要针对儿童青少年的生长发育规律进行研究。进入20世纪90年代后，开始重视研究中国成年人和老年人的体质状况，并逐渐将视野拓展到生活方式、体育锻炼等方面（江崇民、张一民，2008）。一些研究结果发现，0~6岁儿童中，超重率和肥胖率并无地区差异，但随着年龄的增长，经济越发达的地区的超重率和肥胖率越高（李立明等，2005）。男性和女性在体质方面并无太大差异。具体到少数民族地区，大部分研究主要针对学生群体。一些研究发现，少数民族学生近年来生长发育速度很快，发育水平明显提高（张天成，2002），并且在身体形态方面与汉族学生没有显著性差异（买佳，2018）。在其他体质素质指标中，少数民族群体与汉族群体在不同项目上各有所长，大部分研究认为其主要原因是生活环境和生活方式的不同。

在身体健康方面，以往研究大多采用三种指标进行测量。最常见的一种是通过自评健康状况来反映身体健康程度。以往研究发现自评健康状况受到年龄、性别、婚姻状况、教育水平和经济满意度的影响（方向华等，2003）。其中自评健康良好的比例会随着年龄的提高而不断下降，并且城镇和农村大部分年龄段的男性自评健康良好的人口比例都高于女性（毕秋灵、胡建平，2008）。在预期寿命方面，以往研究发现，城镇男性和女性的自评健康寿命分别高于农村的男性和女性，各年龄段的差异均有统计学意义。在针对宁夏地区的研究中发现，男性人群期望寿命明显低于女性（何源等，2013）。至于健康素养的相关研究，以往研究发现城镇居民的健康素养综合指数均高于农村居民，这种差异的存在应该是城镇和农村间经济、文化、医疗卫生服务等各方面差距的一种反映（肖瓅等，2009）。

以往有关慢性病的研究发现宁夏地区的慢性非传染疾病的患病率高于全国平均水平，且宁夏地区中老年居民是慢性非传染疾病的高发人群。学者们普遍认为年龄、吸烟、饮酒、体育锻炼、文化程度和收入水平是影响宁夏居民慢性非传染疾病患病率的主要因素（牛健壮等，2019）。女性慢性病患病率显著高于男性，随年龄增长患病风险呈递增趋势，且文化程度越高，患病风险越低。关于民族与健康的关系问题，不同的研究结果有所差异。有研究显示回族居民患病风险略高于汉族（孙仙等，2014），但也有研究发现回族居民的慢性病患病率低于汉族（马小红等，2017）。

考虑到吸烟是影响健康的重要因素，以往研究对不同社会群体的吸烟情况也进行了研究。以往有关吸烟情况的研究发现，宁夏地区的吸烟率较高，其中成人吸烟率高于全国平均水平，男性吸烟率显著高于女性，且回族男性吸烟水平低于汉族男性（张银娥等，2019）。值得注意的是，宁夏地区居民吸烟出现了年轻化的趋势，15岁以下的吸烟率高于全国同年龄段吸烟率，青少年尝试吸烟行为较为普遍（唐文静、郑霄冰，2015）。

基于以上文献回顾，本章将利用2019年在宁夏回族自治区进行的随机抽样调查数据，研究宁夏地区居民的体质状况、自评健康状况、患慢性病状况和吸烟状况等问题。

6.1 体质情况

本节研究内容所涉及的问卷问题具体为：（1）您的身高是多少厘米？（2）您的体重是多少斤？根据这两个问题的结果，使用统计软件计算出每个被采访者的 BMI 指数作为变量体质指数，在此基础上根据中国体质指数的划分，我们将体质分为过轻、正常、超重和肥胖四个类别，构建变量体质情况。

表 6-1 显示了居住地、民族身份与体质情况的交互结果，二者与体质情况均无显著相关。首先，我们看到城镇居民的体质为正常水平的占 53.40%，农村居民的体质健康为正常水平的占 54.87%。在其他各项中，农村居民过轻和肥胖比例均高于城镇居民，城镇居民超重比例高于农村居民。总体来说城镇和农村居民在体质情况上并无显著差异。其次，我们看到回族居民的体质正常的占 55.64%，高于汉族居民的 53.50%。在其他各项中，回族居民过轻和肥胖比例均高于汉族居民，汉族居民超重比例高于回族居民。总体来说回族和汉族居民在体质情况上并无显著差异。

表 6-1 不同居住地、不同民族身份的居民的体质情况

	过轻		正常		超重		肥胖		总计	
	n	%	n	%	n	%	n	%	n	%
居住地										
城镇	61	7.16	455	53.40	280	32.86	56	6.57	852	100
农村	130	7.92	901	54.87	494	30.09	117	7.13	1642	100
总计	191	7.66	1356	54.37	774	31.03	173	6.94	2494	100

Pearson chi2（3）= 2.2853　Pr = 0.515

	过轻		正常		超重		肥胖		总计	
民族身份										
汉族	112	7.26	825	53.50	504	32.68	101	6.55	1542	100
回族	79	8.40	523	55.64	266	28.30	72	7.66	940	100
总计	191	7.70	1348	54.31	770	31.02	173	6.97	2482	100

Pearson chi2（3）= 6.1331　Pr = 0.105

表6-2显示了性别、年龄段与体质情况的交互结果。首先，我们看到性别与体质情况有显著相关。男性居民的体质为正常水平的占51.32%，女性居民的体质为正常水平的占58.31%，女性的体质情况显著优于男性。在其他各项中，女性居民过轻的占9.18%，高于男性的6.48%；在其他两项超重与肥胖上，男性的比例都显著高于女性。由此可见，女性大部分处于正常和过轻区间，而男性大部分处于正常、超重和肥胖区间。其次，我们也看到年龄和体质情况有显著相关。18～29岁的居民体质为正常水平的占比最高，达到60.18%，且随着年龄的增加，体质情况处于正常区间的比例逐渐降低。年龄在18～39岁的居民正常体质所占比例高于宁夏地区平均水平，年龄在39岁以上的群体的居民正常体质所占比例低于宁夏地区平均水平。在其他各项中，体质情况在过轻区间的居民随着年龄的增加，比例逐渐减少；体质在超重和肥胖区间的居民随着年龄的增加，比例逐渐提升。年龄达到60岁后，过轻的比例有所提高，而肥胖的比例有所下降。

表6-2　不同性别、不同年龄段的居民体质情况

	体型									
	过轻		正常		超重		肥胖		总计	
	n	%	n	%	n	%	n	%	n	%
性别										
男	91	6.48	721	51.32	476	33.88	117	8.33	1405	100
女	100	9.18	635	58.31	298	27.36	56	5.14	1089	100
总计	191	7.66	1356	54.37	774	31.03	173	6.94	2494	100
Pearson chi2（3）=28.7454　Pr=0.000										
年龄段										
18～29岁	72	21.56	201	60.18	50	14.97	11	3.29	334	100
30～39岁	25	6.96	206	57.38	108	30.08	20	5.57	359	100
40～49岁	39	6.05	351	54.42	208	32.25	47	7.29	645	100
50～59岁	25	4.01	328	52.56	219	35.1	52	8.33	624	100
60岁及以上	30	5.69	269	51.04	187	35.48	41	7.78	527	100
总计	191	7.67	1355	54.44	772	31.02	171	6.87	2489	100

6.2　自评健康

本节研究内容所涉及的问卷问题具体为：您觉得您的健康状况怎么样？根据这个问题的回答我们建立变量自评健康状况。自评健康是现在绝大多数健康调查研究中的常用指标，首先其与死亡率密切相关，并陆续发现其受经济水平、地域、种族等因素的影响。所以本研究以自评健康状况作为考察宁夏地区居民健康水平的重要指标。

表 6-3 显示了居住地、民族身份与自评健康情况的交互结果。首先，我们看到居住地与自评健康情况有显著相关。城镇居民自评健康在非常好与好区间的比例为 53.99%，低于农村居民的 54.44%；城镇居民自评健康状况为一般的比例为 28.17%，高于农村居民的 25.82%；城镇居民自评健康状况在差与非常差区间的比例为 17.84%，低于农村居民的 19.73%。总体来看，城镇居民的自评健康状况好于农村居民。其次，我们也看到汉族居民自评健康在非常好与好区间的比例为 53.79%，低于回族居民的 55%；汉族居民自评健康状况为一般的比例为 27.76%，高于回族居民的 24.89%；

表 6-3　不同居住地、不同民族身份的居民自评健康情况

	非常好		好		一般		差		非常差		总计	
	n	%	n	%	n	%	n	%	n	%	n	%
居住地												
城镇	155	18.19	305	35.80	240	28.17	126	14.79	26	3.05	852	100
农村	237	14.43	657	40.01	424	25.82	271	16.50	53	3.23	1642	100
总计	392	15.72	962	38.57	664	26.62	397	15.92	79	3.17	2494	100

Pearson chi2 (4) = 9.8774　Pr = 0.043

	非常好		好		一般		差		非常差		总计	
民族身份												
汉族	223	14.46	605	39.23	428	27.76	244	15.82	42	2.72	1542	100
回族	162	17.23	355	37.77	234	24.89	152	16.17	37	3.94	940	100
总计	385	15.51	960	38.68	662	26.67	396	15.95	79	3.18	2482	100

Pearson chi2 (4) = 7.7546　Pr = 0.101

汉族居民自评健康状况在差与非常差区间的比例为18.54%，低于回族居民的20.11%，总体来看汉族居民与回族居民在自评健康状况上无显著差异。

表6-4显示了性别、年龄段与自评健康情况的交互结果。首先，我们看到男性居民自评健康在非常好与好区间的比例为57.93%，高于女性居民的49.59%；男性居民自评健康状况为一般的比例为24.27%，低于女性居民的29.66%；男性居民自评健康状况在差与非常差区间的比例为17.79%，低于女性居民的20.75%。总体来看男性居民的自评健康状况好于女性居民。其次，我们也看到年龄与自评健康情况显著相关。18～29岁居民的自评健康在非常好与好区间的比例最高，为76.34%。随着年龄的增长，宁夏地区居民的自评健康在非常好与好区间的比例逐渐减小，最低为年龄在60岁及以上的居民，其比例仅为40.23%。宁夏地区居民的自评健康在非常好与好区间的平均比例为54.32%，只有18～39岁的居民自评状况在平均值之上。在自评健康为一般的情况中，40～49岁的居民比例最高，为30.4%，其次是60岁及以上的居民，比例为29.98%。自评健康为差的比例随着年龄

表6-4　不同性别、不同年龄段的居民自评健康情况

	非常好		好		一般		差		非常差		总计	
	n	%	n	%	n	%	n	%	n	%	n	%
性别												
男	223	15.87	591	42.06	341	24.27	205	14.59	45	3.20	1405	100
女	169	15.52	371	34.07	323	29.66	192	17.63	34	3.12	1089	100
总计	392	15.72	962	38.57	664	26.62	397	15.92	79	3.17	2494	100
Pearson chi2（4）= 20.4863　Pr = 0.000												
年龄段												
18～29岁	112	33.53	143	42.81	69	20.66	9	2.69	1	0.30	334	100
30～39岁	77	21.45	172	47.91	72	20.06	34	9.47	4	1.11	359	100
40～49岁	96	14.88	248	38.45	196	30.39	83	12.87	22	3.41	645	100
50～59岁	66	10.58	226	36.22	168	26.92	134	21.47	30	4.81	624	100
60岁及以上	41	7.78	171	32.45	158	29.98	135	25.62	22	4.17	527	100
总计	392	15.75	960	38.57	663	26.64	395	15.87	79	3.17	2489	100
Pearson chi2（16）= 252.1637　Pr = 0.000												

的增长而提高，60 岁及以上居民自评健康为差的比例最高，为 25.62%，50~59 岁的居民的自评健康为非常差的比例最高，为 4.81%。

表 6-5 显示了受教育程度、收入水平与自评健康状况的交互结果。首先，我们发现受教育程度与宁夏地区居民的自评健康显著相关。受教育程度越高，居民自评健康为非常好和好的比例也越高，其中文盲/半文盲的比例最低，为 36.21%；本科及以上的比例最高，为 76.32%。在自评健康为差和非常差的两类中，受教育程度越高，其所占的比例越低，最高的是文化程度为文盲/半文盲的居民，分别为 29.89% 和 5.17%；最低的是文化程度为本科及以上的居民，分别为 1.05% 和 0.53%。其次，我们发现家庭人均年收入等级与自评健康显著相关。家庭人均收入等级越高，自评健康水平为非常好和好的比例也越高，其中最低的是低收入居民，分别为 12.31% 和 32.88%，最高的是中高收入居民，分别为 22.33% 和 42.04%。家庭人均收入等级越高，自评健康水平为差和非常差的比例越低，其中最高的是低收入居民，分别为 22.33% 和 6.22%；最低的是中高收入居民，分别为 10.51% 和 0.99%。

表 6-5　不同受教育程度、不同收入的居民自评健康情况

	非常好		好		一般		差		非常差		总计	
	n	%	n	%	n	%	n	%	n	%	n	%
学历												
文盲/半文盲	19	5.46	107	30.75	100	28.74	104	29.89	18	5.17	348	100
小学	72	12.35	226	38.77	149	25.56	110	18.87	26	4.46	583	100
初中	126	16.51	292	38.27	192	25.16	128	16.78	25	3.28	763	100
高中或中专	71	16.67	180	42.25	122	28.64	45	10.56	8	1.88	426	100
大专	42	23.08	73	40.11	59	32.42	7	3.85	1	0.55	182	100
本科及以上	61	32.11	84	44.21	42	22.11	2	1.05	1	0.53	190	100
总计	391	15.69	962	38.60	664	26.65	396	15.89	79	3.17	2492	100
Pearson chi2 (20) = 196.3868　Pr = 0.000												
家庭收入												
低收入	91	12.31	243	32.88	194	26.25	165	22.33	46	6.22	739	100
中低收入	83	13.3	248	39.74	174	27.88	101	16.19	18	2.88	624	100

	非常好		好		一般		差		非常差		总计	
	n	%	n	%	n	%	n	%	n	%	n	%
家庭收入												
中等收入	66	14.07	197	42	134	28.57	63	13.43	9	1.92	469	100
中高收入	136	22.33	256	42.04	147	24.14	64	10.51	6	0.99	609	100
总计	376	15.4	944	38.67	649	26.59	393	16.10	79	3.24	2441	100

Pearson chi2 (12) = 102.4811　Pr = 0.000

6.3　身体不适和慢性病

本节研究内容所涉及的问卷问题具体为：（1）过去两周内您是否有身体不适的情况？（2）过去两周内，您主要的身体不适是什么？（3）您自己感觉严重吗？（4）您是否找医生看过？（5）您是否有以下这些慢性病呢？（6）您觉得您得的下列慢性病严重不严重？根据这些问题的回答，我们直接创建了16个变量，其中第1个变量为身体不适变量，剩余15个变量为不同慢性病患病情况变量。本节内容以身体不适率和患病率作为指标，二者的结果均根据人数进行计算。

表6-6显示了居住地、民族身份和身体不适情况的交互结果。我们发现二者与身体不适均无显著相关。我们还发现，城镇居民有身体不适情况的比例略低于农村居民，汉族居民有身体不适情况的比例略低于回族居民，但二者结果均不统计显著。

表6-6　不同居住地、不同民族身份的居民身体不适情况

	过去两周是否有不适感					
	否		是		总计	
	n	%	n	%	n	%
居住地						
城镇	591	69.37	261	30.63	852	100

续表

| | 过去两周是否有不适感 | | | | | |
| | 否 | | 是 | | 总计 | |
	n	%	n	%	n	%
居住地						
农村	1123	68.39	519	31.61	1642	100
总计	1714	68.72	780	31.28	2494	100

Pearson chi2（1）= 0.2476　Pr = 0.619

	过去两周是否有不适感					
民族身份						
汉族	1070	69.39	472	30.61	1542	100
回族	634	67.45	306	32.55	940	100
总计	1704	68.65	778	31.35	2482	100

Pearson chi2（1）= 1.0251　Pr = 0.311

　　表 6-7 显示了性别、年龄段和身体不适情况的交互结果。首先，我们发现性别和身体不适情况存在显著相关。男性感到身体不适的人有 27.54%，远小于女性身体不适的比例 36.09%。由此可知，宁夏地区女性居民更多感到身体不适。其次，我们看到年龄和身体不适情况也存在显著相关。随着年龄的增长，宁夏地区居民出现身体不适情况的比例逐渐提高，其中出现身体不适比例最低的为 18~29 岁年龄群体，比例为 15.57%；身体不适比例最高的为 60 岁及以上的年龄群体，比例为 38.9%。

表 6-7　不同性别、不同年龄段的居民身体不适情况

| | 过去两周是否有不适感 | | | | | |
| | 否 | | 是 | | 总计 | |
	n	%	n	%	n	%
性别						
男	1018	72.46	387	27.54	1405	100
女	696	63.91	393	36.09	1089	100
总计	1714	68.72	780	31.28	2494	100

Pearson chi2（1）= 20.8346　Pr = 0.000

续表

	过去两周是否有不适感					
	否		是		总计	
	n	%	n	%	n	%
年龄段						
18～29岁	282	84.43	52	15.57	334	100
30～39岁	268	74.65	91	25.35	359	100
40～49岁	439	68.06	206	31.94	645	100
50～59岁	400	64.10	224	35.90	624	100
60岁及以上	322	61.10	205	38.90	527	100
总计	1711	68.74	778	31.26	2489	100

Pearson chi2 (4) = 64.8078　Pr = 0.000

　　表6-8显示了受教育程度、收入和身体不适情况的交互结果，二者均与身体不适情况有显著相关。首先，我们发现，随着受教育程度的提高，居民出现身体不适状况的比例逐渐降低，出现身体不适比例最高的是受教育程度为文盲/半文盲的群体，其比例为45.69%；出现身体不适比例最低的是受教育程度为本科及以上的群体，其比例为14.21%。其次，我们可以看出，随着家庭人均年收入等级的提高，居民感到身体不适的比例逐渐降低，其中比例最高的为低收入居民，其比例为40.73%；比例最低的为中高收入居民，其比例为22.82%。

表6-8　受教育程度、收入与身体不适情况

	过去两周是否有不适感					
	否		是		总计	
	n	%	n	%	n	%
最高学历						
文盲/半文盲	189	54.31	159	45.69	348	100
小学	392	67.24	191	32.76	583	100
初中	521	68.28	242	31.72	763	100
高中或中专	302	70.89	124	29.11	426	100
大专	146	80.22	36	19.78	182	100

续表

	过去两周是否有不适感					
	否		是		总计	
	n	%	n	%	n	%
最高学历						
本科及以上	163	85.79	27	14.21	190	100
总计	1713	68.74	779	31.26	2492	100
Pearson chi2（5）= 72.1889　Pr = 0.000						
家庭人均年收入等级						
低收入	438	59.27	301	40.73	739	100
中低收入	448	71.79	176	28.21	624	100
中等收入	316	67.38	153	32.62	469	100
中高收入	470	77.18	139	22.82	609	100
总计	1672	68.5	769	31.5	2441	100
Pearson chi2（3）= 53.8356　Pr = 0.000						

　　图 6 - 1 显示了宁夏地区居民患慢性病数量的比例情况，其中患 4 种及以上慢性病的居民有 4.61%，患 3 种慢性病的居民有 5.89%，患 2 种慢性病的居民有 14.39%，患 1 种慢性病的居民有 25.22%，不患慢性病的居民

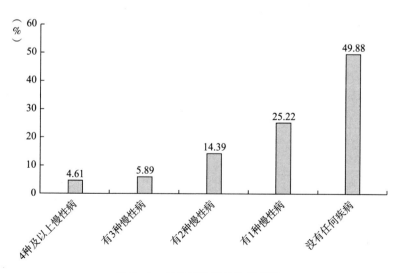

图 6 - 1　慢性病数量的比例情况

占比最高，有49.88%。患1种以上慢性病的居民总共有50.12%，显著高于第五次国家卫生服务调查结果中国家慢性病患病率24.5%。

表6-9显示了居住地与慢性病患病率的交互结果。其中居住地与高血压、血脂异常、糖尿病或血糖升高、心脏病的患病率均有显著相关。我们发现，城镇居民患有高血压的比例为19.37%，高于农村居民的16.02%；城镇居民患有血脂异常的比例为9.98%，高于农村居民的5.48%；城镇居民患有糖尿病或血糖升高的比例为6.81%，高于农村居民的4.57%，城镇居民患有心脏病的比例为13.50%，高于农村居民的8.10%。由此可见，与居住地相关的4种常见慢性病中，城镇居民的患病率均显著高于农村居民。

表6-9　不同居住地的居民慢性病情况

	城镇		农村		总计	
	n	%	n	%	n	%
是否有高血压						
否	687	80.63	1379	83.98	2066	82.84
是	165	19.37	263	16.02	428	17.16
Pearson chi2（1）=4.4259　Pr=0.035						
是否有血脂异常						
否	767	90.02	1552	94.52	2319	92.98
是	85	9.98	90	5.48	175	7.02
Pearson chi2（1）=17.3743　Pr=0.000						
是否有糖尿病或血糖升高						
否	794	93.19	1567	95.43	2361	94.67
是	58	6.81	75	4.57	133	5.33
Pearson chi2（1）=5.5747　Pr=0.018						
是否有癌症等恶性肿瘤						
否	837	98.24	1624	98.9	2461	98.68
是	15	1.76	18	1.10	33	1.32
Pearson chi2（1）=1.8961　Pr=0.169						
是否有慢性肺部疾病						
否	823	96.6	1570	95.62	2393	95.95

续表

	城镇		农村		总计	
	n	%	n	%	n	%
是否有慢性肺部疾病						
是	29	3.40	72	4.38	101	4.05

Pearson chi2（1）= 1.3897　Pr = 0.238

是否有肝脏疾病						
否	825	96.83	1599	97.38	2424	97.19
是	27	3.17	43	2.62	70	2.81

Pearson chi2（1）= 0.6226　Pr = 0.430

是否有心脏病						
否	737	86.50	1509	91.9	2246	90.06
是	115	13.50	133	8.10	248	9.94

Pearson chi2（1）= 18.2506　Pr = 0.000

是否有中风						
否	847	99.41	1637	99.7	2484	99.6
是	5	0.59	5	0.30	10	0.40

Pearson chi2（1）= 1.1198　Pr = 0.290

是否有肾脏疾病						
否	828	97.18	1597	97.26	2425	97.23
是	24	2.82	45	2.74	69	2.77

Pearson chi2（1）= 0.0122　Pr = 0.912

是否有胃部疾病						
否	733	86.03	1419	86.42	2152	86.29
是	119	13.97	223	13.58	342	13.71

Pearson chi2（1）= 0.0707　Pr = 0.790

是否有与记忆相关的疾病						
否	846	99.3	1630	99.27	2476	99.28
是	6	0.7	12	0.73	18	0.72

Pearson chi2（1）= 0.0055　Pr = 0.941

是否有关节炎或风湿病						
否	729	85.56	1358	82.70	2087	83.68

	城镇		农村		总计	
	n	%	n	%	n	%
是否有关节炎或风湿病						
是	123	14.44	284	17.3	407	16.32
Pearson chi2（1）= 3.3584　Pr = 0.067						
是否有哮喘						
否	829	97.3	1611	98.11	2440	97.83
是	23	2.70	31	1.89	54	2.17
Pearson chi2（1）= 1.7442　Pr = 0.187						
是否有其他疾病						
否	771	90.49	1459	88.86	2230	89.41
是	81	9.51	183	11.14	264	10.59
Pearson chi2（1）= 1.5899　Pr = 0.207						

表 6 - 10 显示了民族身份与慢性病患病率的交互结果。结果发现，民族身份与高血压、血脂异常、肝脏疾病和胃部疾病的患病率均有显著相关。汉族居民患有高血压的比例为 18.68%，高于回族居民的 14.89%；汉族居民患有血脂异常的比例为 8.56%，高于回族居民的 4.47%；汉族居民患有肝脏疾病的比例为 1.88%，低于回族居民的 4.36%；汉族居民患有胃部疾病的比例为 12.58%，低于回族居民的 15.74%。综上，与民族身份相关的 4 种常见慢性病中，汉族居民高血压和血脂异常的患病率均显著高于回族居民，回族居民肝脏疾病和胃部疾病的患病率均显著高于汉族居民。

表 6 - 10　不同民族身份的居民慢性病情况

	汉族		回族		总计	
	n	%	n	%	n	%
是否有高血压						
否	1254	81.32	800	85.11	2054	82.76
是	288	18.68	140	14.89	428	17.24
Pearson chi2（1）= 5.8579　Pr = 0.016						

续表

	汉族		回族		总计	
	n	%	n	%	n	%
是否有血脂异常						
否	1410	91.44	898	95.53	2308	92.99
是	132	8.56	42	4.47	174	7.01
Pearson chi2（1）= 15.0020　Pr = 0.000						
是否有糖尿病或血糖升高						
否	1455	94.36	895	95.21	2350	94.68
是	87	5.64	45	4.79	132	5.32
Pearson chi2（1）= 0.8474　Pr = 0.357						
是否有癌症等恶性肿瘤						
否	1520	98.57	929	98.83	2449	98.67
是	22	1.43	11	1.17	33	1.33
Pearson chi2（1）= 0.2929　Pr = 0.588						
是否有慢性肺部疾病						
否	1486	96.37	895	95.21	2381	95.93
是	56	3.63	45	4.79	101	4.07
Pearson chi2（1）= 1.9977　Pr = 0.158						
是否有肝脏疾病						
否	1513	98.12	899	95.64	2412	97.18
是	29	1.88	41	4.36	70	2.82
Pearson chi2（1）= 13.1160　Pr = 0.000						
是否有心脏病						
否	1379	89.43	855	90.96	2234	90.01
是	163	10.57	85	9.04	248	9.99
Pearson chi2（1）= 1.5164　Pr = 0.218						
是否有中风						
否	1535	99.55	937	99.68	2472	99.6
是	7	0.45	3	0.32	10	0.40
Pearson chi2（1）= 0.2645　Pr = 0.607						

续表

	汉族		回族		总计	
	n	%	n	%	n	%
是否有肾脏疾病						
否	1505	97.60	908	96.60	2413	97.22
是	37	2.40	32	3.40	69	2.78
Pearson chi2（1）= 2.1814　Pr = 0.140						
是否有胃部疾病						
否	1348	87.42	792	84.26	2140	86.22
是	194	12.58	148	15.74	342	13.78
Pearson chi2（1）= 4.9197　Pr = 0.027						
是否有与记忆相关的疾病						
否	1534	99.48	930	98.94	2464	99.27
是	8	0.52	10	1.06	18	0.73
Pearson chi2（1）= 2.4095　Pr = 0.121						
是否有关节炎或风湿病						
否	1303	84.50	773	82.23	2076	83.64
是	239	15.50	167	17.77	406	16.36
Pearson chi2（1）= 2.1929　Pr = 0.139						
是否有哮喘						
否	1510	97.92	918	97.66	2428	97.82
是	32	2.08	22	2.34	54	2.18
Pearson chi2（1）= 0.1930　Pr = 0.660						
是否有其他疾病						
否	1392	90.27	826	87.87	2218	89.36
是	150	9.73	114	12.13	264	10.64
Pearson chi2（1）= 3.5390　Pr = 0.060						

　　表6-11显示了性别与慢性病患病率的交互结果。结果发现性别与高血压、癌症等恶性肿瘤、心脏病和哮喘的患病率均有显著相关。男性居民患有高血压的比例为19.50%，高于女性居民的14.14%；男性居民患有癌症等恶性肿瘤的比例为0.78%，低于女性居民的2.02%；男性居民患有心脏病的比例为8.40%，低于女性居民的11.94%；男性居民患有哮喘的比例为

1.57%，低于女性居民的2.94%。综上，与性别相关的四种常见慢性病中，男性居民高血压的患病率显著高于女性居民；女性居民癌症等恶性肿瘤、心脏病和哮喘的患病率均显著高于男性居民。

表 6-11 不同性别的居民慢性病情况

	男		女		总计	
	n	%	n	%	n	%
是否有高血压						
否	1131	80.50	935	85.86	2066	82.84
是	274	19.50	154	14.14	428	17.16
Pearson chi2（1）=12.3998 Pr=0.000						
是否有血脂异常						
否	1306	92.95	1013	93.02	2319	92.98
是	99	7.05	76	6.98	175	7.02
Pearson chi2（1）=0.0043 Pr=0.948						
是否有糖尿病或血糖升高						
否	1323	94.16	1038	95.32	2361	94.67
是	82	5.84	51	4.68	133	5.33
Pearson chi2（1）=1.6158 Pr=0.204						
是否有癌症等恶性肿瘤						
否	1394	99.22	1067	97.98	2461	98.68
是	11	0.78	22	2.02	33	1.32
Pearson chi2（1）=7.1931 Pr=0.007						
是否有慢性肺部疾病						
否	1349	96.01	1044	95.87	2393	95.95
是	56	3.99	45	4.13	101	4.05
Pearson chi2（1）=0.0339 Pr=0.854						
是否有肝脏疾病						
否	1360	96.80	1064	97.70	2424	97.19
是	45	3.20	25	2.30	70	2.81
Pearson chi2（1）=1.8507 Pr=0.174						

续表

	男		女		总计	
	n	%	n	%	n	%
是否有心脏病						
否	1287	91.60	959	88.06	2246	90.06
是	118	8.40	130	11.94	248	9.94
Pearson chi2（1）= 8.5802　Pr = 0.003						
是否有中风						
否	1398	99.50	1086	99.72	2484	99.6
是	7	0.50	3	0.28	10	0.40
Pearson chi2（1）= 0.7621　Pr = 0.383						
是否有肾脏疾病						
否	1359	96.73	1066	97.89	2425	97.23
是	46	3.27	23	2.11	69	2.77
Pearson chi2（1）= 3.0793　Pr = 0.079						
是否有胃部疾病						
否	1201	85.48	951	87.33	2152	86.29
是	204	14.52	138	12.67	342	13.71
Pearson chi2（1）= 1.7695　Pr = 0.183						
是否有与记忆相关的疾病						
否	1393	99.15	1083	99.45	2476	99.28
是	12	0.85	6	0.55	18	0.72
Pearson chi2（1）= 0.7867　Pr = 0.375						
是否有关节炎或风湿病						
否	1179	83.91	908	83.38	2087	83.68
是	226	16.09	181	16.62	407	16.32
Pearson chi2（1）= 0.1288　Pr = 0.720						
是否有哮喘						
否	1383	98.43	1057	97.06	2440	97.83
是	22	1.57	32	2.94	54	2.17
Pearson chi2（1）= 5.4567　Pr = 0.019						

续表

	男		女		总计	
	n	%	n	%	n	%
是否有其他疾病						
否	1265	90.04	965	88.61	2230	89.41
是	140	9.96	124	11.39	264	10.59
Pearson chi2 （1） = 1.3110　Pr = 0.252						

　　表 6 - 12 显示了年龄与慢性病患病率的交互结果。结果发现，年龄与高血压、血脂异常、糖尿病或血糖升高、慢性肺部疾病、心脏病、肾脏疾病、胃部疾病、与记忆相关的疾病、关节炎或风湿病、哮喘的患病率均有显著相关。根据结果可以看出，随着年龄的增长，宁夏地区居民患有高血压、血脂异常、糖尿病或血糖升高、慢性肺部疾病、心脏病、肾脏疾病、胃部疾病、与记忆相关的疾病、关节炎或风湿病、哮喘的患病率的比例均逐渐增长，其中高血压患病率最低为 18～29 岁群体的患病率 0.60%，最高为 60 岁及以上群体的患病率 39.09%；血脂异常患病率最低为 18～29 岁群体的患病率 0.90%，最高为 60 岁及以上群体的患病率 11.76%；糖尿病或血糖升高的患病率最低为 18～29 岁群体，没有患者，最高为 60 岁及以上群体的患病率 13.66%；慢性肺部疾病的患病率，最低为 18～29 岁群体的患病率 0.60%，最高为 60 岁及以上群体的患病率 7.97%；心脏病的患病率最低为 18～29 岁群体的患病率 0.60%，最高为 60 岁及以上群体的患病率 23.53%；肾脏疾病的患病率最低为 18～29 岁群体的患病率 0.90%，最高为 60 岁及以上群体的患病率 4.93%；胃部疾病的患病率最低为 18～29 岁群体的患病率 6.89%，最高为 60 岁及以上群体的患病率 17.84%；与记忆相关疾病的患病率最低为 18～29 岁群体，没有患者，最高为 60 岁及以上群体的患病率 2.09%；关节炎或风湿病的患病率最低为 18～29 岁群体的患病率 2.99%，最高为 60 岁及以上群体的患病率 25.62%；哮喘的患病率最低为 18～29 岁群体的患病率 0.30%，最高为 60 岁及以上群体的患病率 3.80%。

表 6 - 12 不同年龄的居民慢性病情况

	18～29 岁		30～39 岁		40～49 岁		50～59 岁		60 岁及以上		总计	
	n	%	n	%	n	%	n	%	n	%	n	%
是否有高血压												
否	332	99.40	351	97.77	578	89.61	481	77.08	321	60.91	2063	82.88
是	2	0.60	8	2.23	67	10.39	143	22.92	206	39.09	426	17.12
Pearson chi2 (4) = 335.0725 Pr = 0.000												
是否有血脂异常												
否	331	99.10	353	98.33	607	94.11	559	89.58	465	88.24	2315	93.01
是	3	0.90	6	1.67	38	5.89	65	10.42	62	11.76	174	6.99
Pearson chi2 (4) = 65.6257 Pr = 0.000												
是否有糖尿病或血糖升高												
否	334	100	355	98.89	631	97.83	581	93.11	455	86.34	2356	94.66
是	0	0	4	1.11	14	2.17	43	6.89	72	13.66	133	5.34
Pearson chi2 (4) = 119.4454 Pr = 0.000												
是否有癌症等恶性肿瘤												
否	334	100	357	99.44	632	97.98	615	98.56	518	98.29	2456	98.67
是	0	0	2	0.56	13	2.02	9	1.44	9	1.71	33	1.33
Pearson chi2 (4) = 9.1068 Pr = 0.058												
是否有慢性肺部疾病												
否	332	99.40	353	98.33	630	97.67	588	94.23	485	92.03	2388	95.94
是	2	0.60	6	1.67	15	2.33	36	5.77	42	7.97	101	4.06
Pearson chi2 (4) = 45.8963 Pr = 0.000												
是否有肝脏疾病												
否	331	99.10	351	97.77	626	97.05	606	97.12	505	95.83	2419	97.19
是	3	0.90	8	2.23	19	2.95	18	2.88	22	4.17	70	2.81
Pearson chi2 (4) = 8.5569 Pr = 0.073												
是否有心脏病												
否	332	99.40	347	96.66	606	93.95	554	88.78	403	76.47	2242	90.08
是	2	0.60	12	3.34	39	6.05	70	11.22	124	23.53	247	9.92
Pearson chi2 (4) = 171.0374 Pr = 0.000												

续表

	18 – 29 岁		30 – 39 岁		40 – 49 岁		50 – 59 岁		60 岁及以上		总计	
	n	%	n	%	n	%	n	%	n	%	n	%
是否有中风												
否	333	99.70	359	100	644	99.84	618	99.04	525	99.62	2479	99.6
是	1	0.30	0	0	1	0.16	6	0.96	2	0.38	10	0.4

Pearson chi2（4）= 7.4097　Pr = 0.116

是否有肾脏疾病												
否	331	99.10	355	98.89	631	97.83	602	96.47	501	95.07	2420	97.23
是	3	0.90	4	1.11	14	2.17	22	3.53	26	4.93	69	2.77

Pearson chi2（4）= 19.3277　Pr = 0.001

是否有胃部疾病												
否	311	93.11	317	88.3	552	85.58	536	85.9	433	82.16	2149	86.34
是	23	6.89	42	11.7	93	14.42	88	14.1	94	17.84	340	13.66

Pearson chi2（4）= 22.3780　Pr = 0.000

是否有与记忆相关的疾病												
否	334	100	358	99.72	644	99.84	619	99.2	516	97.91	2471	99.28
是	0	0	1	0.28	1	0.16	5	0.8	11	2.09	18	0.72

Pearson chi2（4）= 20.0332　Pr = 0.000

是否有关节炎或风湿病												
否	324	97.01	333	92.76	545	84.5	489	78.37	392	74.38	2083	83.69
是	10	2.99	26	7.24	100	15.5	135	21.63	135	25.62	406	16.31

Pearson chi2（4）= 111.7114　Pr = 0.000

是否有哮喘												
否	333	99.70	353	98.33	639	99.07	603	96.63	507	96.20	2435	97.83
是	1	0.30	6	1.67	6	0.93	21	3.37	20	3.80	54	2.17

Pearson chi2（4）= 21.3560　Pr = 0.000

是否有其他疾病												
否	317	94.91	325	90.53	575	89.15	552	88.46	456	86.53	2225	89.39
是	17	5.09	34	9.47	70	10.85	72	11.54	71	13.47	264	10.61

Pearson chi2（4）= 16.3872　Pr = 0.003

表 6 - 13 显示了受教育程度与慢性病患病率的交互结果。结果发现，受

教育程度与高血压、糖尿病或血糖升高、慢性肺部疾病、心脏病、肾脏疾病、胃部疾病、关节炎或风湿病、其他疾病的患病率均有显著相关。随着受教育程度的提升，宁夏地区居民患有高血压、慢性肺部疾病、心脏病、肾脏疾病、关节炎或风湿病、其他疾病的患病率的比例均逐渐降低，其中高血压患病率最高为文盲/半文盲群体的患病率25.29%，最低为本科及以上群体的患病率3.68%；慢性肺部疾病的患病率，最高为文盲/半文盲群体的患病率6.03%，最低为本科及以上群体的患病率0.53%；心脏病的患病率最高为文盲/半文盲群体的患病率14.37%，最低为本科及以上群体的患病率1.58%；肾脏疾病的患病率最高为文盲/半文盲群体的患病率5.17%，最低为本科及以上群体的患病率0.53%；关节炎或风湿病的患病率最高为文盲/半文盲群体的患病率21.84%，最低为本科及以上群体的患病率3.68%；其他疾病的患病率最高为文盲/半文盲群体的患病率16.38%，最低为本科及以上群体的患病率4.21%。根据表6-13，我们还可以看出，糖尿病或血糖升高疾病中，本科及以上学历居民的患病率上较大专学历居民有所增长，其中患病率最高为文盲/半文盲群体的患病率7.47%，最低为大专群体的患病率1.65%；胃部疾病中，大专学历居民较高中或中专学历群体有所增加，其中患病率最高为文盲/半文盲群体的患病率17.53%，最低为本科及以上群体的患病率7.89%。

表6-13 不同教育程度的居民慢性病情况

	文盲/半文盲		小学		初中		高中或中专		大专		本科及以上	
	n	%	n	%	n	%	n	%	n	%	n	%
是否有高血压												
否	260	74.71	467	80.10	642	84.14	346	81.22	167	91.76	183	96.32
是	88	25.29	116	19.90	121	15.86	80	18.78	15	8.24	7	3.68
Pearson chi2（5）= 55.4562　Pr = 0.000												
是否有血脂异常												
否	330	94.83	540	92.62	709	92.92	387	90.85	168	92.31	184	96.84
是	18	5.17	43	7.38	54	7.08	39	9.15	14	7.69	6	3.16
Pearson chi2（5）= 9.4207　Pr = 0.093												

续表

	文盲/半文盲		小学		初中		高中或中专		大专		本科及以上	
	n	%	n	%	n	%	n	%	n	%	n	%
是否有糖尿病或血糖升高												
否	322	92.53	549	94.17	716	93.84	407	95.54	179	98.35	186	97.89
是	26	7.47	34	5.83	47	6.16	19	4.46	3	1.65	4	2.11

Pearson chi2（5）= 13.9204　Pr = 0.016

	文盲/半文盲		小学		初中		高中或中专		大专		本科及以上	
是否有癌症等恶性肿瘤												
否	341	97.99	578	99.14	751	98.43	418	98.12	182	100	189	99.47
是	7	2.01	5	0.86	12	1.57	8	1.88	0	0	1	0.53

Pearson chi2（5）= 6.9576　Pr = 0.224

	文盲/半文盲		小学		初中		高中或中专		大专		本科及以上	
是否有慢性肺部疾病												
否	327	93.97	551	94.51	731	95.81	413	96.95	180	98.90	189	99.47
是	21	6.03	32	5.49	32	4.19	13	3.05	2	1.10	1	0.53

Pearson chi2（5）= 17.9031　Pr = 0.003

	文盲/半文盲		小学		初中		高中或中专		大专		本科及以上	
是否有肝脏疾病												
否	335	96.26	563	96.57	739	96.85	420	98.59	179	98.35	186	97.89
是	13	3.74	20	3.43	24	3.15	6	1.41	3	1.65	4	2.11
总计	348	100	583	100	763	100	426	100	182	100	190	100

Pearson chi2（5）= 6.5393　Pr = 0.257

	文盲/半文盲		小学		初中		高中或中专		大专		本科及以上	
是否有心脏病												
否	298	85.63	519	89.02	676	88.60	387	90.85	177	97.25	187	98.42
是	50	14.37	64	10.98	87	11.40	39	9.15	5	2.75	3	1.58

Pearson chi2（5）= 35.7561　Pr = 0.000

	文盲/半文盲		小学		初中		高中或中专		大专		本科及以上	
是否有中风												
否	346	99.43	578	99.14	762	99.87	425	99.77	182	100	189	99.47
是	2	0.57	5	0.86	1	0.13	1	0.23	0	0	1	0.53

Pearson chi2（5）= 5.7969　Pr = 0.326

	文盲/半文盲		小学		初中		高中或中专		大专		本科及以上	
是否有肾脏疾病												
否	330	94.83	563	96.57	744	97.51	418	98.12	179	98.35	189	99.47
是	18	5.17	20	3.43	19	2.49	8	1.88	3	1.65	1	0.53

Pearson chi2（5）= 14.2898　Pr = 0.014

续表

	文盲/半文盲		小学		初中		高中或中专		大专		本科及以上	
	n	%	n	%	n	%	n	%	n	%	n	%
是否有胃部疾病												
否	287	82.47	489	83.88	664	87.02	376	88.26	159	87.36	175	92.11
是	61	17.53	94	16.12	99	12.98	50	11.74	23	12.64	15	7.89
Pearson chi2（5）=14.5055 Pr=0.013												
是否有与记忆相关的疾病												
否	343	98.56	576	98.8	760	99.61	423	99.3	182	100	190	100
是	5	1.44	7	1.2	3	0.39	3	0.7	0	0	0	0
Pearson chi2（5）=8.1988 Pr=0.146												
是否有关节炎或风湿病												
否	272	78.16	465	79.76	628	82.31	366	85.92	172	94.51	183	96.32
是	76	21.84	118	20.24	135	17.69	60	14.08	10	5.49	7	3.68
Pearson chi2（5）=54.8404 Pr=0.000												
是否有哮喘												
否	335	96.26	571	97.94	746	97.77	417	97.89	179	98.35	190	100
是	13	3.74	12	2.06	17	2.23	9	2.11	3	1.65	0	0
Pearson chi2（5）=8.5305 Pr=0.129												
是否有其他疾病												
否	291	83.62	509	87.31	687	90.04	386	90.61	173	95.05	182	95.79
是	57	16.38	74	12.69	76	9.96	40	9.39	9	4.95	8	4.21
Pearson chi2（5）=30.2905 Pr=0.000												

表6-14显示了收入情况与慢性病患病率的交互结果。结果发现，收入情况与血脂异常、慢性肺部疾病、胃部疾病、与记忆相关的疾病、关节炎或风湿病、其他疾病的患病率均有显著相关。根据结果可以看出，随着收入级别的提升，宁夏地区居民患有血脂异常疾病的患病率逐渐提高，其中患病率最高为中高收入群体的10.51%，最低为低收入群体的患病率5.14%；随着收入级别的提升，宁夏地区居民患有其他疾病的患病率逐渐降低，其中患病率最高为低收入群体的患病率15.16%，最低为中高收入群体的8.21%；慢性肺部疾病、胃部疾病、与记忆相关的疾病、关节炎或风湿

病共四种疾病均呈现随着收入级别的提升，患病率逐渐降低的趋势，但中间会有个别收入群体与趋势相违背。具体结果为：慢性肺部疾病中，患病率最高为低收入群体的患病率5.95%，最低为中等收入群体的2.77%；胃部疾病中，患病率最高为低收入群体的患病率16.24%，最低为中高收入群体的10.02%；与记忆相关的疾病中，患病率最高为低收入群体的1.49%，最低为中等收入群体的0.21%；关节炎或风湿病中，患病率最高为低收入群体的19.22%，最低为中高收入群体的13.46%。

表 6 - 14　不同收入的居民慢性病情况

	低收入		中低收入		中等收入		中高收入	
	n	%	n	%	n	%	n	%
是否有高血压								
否	616	83.36	531	85.10	379	80.81	496	81.44
是	123	16.64	93	14.90	90	19.19	113	18.56
Pearson chi2 （3） = 4.5646　Pr = 0.207								
是否有血脂异常								
否	701	94.86	589	94.39	435	92.75	545	89.49
是	38	5.14	35	5.61	34	7.25	64	10.51
Pearson chi2 （3） = 17.3246　Pr = 0.001								
是否有糖尿病或血糖升高								
否	702	94.99	594	95.19	450	95.95	566	92.94
是	37	5.01	30	4.81	19	4.05	43	7.06
Pearson chi2 （3） = 5.6613　Pr = 0.129								
是否有癌症等恶性肿瘤								
否	724	97.97	617	98.88	466	99.36	602	98.85
是	15	2.03	7	1.12	3	0.64	7	1.15
Pearson chi2 （3） = 4.8804　Pr = 0.181								
是否有慢性肺部疾病								
否	695	94.05	601	96.31	456	97.23	591	97.04
是	44	5.95	23	3.69	13	2.77	18	2.96
Pearson chi2 （3） = 11.0397　Pr = 0.012								

续表

	低收入		中低收入		中等收入		中高收入	
	n	%	n	%	n	%	n	%
是否有肝脏疾病								
否	709	95.94	606	97.12	462	98.51	595	97.7
是	30	4.06	18	2.88	7	1.49	14	2.3
Pearson chi2（3）= 7.7537　Pr = 0.051								
是否有心脏病								
否	665	89.99	573	91.83	422	89.98	536	88.01
是	74	10.01	51	8.17	47	10.02	73	11.99
Pearson chi2（3）= 4.9658　Pr = 0.174								
是否有中风								
否	736	99.59	623	99.84	468	99.79	604	99.18
是	3	0.41	1	0.16	1	0.21	5	0.82
Pearson chi2（3）= 3.9210　Pr = 0.270								
是否有肾脏疾病								
否	717	97.02	606	97.12	453	96.59	598	98.19
是	22	2.98	18	2.88	16	3.41	11	1.81
Pearson chi2（3）= 2.9856　Pr = 0.394								
是否有胃部疾病								
否	619	83.76	536	85.90	401	85.50	548	89.98
是	120	16.24	88	14.10	68	14.50	61	10.02
Pearson chi2（3）= 11.2585　Pr = 0.010								
是否有与记忆相关的疾病								
否	728	98.51	620	99.36	468	99.79	607	99.67
是	11	1.49	4	0.64	1	0.21	2	0.33
Pearson chi2（3）= 8.9272　Pr = 0.030								
是否有关节炎或风湿病								
否	597	80.78	525	84.13	394	84.01	527	86.54
是	142	19.22	99	15.87	75	15.99	82	13.46
Pearson chi2（3）= 8.3087　Pr = 0.040								
是否有哮喘								
否	720	97.43	614	98.4	455	97.01	598	98.19

续表

	低收入		中低收入		中等收入		中高收入	
	n	%	n	%	n	%	n	%
是否有哮喘								
是	19	2.57	10	1.6	14	2.99	11	1.81
Pearson chi2（3）= 3.2709　Pr = 0.352								
是否有其他疾病								
否	627	84.84	567	90.87	429	91.47	559	91.79
是	112	15.16	57	9.13	40	8.53	50	8.21
Pearson chi2（3）= 23.3713　Pr = 0.000								

6.4　吸烟情况

　　本节研究内容所涉及的问卷问题具体为：（1）最近 1 个月，您是否吸烟？（2）您现在每天吸多少支烟或者相当于多少支烟？（3）您是否曾经吸过烟？三个问题分别调查宁夏地区居民的吸烟率、吸烟量和戒烟率。本节根据第一个问题的回答创建变量"最近一个月，您是否吸烟"，将其作为指标来考察宁夏地区居民的吸烟情况。

　　图 6-2 显示了居住地、民族身份和吸烟情况的交互结果。首先我们可以看出，宁夏地区居民的居住地与吸烟情况显著相关，其中城镇居民的吸烟率为 15.49%，低于农村居民的吸烟率 29.29%；其次，宁夏地区居民的民族身份与吸烟情况显著相关，其中汉族居民吸烟率为 27.69%，显著高于回族居民的吸烟率 19.57%。

　　图 6-3 显示了年龄和吸烟情况的交互结果。我们可以看出，宁夏地区居民的年龄与吸烟情况显著相关，在 18～59 岁群体中，随着年龄的上升，宁夏地区居民的吸烟率也逐渐增加，其中 18～29 岁群体的吸烟率最低，为 13.47%，50～59 岁群体的吸烟率最高，为 32.05%，但 60 岁及以上的居民吸烟率较年轻居民相比下降，为 22.01%。

　　图 6-4 显示了受教育水平和吸烟情况的交互结果。我们可以看出，宁夏地区居民的受教育程度与吸烟情况显著相关，随着受教育程度的提升，

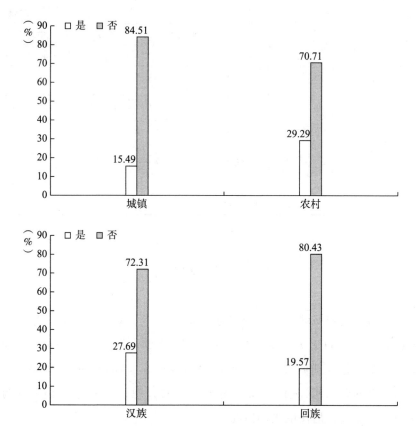

图 6-2 不同居住地、不同民族身份的居民吸烟情况

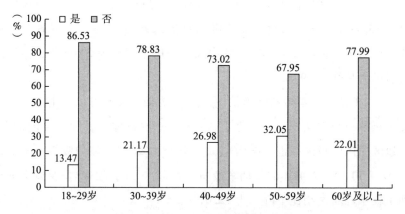

图 6-3 不同年龄段居民的吸烟情况

宁夏地区居民的吸烟率先增高后降低，其中最高学历为初中的群体的吸烟率最高，为 32.50% ；最高学历为本科及以上的群体吸烟率最低，为 8.95% 。

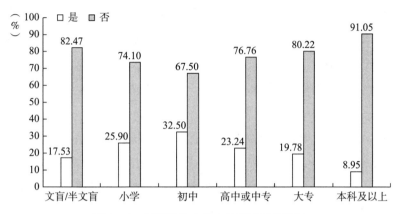

图 6-4 不同受教育程度的居民吸烟情况

6.5 本章小结

基于 2019 年宁夏回族自治区抽样调查数据的分析，本章的主要发现有如下几点。

（1）宁夏地区居民体质情况与性别和年龄有显著相关，其中女性的体质情况显著优于男性，且女性大部分处于正常和过轻区间，而男性大部分处于正常、超重和肥胖区间。其次，随着年龄的增加，宁夏地区居民体质情况处于正常区间的比例逐渐降低，体质情况在过轻区间的居民的比例逐渐降低，体质状况在超重和肥胖区间的居民随着年龄的增加比例逐渐提升。

（2）宁夏地区居民的自评健康状况与居住地、性别、年龄段、受教育水平和收入等级均有显著相关。总体来看，城镇居民的自评健康状况好于农村居民，男性居民的自评健康状况好于女性居民。随着年龄的增加，宁夏地区居民的自评健康情况逐渐下降，自评健康为好和非常好的比例逐渐下降，自评健康为差和非常差的比例逐渐升高。随着受教育程度的提高，宁夏地区居民的自评健康情况逐渐提升，其中自评健康为非常好和好的比例逐渐增加，自评健康为差和非常差的逐渐减少。随着家庭人均收入等级的提高，宁夏地区居民的自评健康情况逐渐提升，自评健康水平为非常好和好的比例逐渐提高，自评健康水平为差和非常差的比例都逐渐降低。

（3）宁夏地区居民的身体不适情况与性别、年龄、受教育水平和收入等级均有显著相关。女性居民更多感到身体不适，其比例远高于男性。随着年龄的增长，宁夏地区居民出现身体不适情况的比例逐渐提高。随着受教育水平的提高，宁夏地区居民出现身体不适状况的比例逐渐降低。随着家庭人均年收入等级的提高，宁夏地区的居民感到身体不适的比例逐渐降低。

（4）宁夏地区居民患慢性病的比例中，不同的慢性病与居住地、民族身份、性别、年龄、受教育程度和收入等级呈显著相关。居住地与高血压、血脂异常、糖尿病或血糖升高和心脏病的患病率均有显著相关，城镇居民的患病率均显著高于农村居民。民族身份与高血压、血脂异常、肝脏疾病和胃部疾病的患病率均有显著相关，汉族居民高血压和血脂异常的患病率均显著高于回族居民，回族居民肝脏疾病和胃部疾病的患病率均显著高于汉族居民。性别与高血压、癌症等恶性肿瘤、心脏病和哮喘的患病率均有显著相关，男性居民高血压的患病率显著高于女性居民，女性居民癌症等恶性肿瘤、心脏病和哮喘的患病率均显著高于男性居民。年龄与高血压、血脂异常、糖尿病或血糖升高、慢性肺部疾病、心脏病、肾脏疾病、胃部疾病、与记忆相关的疾病、关节炎或风湿病、哮喘的患病率均有显著相关，且随着年龄的增加，宁夏地区居民患有高血压、血脂异常、糖尿病或血糖升高、慢性肺部疾病、心脏病、肾脏疾病、胃部疾病、与记忆相关的疾病、关节炎或风湿病、哮喘的患病率均逐渐提高。受教育程度与高血压、糖尿病或血糖升高、慢性肺部疾病、心脏病、肾脏疾病、胃部疾病、关节炎或风湿病、其他疾病的患病率均有显著相关，且随着受教育程度的提升，宁夏地区居民患有高血压、慢性肺部疾病、心脏病、肾脏疾病、关节炎或风湿病、其他疾病的患病率均逐渐降低。收入情况与血脂异常、慢性肺部疾病、胃部疾病、与记忆相关的疾病、关节炎或风湿病和其他疾病的患病率均有显著相关，且随着收入级别的提升，宁夏地区居民患有血脂异常疾病的患病率逐渐提高，患有其他疾病的患病率的比例逐渐降低，慢性肺部疾病、胃部疾病、与记忆相关的疾病、关节炎或风湿病共四种疾病均呈现随着收入级别的提升，患病率逐渐降低的趋势，但中间会有个别收入群体与趋势相违背。

（5）宁夏地区居民的吸烟情况与居住地、民族身份、年龄和受教育程度呈显著相关。其中，农村居民的吸烟率显著高于城镇居民，汉族居民的吸烟率显著高于回族居民。随着年龄的增长，宁夏地区居民 18～59 岁群体的吸烟率逐渐增加，60 岁及以上的居民吸烟率较年轻居民相比下降；随着受教育程度的提升，宁夏地区居民的吸烟率先增高后降低。

参考文献

毕秋灵、胡建平：《中国人口自评健康期望寿命研究》，《中国卫生统计》2008 年第2 期。

方向华、孟琛、刘向红、吴晓光、刘宏军、刁丽君、汤哲：《健康自评与老年人健康状况的前瞻性研究》，《中华流行病学杂志》2003 年第 3 期。

何源、王青聪、邓子兵、杨艺、张银娥：《2011 年宁夏全国疾病监测点居民死因和期望寿命分析》，《宁夏医科大学学报》2013 年第 11 期。

江崇民、张一民：《中国体质研究的进程与发展趋势》，《体育科学》2008 年第 9 期。

李立明、饶克勤、孔灵芝、姚崇华、向红丁、翟凤英、马冠生、杨晓光：《中国居民2002 年营养与健康状况调查》，《中华流行病学杂志》2005 年第 7 期。

马小红、李燕、刘秀英、赵燚、刘兰：《2009 - 2015 年宁夏农村居民慢性病流行趋势分析》，《现代预防医学》2017 年第 15 期。

买佳：《宁夏地区回族、汉族中学生体质健康比较分析》，《湖北体育科技》2018 年第4 期。

牛健壮、战鹏、牛峥、刘洁、于雪梅、邵妮娜、高妮娜：《西部地区中老年人慢性病研究现状综述——以宁夏回族自治区居民慢性病的研究为例》，《体育世界》（学术版）2019 年第 5 期。

孙仙、王平、刘兰、赵燚、朱玲勤、刘秀英、高生堂：《宁夏回族自治区农村居民慢性病患病现状及影响因素分析》，《中国公共卫生》2014 年第 12 期。

唐文静、郑霄冰：《2014 年宁夏青少年吸烟行为及其影响因素分析》，《现代预防医学》2015 年第 15 期。

肖瓅、马昱、李英华、胡俊峰、程玉兰、陈国永、陶茂萱：《中国城乡居民健康素养状况及影响因素研究》，《中国健康教育》2009年第5期。

张天成：《青藏高原地区少数民族学生体质健康状况分析——土族、撒拉族学生1985～2000年体质健康状况的动态分析》，《北京体育大学学报》2002年第4期。

张银娥、靳雅男、马芳、田园、王晓莉、谢帆、李媛、赵建华：《宁夏回汉成年居民吸烟状况调查分析》，《中华疾病控制杂志》2019年第4期。

第7章　医疗服务利用

2016 年中共中央、国务院发布了《"健康中国 2030"规划纲要》(以下简称《纲要》),明确指出我国健康中国建设应保障人民应享有的健康权利,为我国下一步的医疗服务建设与服务均等化改革做出了指示。达到健康公平就要在政策制定与施行时考虑到不同群体在医疗服务具体需求上的不同,真正形成全民覆盖、全民享受、全民可负担的医疗服务体系。以往研究发现,医疗服务利用水平上的不平等主要受到个体社会经济地位、地区经济社会发展水平等因素的影响(魏众、B. 古斯塔夫森,2005)。少数民族地区因地理位置较偏和经济社会发展水平相对落后,在一定程度上限制了医疗社会服务的发展(封进等,2015)。新中国成立 70 年以来,尤其是改革开放 40 多年以来,少数民族地区的医疗卫生事业得到了飞速发展,但同时也面临着医疗服务不均等、服务设施不充分、服务应用率低等问题。本章通过对宁夏回族自治区居民的调查分析,以了解不同城乡和不同社会群体在医疗服务利用水平上的差异。

以往关于医疗服务利用的研究主要有以下几个方面。首先,有研究发现,在少数民族地区,虽然医疗保险已经基本全民覆盖,但是部分居民仍缺少完善的公共医疗保障,存在医疗服务上的空缺与医疗负担(安华等,2012)。其次,低收入群体的医疗负担相对更重。虽然低收入群体受到医保政策的保障,但是他们更容易患病并且时间持续更久,住院率更高,所花费的医疗费用远高于中高收入群体并使家庭难以负担(任苒、金凤,2007),这导致低收入群体医疗服务使用率相对较低(王翌秋、徐登涛,2019)。另外,影响医疗服务利用的因素还包括当地的医疗卫生条件提供现状，尤其是在部分少数民族地区，提供医疗服务的机构仅是政府拨资建设的村卫生室，其只拥有基础医疗设施与门诊看诊功能（刘春蕾，2016），医疗质量与水平普遍不高。

除了经济因素，学界同样考虑到了不同社会群体在健康和医疗服务知识上的差异是导致医疗服务差异的重要因素。有学者提出了健康素养的概念，主要指的是个人对于自身健康相关知识的认知以及反应能力与预防能力（陆一鸣等，2015）。相关研究指出，健康素养与教育水平有密切关系，进而影响居民就医的主观想法与医疗服务利用率。少数民族地区患病率越高的地方，往往健康素养指数越低（张庆华等，2014），即当地人民对于自身健康状况的认知与疾病的提前预防并不重视。有研究在对甘肃临夏进行调查时，发现当地妇女由于受教育水平较低而对妇科检查的重要性认知不清从而导致后期疾病的出现（钟鸣，2015）。有研究发现，低健康素养居民在进入医院接受医疗服务时会受到标识不清、语言不通、医疗基础知识储存不足的阻碍（班克伶等，2007），对于少数民族地区居民而言更是如此。偏远少数民族地区存在大量外出务工的情况，教育程度低、疾病预防能力低导致居民健康素养欠发展，特别是当地的留守儿童、老人对于疾病的重视度与医疗服务利用的重视度不高（聂婷婷等，2016），自主获取基本医疗服务的能力差，加上偏远地区的医疗服务资源配置不足，当地居民更容易遭受突发疾病的影响。

本章基于2019年宁夏地区综合社会调查数据，考察了居民的健康素养以及医疗服务利用现状，并对不同居住地、不同社会群体在医疗服务利用上的情况进行了比较分析。

7.1 健康素养

健康素养指个人获取和理解基本健康信息和服务，并运用这些信息和服务做出正确判断，以维护和促进自身健康的能力。健康素养可以反映个人或是群体对于自身健康与疾病预防的意识以及对于医疗服务的利用率，故其为研究少数民族地区医疗服务利用的重要指标之一。在本书中，健康素养是一个综合性指数变量，取值范围是 0 到 1，值越高，说明健康素养越高。

表 7-1 是宁夏回族自治区居民在不同社会群体的健康素养描述统计。统计分析表明，从总体上看，宁夏回族自治区居民的平均健康素养指数在 0.45 左右。城镇居民健康素养指数要显著优于农村居民并超过了平均数，约有 75% 的农村居民的健康文化素养指数大于 0.24，与相同比例下的城镇居民相比相差 0.2。在不同民族与性别上并无太大差别。在年龄组不同的情况下，自治区居民大体上呈现随着年龄增长，健康文化素养指数递减的趋势。此外，随着教育程度与收入水平的提升，居民的健康素养指数也在不断增高。

表 7-1　不同社会群体的健康素养情况

	平均数	25% 分位数	中位数	75% 分位数
居住地				
城镇	0.51	0.44	0.53	0.65
农村	0.42	0.24	0.47	0.57
民族身份				
汉族	0.48	0.37	0.49	0.62
回族	0.41	0.23	0.46	0.57
性别				
男	0.45	0.26	0.47	0.59
女	0.46	0.31	0.48	0.63
年龄段				
18~44 岁	0.49	0.41	0.49	0.62
45~59 岁	0.46	0.26	0.48	0.63
60 岁及以上	0.42	0.24	0.46	0.56
最高学历				
文盲/半文盲	0.31	0.12	0.32	0.46
小学	0.40	0.23	0.45	0.51
初中	0.50	0.41	0.53	0.64
高中或中专	0.54	0.47	0.55	0.66

续表

	平均数	25%分位数	中位数	75%分位数
最高学历				
大专	0.57	0.48	0.60	0.66
本科及以上	0.60	0.48	0.58	0.67
家庭人均年收入等级				
低收入	0.41	0.24	0.46	0.55
中低收入	0.43	0.24	0.47	0.59
中等收入	0.47	0.33	0.48	0.62
中高收入	0.51	0.44	0.54	0.65
总计	0.45	0.27	0.48	0.61

图7-1是不同居住地、不同民族身份居民的健康素养指数。从图中可见，城镇汉族居民（0.52）的指数略高于城镇回族居民（0.46），农村汉族居民（0.44）的指数同样高于农村回族居民（0.40）。虽然城乡居民中，汉族的健康素养指数均略高于回族，但农村的汉、回居民的健康素养指数均低于城镇的汉、回居民。

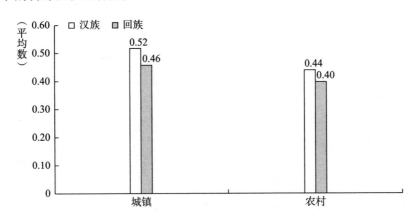

图7-1　不同居住地、不同民族身份的居民健康素养指数

图7-2是不同性别、不同民族身份居民的健康素养指数。从图中可见，男性汉族居民（0.47）在指数上略高于男性回族居民（0.41），女性汉族居民（0.48）在指数上同样高于女性回族居民（0.41）。不同性别的居民都显

示汉族的健康文化素养指数略高于回族。

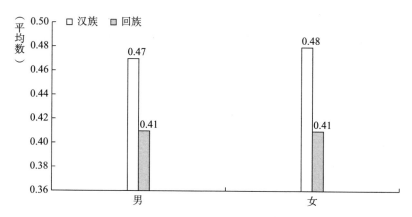

图 7－2　不同性别、不同民族身份的居民健康素养指数

图 7-3 是不同年龄段、不同民族身份居民的健康素养指数。从图中可见，三个年龄段都显示汉族居民的健康素养指数高于回族居民。汉族居民的健康素养指数皆保持在中位数左右，并且汉、回居民皆随着年龄的增长，健康素养指数逐渐降低，而在 18～44 岁的年龄段上，汉族（0.53）与回族（0.44）差异最大，60 岁及以上的年龄段群体的回汉差异最小。

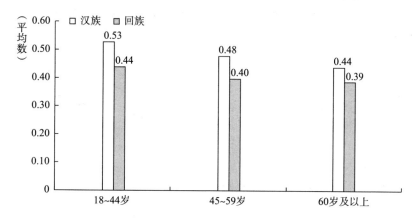

图 7－3　不同年龄段、不同民族身份的居民健康素养指数

图 7-4 是不同教育程度、不同民族身份居民的健康素养指数平均数对比。从图中可见，接受不同教育水平的汉族居民的健康文化素养指数基本

上都略高于回族居民。值得注意的是，在初中的教育程度上，回族居民（0.51）的健康素养指数超过了汉族居民（0.50），但差距不大。在大专与本科及以上的教育程度上，汉族居民的健康素养指数显著高于回族居民。

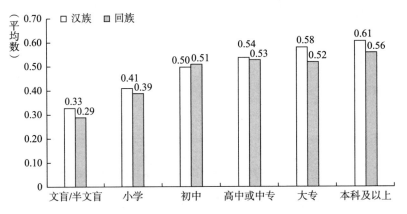

图7-4　不同教育程度、不同民族身份的居民健康素养指数

图7-5是不同收入水平、不同民族身份居民的健康素养指数。从图中可见，不同家庭收入等级水平上的汉族居民的健康文化素养指数皆略高于回族居民。在低收入水平上，汉族居民的健康素养指数超过了回族居民0.06，差距相对较大。总体而言，汉、回居民的健康素养指数皆随着收入水平等级的提高而逐渐提高。

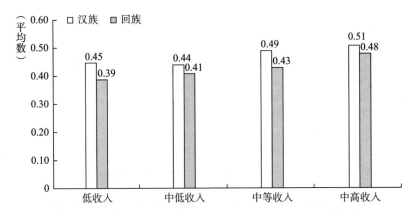

图7-5　不同收入水平、不同民族身份的居民健康素养指数

7.2　门诊服务利用

图 7-6 为不同居住地、不同健康状况的居民过去一个月门诊访问情况的统计。统计分析表明，从总体上来看，不同居住地条件下的健康良好和健康一般的群体在过去一个月内皆很少去医院门诊就诊，但健康一般的群体相比起健康良好的群体选择门诊服务的概率更高，城乡差异并不大。健康较差的群体在数据上出现了明显差别，健康状况较差的城镇居民（55.24%）相比起农村居民（44.76%）更偏向于主动选择门诊服务。在健康程度良好的情况下，城镇居民（5.43%）与农村居民（5.86%）选择门诊医疗服务的频率相差不大。

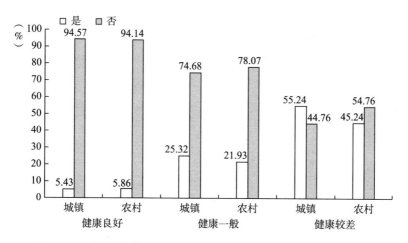

图 7-6　不同居住地、不同健康状况的居民过去一个月是否看门诊

图 7-7 为不同居住地、不同健康状况的居民过去一个月专家门诊访问情况的统计。统计分析表明，从总体上来看，城乡居民在过去一个月内去医院门诊就诊时，更倾向于选择普通号。随着健康状况的变差，城镇居民对于专家门诊的选择比例逐渐增加，从 16.67% 发展上升到 36.13%，但农村居民对于专家门诊的选择比例却随着健康状况变差而渐小，从 23.91% 降至 22.83%。可以说，在健康状况不好的情况下，城镇居民比农村居民更倾向于看专家门诊。

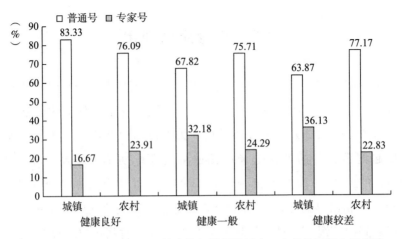

图7-7 不同居住地、不同健康状况的居民过去一个月是否看专家门诊

图7-8为不同民族身份、不同健康状况居民过去一个月门诊访问情况的统计。统计分析表明，随着健康状况的变差，汉族与回族居民呈现相同的变化趋势，即看门诊的比例相对增加，但在较差的健康条件下，汉族（51.92%）与回族（50.43%）仍存在超过半数比例的人群未选择门诊就诊。此外，无论居民的健康状况如何，汉族居民和回族居民在门诊服务上不存在显著差异。

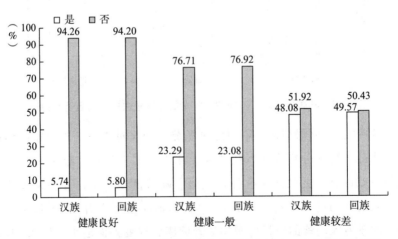

图7-8 不同民族身份、不同健康状况的居民与过去一个月是否看门诊

图7-9为不同民族身份、不同健康状况居民过去一个月专家门诊访问情况的统计。统计分析表明，随着健康状况变差，汉族和回族居民选择专

家门诊的比例逐渐提高。但是，我们也看到无论哪种健康状况下，汉族居民选择专家门诊的比例都显著高于回族居民。比如，在健康状况差的居民中，汉族选择专家门诊的比例大约为 33%，高于回族的 21.77%。

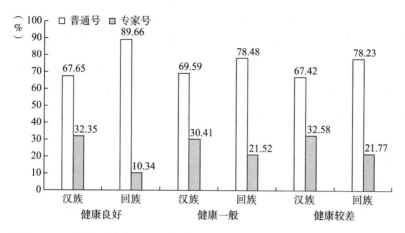

图 7-9　不同民族身份、不同健康状况的居民过去一个月是否看专家门诊

图 7-10 为不同居住地、不同健康状况居民过去一年门诊访问次数上的统计。总体而言，城镇居民与农村居民在过去一年内寻求门诊医疗服务的平均次数皆随着健康状况的变差而增多。在不同健康状况的条件下，考虑到城乡经济差距与上文中提到的健康素养的差异原因，城镇居民使用门诊服务的次数始终高于农村地区。尤其健康较差的情况下出现了明显的差异，健康情况较差的城镇居民在过去一年内使用门诊服务的平均次数达到 5.20

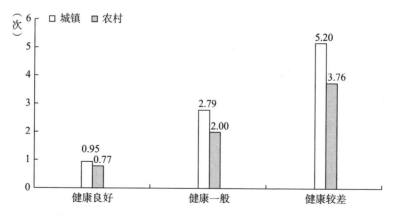

图 7-10　不同居住地、不同健康状况的居民年门诊数量情况

次，而农村居民仅为 3.76 次。由此可见，城乡差距对居民的医疗服务选择与运用频率产生影响。

图 7-11 为在不同民族身份、不同健康状况的居民过去一年中门诊访问次数上的统计。总体而言，随着健康状况的变差，在过去一年内汉族与回族居民对于门诊医疗服务的运用次数都随之增加。从不同民族身份上看，汉族居民在各种健康状况上对于门诊服务的使用情况都高于回族居民，尤其是在健康情况较差时，汉族居民一年使用门诊服务的次数为 4.63 次，而回族居民为 3.68 次，两者存在一定的差距。

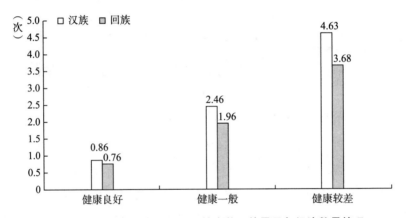

图 7-11 不同民族身份、不同健康状况的居民年门诊数量情况

图 7-12 为不同居住地、不同健康状况的居民过去一年中所花费的门诊费用的统计。随着健康状况的变差，城乡居民在年门诊花费上也形成上升趋势。城镇居民在身体健康良好时在门诊上所花费的平均费用为 963.53 元，相较于农村居民更少；而在健康较差时，城镇居民往往会在门诊上花费更大，此时花费的费用平均数达到了 4721 元，超过了农村居民约1000 元。

图 7-13 为不同民族身份、不同健康状况居民在过去一年中所花费的门诊费用的统计。随着健康状况的变差，汉族与回族居民在年门诊花费上形成上升趋势。其中，汉族居民在身体健康良好时在门诊上所花费的费用为1195.52 元，而回族居民所花费的费用为 1471.25 元；汉族居民在健康状况较差时的花费达到 4367.03 元，而回族居民为 3564.12 元，两者存在一定的

差异。

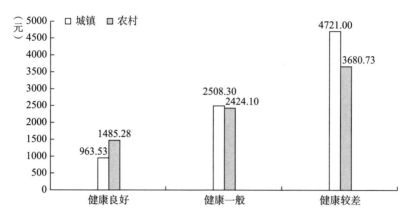

图 7 - 12 不同居住地、不同健康状况的居民年门诊费用

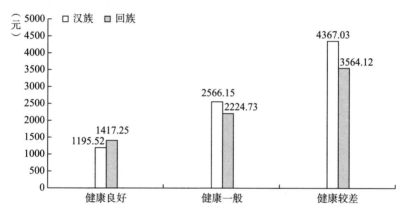

图 7 - 13 不同民族身份、不同健康状况的居民年门诊费用

表 7 - 2 为不同居住地、民族身份、性别、年龄、教育、收入水平的居民与自付门诊费用比例的描述统计。从总体上看，自治区居民的平均自付门诊费用比例为 84.03%。城镇居民（82.94%）在自付门诊费用比例上与农村居民（84.56%）相差不大。在不同民族身份与不同性别的比较上，居民自付门诊费用比例差别不大，但有 75% 以上的男性自付门诊费用比例为62.25%，与女性居民相比略低。在不同的年龄段上，自付门诊费用比例呈现随着年龄增长而递减的趋势。值得一提的是，在不同的教育程度背景下，虽然基本遵循随着教育程度的提升，自付门诊费用比例也随之提升的规律，但初中、高中或中专、大专学历的居民的自付门诊费用比例相较小学学历

有所下降，除此之外，75%以上本科及以上学历的居民的自付门诊费用比例达到90%。另外，在中高收入群体中，自付门诊费用比例要比中低收入群体相对更低。

表7-2　不同社会群体与自付门诊费用比例

单位：%

	平均数	25%分位数	中位数	75%分位数
居住地				
城镇	82.94	66.67	100	100
农村	84.56	70	100	100
民族身份				
汉族	83.73	66.67	100	100
回族	84.16	70	100	100
性别				
男	82.41	62.25	100	100
女	85.55	75	100	100
年龄段				
18～44岁	87.65	100	100	100
45～59岁	84.05	70	100	100
60岁及以上	78.30	50	100	100
最高学历				
文盲/半文盲	82.37	62	100	100
小学	86.09	75	100	100
初中	84.24	66.67	100	100
高中或中专	81.66	60	100	100
大专	80.98	66.67	100	100
本科及以上	87.21	90	100	100
家庭人均年收入等级				
低收入	83.19	63.75	100	100
中低收入	85.20	75	100	100
中等收入	85.09	75	100	100
中高收入	83.03	66.67	100	100
总计	84.03	66.67	100	100

表 7-3 为过去一年内不同居住地、民族身份、性别、年龄、教育程度、收入水平的居民与门诊费用是否超过支付能力的描述统计。从总体上看，城镇居民中的大多数人都认为在过去一年内所花费的门诊费用未超过本身的支付能力，但农村居民中认为门诊费用超过支付能力的仍占 21.52%，超过城镇居民占比近 10%，P 值小于 0.05 说明统计存在显著差异，可看出目前城乡居民在医疗服务支付能力方面仍存在一定差异，农村居民承担着更多的医疗负担。

表 7-3　不同社会群体的居民门诊费用是否超出支付能力

	有		没有		总计	
	n	%	n	%	n	%
居住地						
城镇	77	14.26	463	85.74	540	100
农村	192	21.52	700	78.48	892	100
总计	269	18.78	1163	81.22	1432	100
Pearson chi2（1）= 11.6383　Pr = 0.001						
民族身份						
汉族	141	15.11	792	84.89	933	100
回族	128	26.12	362	73.88	490	100
总计	269	18.90	1154	81.10	1423	100
Pearson chi2（1）= 25.4034　Pr = 0.000						
性别						
男	127	17.47	600	82.53	727	100
女	142	20.14	563	79.86	705	100
总计	269	18.78	1163	81.22	1432	100
Pearson chi2（1）= 1.6760　Pr = 0.195						
年龄段						
18~44 岁	67	13.79	419	86.21	486	100
45~59 岁	121	20.23	477	79.77	598	100
60 岁及以上	81	23.55	263	76.45	344	100
总计	269	18.84	1159	81.16	1428	100
Pearson chi2（2）= 13.8636　Pr = 0.001						

续表

	有		没有		总计	
	n	%	n	%	n	%
最高学历						
文盲/半文盲	81	37.85	133	62.15	214	100
小学	69	21.77	248	78.23	317	100
初中	79	17.59	370	82.41	449	100
高中或中专	30	12.61	208	87.39	238	100
大专	3	2.88	101	97.12	104	100
本科及以上	7	6.42	102	93.58	109	100
总计	269	18.80	1162	81.20	1431	100
Pearson chi2（5）= 87.3173 Pr = 0.000						
家庭人均年收入等级						
低收入	132	31.28	290	68.72	422	100
中低收入	78	23.21	258	76.79	336	100
中等收入	41	14.39	244	85.61	285	100
中高收入	17	4.80	337	95.20	354	100
总计	268	19.18	1129	80.82	1397	100
Pearson chi2（3）= 94.8020 Pr = 0.000						

此外，在医疗支付能力上也存在显著的民族差距。回族居民中有26.12%的人认为过去一年的门诊费用超出本身支付能力，高于汉族居民的15.11%。在不同年龄段的比较上，18～44岁年龄段认为门诊费用超过自身支付能力的仅有13.79%，而60岁及以上年龄段认为超过自身支付能力的有23.55%，P值小于0.05，故年龄段上的差异具有统计学意义。在教育程度与收入等级方面，随着二者的提高，认为自付门诊费用超过自身支付能力的比例逐渐减小，中高收入居民群体与高学历群体更容易支付得起门诊费用，而对于低收入与低学历群体仍存在一定程度上的医疗负担，二者 P值小于0.05，故收入与教育程度因素都显著与居民的医疗服务支付能力有关。

7.3　住院服务利用

图 7 - 14 为宁夏回族自治区不同居住地、不同健康状况居民在过去一年中是否使用住院服务的统计。随着健康状况的变差，城镇居民与农村居民对于住院服务的利用率也逐渐上升。在健康状况较差的城乡居民中，过去一年使用住院服务的比例大致在 38% 左右。城乡居民在健康状况良好或一般时选择不使用住院服务的占比更大，均在 90% 左右。此外，在控制健康状况的条件下，我们看到城镇与农村居民对住院服务的使用率基本相似。

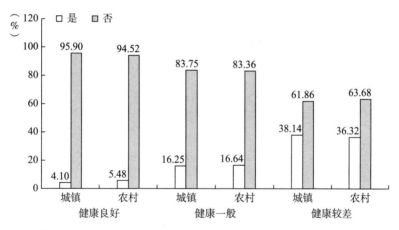

图 7 - 14　不同居住地、不同健康状况的居民过去一年是否住院

图 7 - 15 为不同民族身份、不同健康状况的居民过去一年中是否使用住院服务的统计。随着健康状况的下降，汉族与回族居民在过去一年中选择住院服务的占比逐渐上升。在健康较差的居民中，汉族（35.66%）与回族（39.09%）居民选择住院服务的占比达到最高，但仍有过半数以上未选择住院服务。需要注意的是，即使自评健康良好的居民中，仍有 5% 左右的居民在过去一年使用过住院服务。

图 7 - 16 为不同健康状况、不同居住地的居民过去一年中所花费的住院费用的统计。我们看到，城镇居民在住院服务上所花费的费用比农村居民更多，尤其是在健康状况一般时，城镇居民的年住院平均花费达到 20607.69 元的峰值，与农村居民的 9588.66 元相差甚多。而在健康状况较

差的居民中，在住院费用上仍然存在城乡差距，但是两者的差距相对较小。

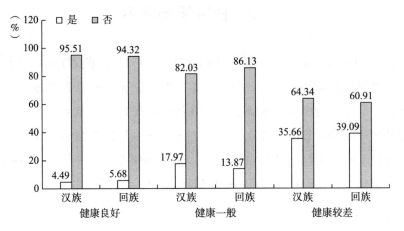

图 7 - 15　不同民族身份、不同健康状况的居民过去一年是否住院

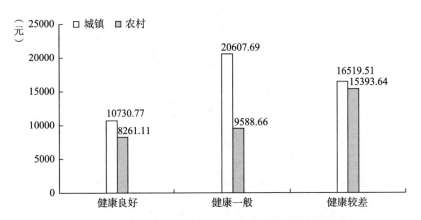

图 7 - 16　不同健康状况、不同居住地的居民年住院费用

图 7 - 17 为不同健康状况、不同民族身份的居民在过去一年中所花费的住院费用的统计。我们看到，随着健康状况的变差，汉族与回族居民在年住院费用上都呈上涨趋势。值得注意的是，在居民的健康状况一般时，汉族居民的平均住院费用达到 15202.83 元，与在健康较差时的平均住院费用 15875.94 元相差不多，而回族居民在健康状况一般时的平均住院费用为 9074.42 元，显著低于同等健康状况的汉族居民。而在健康状况良好或者健康状况较差的居民中，汉族和回族的住院费用差距相对较小。

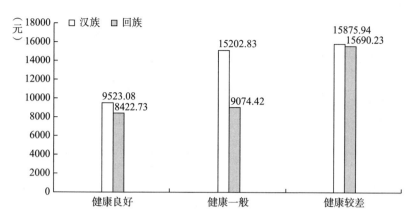

图 7-17　不同健康状况、不同民族身份的居民年住院费用

　　表 7-4 为不同居住地、民族身份、性别、年龄、教育、收入水平的居民与自付住院费用比例的描述统计。从总体上看，居民的平均自付住院费用比例为 50.74%。城镇居民（47.49%）在自付住院费用比例上与农村居民（52.85%）相差不大。在不同民族身份与不同性别的比较上，回族居民自付住院费用的比例高于汉族居民，女性自付住院费用的比例高于男性。不过，我们也看到有 25% 以上的回族居民自付住院费用比例在 80% 以上，25% 的女性群体自付住院费用的比例超过了 70%。在不同的年龄段上，自付住院费用比例呈现随着年龄增长而递减的趋势，符合我国对于低收入、高龄群体的医疗扶助政策。值得注意的是，在不同的教育程度、收入水平的群体中，随着教育程度与收入水平的提高，自付住院费用的比例逐渐降低。

表 7-4　不同社会群体与自付住院费用比例

单位：%

	平均数	25% 分位数	中位数	75% 分位数
居住地				
城镇	47.49	30	41.67	60
农村	52.85	30.77	50	75
民族身份				
汉族	49.55	30	46.67	66.67

续表

	平均数	25%分位数	中位数	75%分位数
民族身份				
回族	53.48	30.38	46.41	80
性别				
男	47.72	26.67	40.42	60
女	54.43	33.33	50	71.43
年龄段				
18～44岁	61.40	37.92	60	100
45～59岁	51.21	30	42.86	73.33
60岁及以上	45.74	27.08	42.86	60
最高学历				
文盲/半文盲	50.74	28.57	40	70.59
小学	56.14	33.33	50	83.33
初中	49.67	30	46.41	69.23
高中或中专	49.92	30	45.45	66.67
大专	46.53	26.79	40.67	63.33
本科及以上	36.81	16.67	24.62	50
家庭人均年收入等级				
低收入	52.08	32	50	70.59
中低收入	53.23	33.33	50	71.43
中等收入	49.09	26.67	43.75	66.67
中高收入	46.97	26.67	40	62.5
总计	50.74	30	46.67	66.67

表7-5为不同社会群体与住院费用是否超出支付能力的描述统计。从总体上看，城镇居民中大概38%的认为过去一年内所花费的住院费用未超过本身的支付能力。农村居民中认为住院费用超过支付能力的仍占39.78%，可看出目前城乡居民之间因经济差距问题在医疗服务支付能力上仍存在差异。在不同民族身份的比较上，回族中有49.38%的居民认为过去一年的住院费用超出本身支付能力，显著高于汉族居民。在不同年龄段的比较上，18～44岁年龄段认为住院费用超过自身支付能力的有32.50%，而45～59岁年龄段认为超过自身支付能力的为44.13%，60岁及以上群体却

与青年群体相似。在教育程度与收入水平方面，随着二者的逐渐提高，认为自付住院费用超过自身支付能力的占比逐渐减小。

表 7-5　不同社会群体居民的住院费用是否超出支付能力

	有		没有		总计	
	n	%	n	%	n	%
居住地						
城镇	49	33.33	98	66.67	147	100
农村	111	39.78	168	60.22	279	100
总计	160	37.56	266	62.44	426	100
Pearson chi2 (1) = 1.7087　Pr = 0.191						
民族身份						
汉族	81	30.57	184	69.43	265	100
回族	79	49.38	81	50.63	160	100
总计	160	37.65	265	62.35	425	100
Pearson chi2 (1) = 15.0355　Pr = 0.000						
性别						
男	78	35.78	140	64.22	218	100
女	82	39.42	126	60.58	208	100
总计	160	37.56	266	62.44	426	100
Pearson chi2 (1) = 0.6024　Pr = 0.438						
年龄段						
18～44 岁	26	32.50	54	67.50	80	100
45～59 岁	79	44.13	100	55.87	179	100
60 岁及以上	53	32.32	111	67.68	164	100
总计	158	37.35	265	62.65	423	100
Pearson chi2 (2) = 6.1000　Pr = 0.047						
最高学历						
文盲/半文盲	45	47.87	49	52.13	94	100
小学	54	50.47	53	49.53	107	100
初中	38	30.16	88	69.84	126	100
高中或中专	17	26.15	48	73.85	65	100

续表

	有		没有		总计	
	n	%	n	%	n	%
最高学历						
大专	4	20	16	80	20	100
本科及以上	2	14.29	12	85.71	14	100
总计	160	37.56	266	62.44	426	100
Pearson chi2（5）= 24.2757 Pr = 0.000						
家庭人均年收入等级						
低收入	77	52.74	69	47.26	146	100
中低收入	45	42.06	62	57.94	107	100
中等收入	23	29.87	54	70.13	77	100
中高收入	14	15.73	75	84.27	89	100
总计	159	37.95	260	62.05	419	100
Pearson chi2（3）= 35.1236 Pr = 0.000						

7.4　本章小结

基于最新的综合社会调查数据，本章主要考察了宁夏地区不同社会群体医疗服务利用的情况，包括健康素养水平、门诊服务利用以及住院服务利用情况。主要结论有以下几个方面。

（1）在居民的健康素养方面，宁夏地区居民的健康素养指数大致为0.45，处于中等水平，这说明居民对于自身健康状况的了解与对医疗服务信息的获取能力正在逐步提升。虽然不同群体的居民健康素养指数都在提高，但是仍存在显著的城乡差异、年龄差异、性别差异、收入差异、教育程度差异与一定程度上的民族差异。城镇的、年轻一代的、受教育程度较高的以及收入水平较高的居民健康素养水平相对较高。

（2）随着健康状况的变差，居民对门诊服务利用的频率也在增加，在门诊服务上的花费也逐渐增多。此外，在控制健康状况的条件下，城镇居民在门诊服务利用的概率上和门诊服务利用质量上都显著高于农村居民。无论居民的健康状况如何，汉族居民和回族居民在门诊服务概率上不存在显著差异。

不过，汉族居民选择专家门诊的比例显著高于回族居民。而在健康状况相对较差的居民中，汉族居民的门诊消费要显著高于回族居民。

（3）从总体上看，城镇居民中的大多数人都认为在过去一年内所花费的门诊费用未超过本身的支付能力，但农村居民中认为门诊费用超过支付能力的仍占 21.52%，超过城镇居民占比近 10%，城乡居民之间在医疗服务支付能力存在一定差异，农村居民承担着更多的医疗负担。回族居民中有 26.12% 的人认为过去一年的门诊费用超出本身支付能力，高于汉族居民的 15.11%。60 岁及以上年龄段认为超过自身支付能力的有 23.55%，高于其他年龄段人群。随着教育程度与收入水平的提高，自付门诊费用超过自身支付能力的占比逐渐减小，中高收入居民群体与高学历群体更容易支付得起门诊费用，而对于低收入与低学历群体仍存在一定程度上的医疗负担。

（4）随着健康状况的变差，居民对于住院服务的利用率也逐渐上升。在健康较差的居民中，35.66% 的汉族与 39.09% 的回族居民选择住院服务，占比达到最高，但仍有过半数以上未选择住院服务。城镇居民在住院服务上所花费的费用比农村居民更多，尤其是在健康状况一般时，城镇居民的年住院平均花费达到 20607.69 元的峰值，与农村居民的 9588.66 元相差甚多。而在健康状况较差的居民中，在住院费用上仍然存在城乡差距，但是两者的差距相对较小了。在居民的健康状况一般时，汉族居民的平均住院费用达到 15202.83 元，与在健康较差时的平均住院费用 15875.94 元相差不多，而回族居民在健康状况一般时的平均住院费用为 9074.42 元，显著低于同等健康状况的汉族居民。而在健康状况良好或者健康状况较差的居民中，汉族和回族的住院费用差距相对较小。

（5）城镇居民（47.49%）在自付住院费用比例上与农村居民（52.85%）相差不大。在不同民族身份与不同性别的比较上，回族居民自付住院费用的比例高于汉族居民，女性自付住院费用的比例高于男性。在不同的年龄段，自付住院费用比例呈现随着年龄增长而递减的趋势。在不同的教育程度、收入水平的群体中，随着教育程度与收入水平的提高，自付住院费用的比例逐渐降低。

（6）从总体上看，城乡居民中大概 38% 的居民都认为在过去一年内所花费的住院费未超过本身的支付能力，城乡之间并无太大差异。回族中有49.38%的居民认为过去一年的住院费用超出本身支付能力，显著高于汉族居民。45～59岁年龄段认为超过自身支付能力的为44.13%，是所有年龄里最高的。随着教育程度与收入水平的逐渐提高，认为自付住院费用超过自身支付能力的比例逐渐减小。

参考文献

安华、李香媛、张恒新、张晓峰：《边疆少数民族地区社会保障问题研究——基于内蒙古四个人口较少民族聚居地的调查》，《保险研究》2012年第8期。

班克伶、李宏键、倪俊学：《少数民族地区门诊流程优化》，《中国实用医药》2007年第31期。

封进、余央央、楼平易：《医疗需求与中国医疗费用增长——基于城乡老年医疗支出差异的视角》，《中国社会科学》2015年第3期。

刘春蕾：《少数民族地区农村基层医疗卫生服务供给状况研究——基于贵州省紫云县宗地乡村卫生室的调查》，《中国初级卫生保健》2016年第7期。

陆一鸣、钱国宏、康玉荣、杨媛媛、鲁培俊：《甘肃省居民慢性病防治健康素养及其影响因素》，《中国慢性病预防与控制》2015年第9期。

聂婷婷、楚婷、林重华、唐萌、梁红：《湘西农村地区苗族留守儿童获取基本医疗服务能力及影响因素分析》，《重庆医学》2016年第10期。

任苒、金凤：《新型农村合作医疗实施后卫生服务可及性和医疗负担的公平性研究》，《中国卫生经济》2007年第1期。

王翌秋、徐登涛：《新型农村合作医疗保险受益公平性研究——基于CHARLS数据的实证分析》，《江苏农业科学》2019年第3期。

魏众、B.古斯塔夫森：《中国居民医疗支出不公平性分析》，《经济研究》2005年第12期。

张庆华、詹怀峰、叶力夏提、王红军、代亚丽、艾孜再姆罕、张静平：《新疆牧区哈萨克族高血压患者疾病相关健康素养现状及其影响因素分析》，《心血管病防治知识》（学术版）2014年第6期。

钟鸣：《甘肃省临夏回族自治州山区少数民族家庭健康调查》，《中国初级卫生保健》2015年第1期。

第8章　普通话使用和社会交往

我国一直大力推广普通话。2000 年 10 月 31 日《中华人民共和国国家通用语言文字法》正式颁布，赋予了普通话作为国家通用语言的法定地位（杨佳，2019）。少数民族地区也在大力推广普通话，国家实施《推普脱贫攻坚行动计划（2018—2020 年）》，着力提高贫困地区青壮年劳动力普通话交流能力，这不仅仅是推广普通话，更是一项重要的脱贫攻坚举措（赵俊超、张云华，2019）。2018 年宁夏回族自治区语委、自治区教育厅、自治区扶贫办联合印发《宁夏回族自治区推广国家通用语言文字助力脱贫攻坚行动计划实施方案》，普通话的普及成为地方扶贫工作的重要目标之一。正如一些研究所指出的那样，推广普通话是民族地区发展的战略举措，是脱贫攻坚的重要手段，而且应将重点放在少数民族地区的少数民族儿童身上（赵俊超、张云华，2019）。此外，一些研究考察了普通话能力在年龄、教育程度、城乡等不同社会群体中的差异以及当前国民普通话能力发展的不平衡性问题（俞玮奇，2018）。也有学者考察了语言能力与社会生活的关系，发现提高个体的语言水平能激发个体参与社会的热情度，促进个体之间的交往互动，增强体现在公共服务与社会捐款上的个体的社会责任感（陆毅等，2018）。

在邻里社会交往方面，以往有研究发现社区的外来户对邻里关系的重视程度呈明显下降的趋势（田友丽，2019），而且邻里交往对于流动人口的幸福感有直接影响（刘晔等，2019）。在朋辈社会交往方面，一些研究认为微信拉近了朋友间的相互联系，但是也产生了很多负面影响（孙依晨，

2018）。也有一些研究认为当今社会的朋友关系主要表现为功利性的朋友关系、为了愉快和高兴而建立的朋友关系、为了共同的善而建立的朋友关系等几种类型（李庆云、胡成广，2012）。至于民族交往方面，一些研究考察了高校民汉混合编班模式在促进民汉大学生之间互帮互学和交往交流交融方面取得的效果，但也发现这种制度仍然暴露出一些问题（苏冰、许可峰，2019）。还有研究发现，随着技术的发展，人类的交往行为和交往方式也发生了深刻的变革（王博文，2018）。虽然有关社会交往的研究并不少见，但是有关少数民族群体社会交往的实证研究相对较少。出于这样的考虑，本章基于最新的抽样调查数据，全面考察了宁夏回族自治区居民的邻里交往、朋辈交往和民族交往情况。

8.1　普通话普及

本节首先考察了宁夏地区居民听普通话的能力情况，然后考察了不同社会群体在不同情境中的普通话使用情况。

表8-1显示，不同居住地、民族身份、教育背景以及收入水平群体在听普通话的能力上存在显著差异。我们看到，居住在城镇的人听普通话能力非常好和好的人占88.50%，居住在农村的人听普通话能力非常好和好的人占72.90%。虽然居住在城镇和农村的人大部分人普通话能力都比较强，但比较来看，城镇居民的听普通话能力大于农村居民。我们也看到，汉族的听普通话能力略高于回族的听普通话能力。汉族中听普通话能力较好的人数占81.78%，高于回族中听普通话能力较好的人数所占比例。学历不同的人群，听普通话能力也有显著的差异。文盲/半文盲学历的人听普通话能力较好的人数比例为50.57%，高中或中专学历的人听普通话能力较好的人数比例为87.79%，本科及以上学历的人听普通话能力较好的人数比例为93.16%。学历越高的人听普通话能力越好。不同年收入的人听普通话能力也存在差异。中高收入的人群听普通话能力为"差"的只有不到1%，但是低收入的人群中有10.01%的人听普通话能力为"差"。

表 8 - 1　不同居住地、民族身份、教育背景、收入的居民听普通话的能力

	非常好		好		一般		差		总计	
	n	%	n	%	n	%	n	%	n	%
居住地										
城镇	443	52.00	311	36.50	85	9.98	13	1.53	852	100
农村	457	27.83	740	45.07	342	20.83	103	6.27	1642	100
Pearson chi2（3）= 166.2808　Pr = 0.000										
民族身份										
汉族	628	40.73	633	41.05	227	14.72	54	3.50	1542	100
回族	261	27.77	417	44.36	200	21.28	62	6.60	940	100
Pearson chi2（3）= 55.4485　Pr = 0.000										
最高学历										
文盲/半文盲	55	15.80	121	34.77	107	30.75	65	18.68	348	100
小学	134	22.98	282	48.37	133	22.81	34	5.83	583	100
初中	276	36.17	363	47.58	112	14.68	12	1.57	763	100
高中或中专	211	49.53	163	38.26	49	11.50	3	0.70	426	100
大专	102	56.04	66	36.26	13	7.14	1	0.55	182	100
本科及以上	122	64.21	55	28.95	12	6.32	1	0.53	190	100
Pearson chi2（15）= 451.5239　Pr = 0.000										
家庭人均年收入等级										
低收入	182	24.63	298	40.32	185	25.03	74	10.01	739	100
中低收入	192	30.77	295	47.28	109	17.47	28	4.49	624	100
中等收入	196	41.79	199	42.43	65	13.86	9	1.92	469	100
中高收入	308	50.57	237	38.92	59	9.69	5	0.82	609	100
Pearson chi2（9）= 198.1416　Pr = 0.000										

图 8 - 1 显示了不同居住地和不同民族身份的居民听普通话的能力的情况。首先我们看出，城镇中汉族听普通话水平较好的比例为 90.67%，城镇中回族听普通话水平较好的比例为 80.22%，同为城镇地区的汉族居民听普通话能力要大于回族。农村中汉族听普通话水平较好的比例为 75.22%，农村中回族听普通话水平较好的比例为 70.12%，可以看出同在农村地区的汉族听普通话能力也要高于回族。

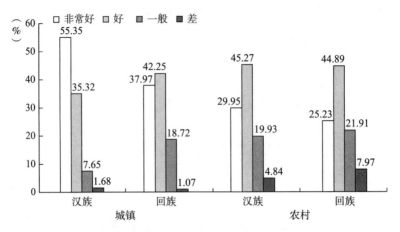

图 8 - 1　不同居住地、不同民族身份的居民听普通话的能力

表 8 - 2 显示不同居住地、民族身份、教育背景和收入社会群体在说普通话的能力上存在显著差异。居住在农村的人说普通话的能力较好的比例为 22.59%，居住在城镇的人说普通话能力较好的比例为 58.68%，居住在农村的人说普通话的能力小于居住在城镇的人。汉族中说普通话能力较好的比例为 38.84%，回族中说普通话能力较好的比例为 27.77%，汉族说普通话的能力大于回族说普通话的能力。学历与说普通话的能力也有关系，文盲/半文盲说普通话能力比较好的比例为 6.32%，但是本科及以上学历的人说普通话能力较好的比例为 80.53%。总之，学历越高、收入越高的人说普通话的能力也越强。

表 8 - 2　不同居住地、民族身份、教育背景、收入的居民说普通话的能力

	非常好		好		一般		差		总计	
	n	%	n	%	n	%	n	%	n	%
居住地										
城镇	242	28.40	258	30.28	238	27.93	114	13.38	852	100
农村	112	6.82	259	15.77	615	37.45	656	39.95	1642	100
Pearson chi2 (3) = 384.1835　Pr = 0.000										
民族身份										
汉族	273	17.70	326	21.14	529	34.31	414	26.85	1542	100

续表

	非常好		好		一般		差		总计	
	n	%	n	%	n	%	n	%	n	%
民族身份										
回族	73	7.77	188	20	323	34.36	356	37.87	940	100
Pearson chi2 (3) = 64.6226　Pr = 0.000										
最高学历										
文盲/半文盲	1	0.29	21	6.03	79	22.70	247	70.98	348	100
小学	29	4.97	75	12.86	215	36.88	264	45.28	583	100
初中	91	11.93	158	20.71	313	41.02	201	26.34	763	100
高中或中专	89	20.89	128	30.05	161	37.79	48	11.27	426	100
大专	59	32.42	67	36.81	50	27.47	6	3.30	182	100
本科及以上	85	44.74	68	35.79	34	17.89	3	1.58	190	100
Pearson chi2 (15) = 800.9822　Pr = 0.000										
家庭人均年收入等级										
低收入	51	6.90	112	15.16	248	33.56	328	44.38	739	100
中低收入	49	7.85	112	17.95	246	39.42	217	34.78	624	100
中等收入	79	16.84	104	22.17	159	33.90	127	27.08	469	100
中高收入	165	27.09	180	29.56	179	29.39	85	13.96	609	100
Pearson chi2 (9) = 270.6746　Pr = 0.000										

图 8-2 显示了不同居住地、不同民族身份的居民说普通话能力。城镇中汉族说普通话能力较好的比例为 61.32%，城镇中回族说普通话能力较好的比例为 47.06%，城镇中汉族的说普通话能力大于回族。但是，生活在农村的汉族和回族说普通话能力基本没有太大差异。在说普通话的能力为"差"的群体中，汉族占 37.27%，回族占 43.16%。这可以看出居住在农村的人说普通话的能力普遍较差。

通过表 8-3 我们看到，不同的居住地居民的语言使用能力存在显著差异。首先只有城镇居民在工作或去政府机关办事时才有超过 50% 的人使用普通话。其次农村居民在与家人交流时有 97.93% 的人使用方言，在与同学聚会及朋友娱乐时有 94.63% 的人使用方言，在工作时或者去政府机关办事时有 82.15% 的人使用方言。可以看出，农村居民大部分都使用方言，城镇

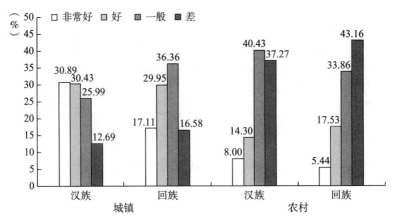

图 8 - 2　不同居住地、不同民族身份的居民说普通话的能力

居民虽然在与家人和朋友交流时有超过一半的人使用方言，但还是显著低于农村居民。

表 8 - 3　不同居住地的居民语言使用情况

	城镇		农村		总计	
	n	%	n	%	n	%
您平时与家人交谈主要使用什么语言？						
普通话	306	36.39	34	2.07	340	13.69
本地方言	535	63.61	1608	97.93	2143	86.31
总计	841	100	1642	100	2483	100
Pearson chi2（1）= 554.1188　Pr = 0.000						
您与同学聚会及朋友娱乐时主要使用什么语言？						
普通话	368	43.71	88	5.37	456	18.38
本地方言	474	56.29	1551	94.63	2025	81.62
总计	842	100	1639	100	2481	100
Pearson chi2（1）= 544.9406　Pr = 0.000						
您在工作时或者去政府机关办事时主要使用什么语言？						
普通话	537	63.55	292	17.85	829	33.41
本地方言	308	36.45	1344	82.15	1652	66.59
总计	845	100	1636	100	2481	100
Pearson chi2（1）= 523.0828　Pr = 0.000						

　　表 8 - 4 显示，不同民族身份居民在语言使用方面存在显著差异。在与家人交谈时，汉族有 80.81% 的人使用本地方言，回族有 95.95% 的人使用本地方言。在与同学聚会及朋友娱乐时，汉族有 76.21% 的人使用本地方言，回族有 91.37% 的人使用方言。在工作或去政府机关办事时，汉族有 61.26% 的人使用本地方言，回族有 76.21% 的人使用本地方言。总体上，无论在什么生活情境下，回族居民使用方言的比例都显著高于汉族居民。

表 8 - 4　不同民族身份的居民语言使用情况

	汉族		回族		总计	
	n	%	n	%	n	%
您平时与家人交谈主要使用什么语言？						
普通话	294	19.19	38	4.05	332	13.44
本地方言	1238	80.81	901	95.95	2139	86.56
总计	1532	100	939	100	2471	100
Pearson chi2（1）= 114.7928　Pr = 0.000						
您与同学聚会及朋友娱乐时主要使用什么语言？						
普通话	364	23.79	81	8.63	445	18.02
本地方言	1166	76.21	858	91.37	2024	81.98
总计	1530	100	939	100	2469	100
Pearson chi2（1）= 90.5675　Pr = 0.000						
您在工作时或者去政府机关办事时主要使用什么语言？						
普通话	595	38.74	222	23.79	817	33.09
本地方言	941	61.26	711	76.21	1652	66.91
总计	1536	100	933	100	2469	100
Pearson chi2（1）= 58.5361　Pr = 0.000						

8.2　邻里交往

　　本节考察了宁夏地区居民与邻居串门频率、一起吃饭频率、一起聊天频率等情况，同时也考察了邻里之间互相帮忙的次数、互赠礼物的次数。考虑到不同居住地、民族身份和教育背景居民在邻里交往上的差异问题，本节对此进行了比较分析。

表 8-5 显示了不同居住地居民在邻里交往方面存在显著差异。首先，我们看到农村居民的邻居互相串门较多的比例为 23.93%、一起吃饭较多的比例为 5.60%、一起聊天较多的比例为 39.34%、互相帮忙较多的比例 36.36%、互赠礼物较多的比例为 8.22%。相应地，居住在城镇的人们邻居互相串门、一起吃饭、一起聊天、互相帮忙以及互赠礼物较多的比例分别为 12.56%、3.52%、32.28%、23.12% 和 6.69%，都显著低于农村居民。其次，我们可以看出无论是哪一种交往形式，无论居住在什么地方，交往次数为"多"的人都为少数，尤其是一起吃饭的次数为多的比例仅为 4.89%。除了聊天和互相帮忙，其他交往形式为"没有"的人数均超过 50%。

表 8-5　不同居住地居民的邻里交往情况

	城镇		农村		总计	
	n	%	n	%	n	%
平时与邻居互相串门情况						
多	107	12.56	393	23.93	500	20.05
一般	148	17.37	352	21.44	500	20.05
少	67	7.86	168	10.23	235	9.42
没有	530	62.21	729	44.40	1259	50.48
总计	852	100	1642	100	2494	100
Pearson chi2 (3) = 79.4145　Pr = 0.000						
平时与邻居一起吃饭的情况						
多	30	3.52	92	5.60	122	4.89
一般	43	5.05	157	9.56	200	8.02
少	40	4.69	107	6.52	147	5.89
没有	739	86.74	1286	78.32	2025	81.19
总计	852	100	1642	100	2494	100
Pearson chi2 (3) = 27.2797　Pr = 0.000						

续表

	城镇		农村		总计	
	n	%	n	%	n	%
平时与邻居一起娱乐的情况						
多	60	7.04	96	5.85	156	6.26
一般	39	4.58	76	4.63	115	4.61
少	24	2.82	69	4.2	93	3.73
没有	729	85.56	1401	85.32	2130	85.4
总计	852	100	1642	100	2494	100

Pearson chi2 （3） = 4.1759　Pr = 0.243

	城镇		农村		总计	
平时与邻居一起聊天的情况						
多	275	32.28	646	39.34	921	36.93
一般	201	23.59	461	28.08	662	26.54
少	81	9.51	150	9.14	231	9.26
没有	295	34.62	385	23.45	680	27.27
总计	852	100	1642	100	2494	100

Pearson chi2 （3） = 37.6182　Pr = 0.000

	城镇		农村		总计	
平时与邻居相互帮忙的情况						
多	197	23.12	597	36.36	794	31.84
一般	262	30.75	599	36.48	861	34.52
少	134	15.73	208	12.67	342	13.71
没有	259	30.4	238	14.49	497	19.93
总计	852	100	1642	100	2494	100

Pearson chi2 （3） = 111.2343　Pr = 0.000

	城镇		农村		总计	
平时与邻居相互赠送礼物的情况						
多	57	6.69	135	8.22	192	7.7
一般	95	11.15	301	18.33	396	15.88
少	112	13.15	179	10.9	291	11.67
没有	588	69.01	1027	62.55	1615	64.76
总计	852	100	1642	100	2494	100

Pearson chi2 （3） = 25.9726　Pr = 0.000

表 8 - 6 显示了不同民族身份的居民在邻里交往方面的情况。从整体上

看，汉族居民邻居互相串门的次数为多的比例为 19.97%、一起吃饭的次数
为多的比例为 5.25%、一起娱乐的次数为多的比例为 8.56%、一起聊天的
次数为多的比例为 38.78%、互相帮忙的次数为多的比例为 31.19%、互赠
礼物的次数为多的比例为 7.91%。与之相应的是，回族的人们邻居互相串
门、一起吃饭、一起娱乐、一起聊天、互相帮忙和互赠礼物较多的比例分
别为 20.11%、4.26%、2.45%、33.72%、32.77%、7.34%。此外，我们
可以看到邻居之间一起聊天和互相帮助的情况较多。汉族居民相比回族居
民，更多地和邻里一起娱乐，但总体上来看，不同的民族身份在邻里交往
方面差别不大。

表 8 - 6　不同民族身份的居民的邻里交往情况

	汉族		回族		总计	
	n	%	n	%	n	%
平时与邻居互相串门情况						
多	308	19.97	189	20.11	497	20.02
一般	308	19.97	191	20.32	499	20.10
少	147	9.53	85	9.04	232	9.35
没有	779	50.52	475	50.53	1254	50.52
总计	1542	100	940	100	2482	100
Pearson chi2（3）= 0.1900　Pr = 0.979						
平时与邻居一起吃饭情况						
多	81	5.25	40	4.26	121	4.88
一般	121	7.85	79	8.40	200	8.06
少	96	6.23	51	5.43	147	5.92
没有	1244	80.67	770	81.91	2014	81.14
总计	1542	100	940	100	2482	100
Pearson chi2（3）= 2.1593　Pr = 0.540						
平时与邻居一起娱乐的情况						
多	132	8.56	23	2.45	155	6.24
一般	87	5.64	28	2.98	115	4.63
少	68	4.41	24	2.55	92	3.71
没有	1255	81.39	865	92.02	2120	85.41

续表

	汉族		回族		总计	
	n	%	n	%	n	%
平时与邻居一起娱乐的情况						
总计	1542	100	940	100	2482	100

Pearson chi2（3）= 57.0534　Pr = 0.000

	汉族		回族		总计	
平时与邻居一起聊天的情况						
多	598	38.78	317	33.72	915	36.87
一般	397	25.75	262	27.87	659	26.55
少	139	9.01	91	9.68	230	9.27
没有	408	26.46	270	28.72	678	27.32
总计	1542	100	940	100	2482	100

Pearson chi2（3）= 6.4225　Pr = 0.093

	汉族		回族		总计	
平时与邻居相互帮忙的情况						
多	481	31.19	308	32.77	789	31.79
一般	524	33.98	334	35.53	858	34.57
少	212	13.75	129	13.72	341	13.74
没有	325	21.08	169	17.98	494	19.90
总计	1542	100	940	100	2482	100

Pearson chi2（3）= 3.6763　Pr = 0.299

	汉族		回族		总计	
平时与邻居相互赠送礼物的情况						
多	122	7.91	69	7.34	191	7.70
一般	222	14.40	174	18.51	396	15.95
少	178	11.54	112	11.91	290	11.68
没有	1020	66.15	585	62.23	1605	64.67
总计	1542	100	940	100	2482	100

Pearson chi2（3）= 7.8944　Pr = 0.048

8.3　朋辈交往

　　本节考察了宁夏地区居民的交友情况，包括朋友的数量以及朋友的社会经济背景。同时，对不同居住地、年龄、性别、教育背景和不同民族身份居民的交友情况进行了比较分析。

表 8－7 显示了不同居住地、民族身份、性别、年龄、教育程度、收入水平居民所拥有的朋友数量。整体上看，宁夏地区居民平均每人拥有 1.67 个关系好的朋友，不过有 1/4 的居民没有任何好朋友，有一半的居民拥有 1 个好朋友，朋友数量超过 2 个的居民也只占 1/4。具体而言，城镇居民拥有朋友的数量要高于农村居民，城镇居民平均每人有 1.86 个朋友，农村居民平均每人有 1.59 个朋友。不同民族身份和性别的居民在朋友数量上无明显差别。在年龄方面，年龄越小的人朋友越多，18～29 岁的人平均每人有 2.58 个朋友，但是 60 岁及以上的人平均每人只有 1.20 个朋友。学历不同，拥有的朋友数量也有显著差异。文盲/半文盲平均每人只拥有 0.99 个朋友，但是本科及以上平均每人拥有 2.72 个朋友。低收入人群平均每人有 1.49 个朋友，中高收入人群平均每人有 1.88 个朋友，收入越高拥有的朋友数量也越多。

表 8－7　不同社会群体居民的朋友数量

单位：个

	平均数	25% 分位数	中位数	75% 分位数
居住地				
城镇	1.86	0	2	3
农村	1.59	0	1	2
民族身份				
汉族	1.67	0	1	3
回族	1.69	0	1	3
性别				
男	1.69	0	1	3
女	1.67	0	2	3
年龄段				
18～29 岁	2.58	1	2	3
30～39 岁	1.90	0	2	3
40～49 岁	1.74	0	2	3
50～59 岁	1.43	0	1	2
60 岁及以上	1.20	0	0	2

续表

	平均数	25%分位数	中位数	75%分位数
最高学历				
文盲/半文盲	0.99	0	0	2
小学	1.30	0	1	2
初中	1.71	0	2	3
高中或中专	2.01	1	2	3
大专	2.27	1	2	3
本科及以上	2.72	1	2	4
家庭人均年收入等级				
低收入	1.49	0	1	2
中低收入	1.63	0	1	2
中等收入	1.74	0	2	3
中高收入	1.88	0	2	3
总计	1.67	0	1	3

图 8-3 显示了不同居住地的居民的不同地方朋友数量。首先，我们可以看出朋友的主要来源是本县区，外地朋友较少。其次，居住在农村的居民平均每人有 0.84 个本地朋友和 0.34 个外地朋友，城镇居民平均每人有 0.63 个本地朋友和 0.62 个外地朋友。可见居住在农村居民有更多的本地朋友，城镇居民有更多的外地朋友。

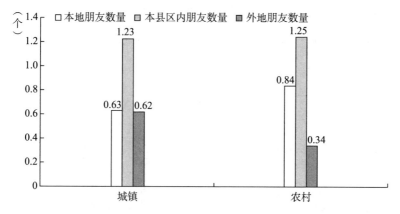

图 8-3　不同居住地的居民的不同地方朋友数量

图 8 - 4 显示了不同民族身份的居民所拥有的不同地方朋友数量。汉族居民平均每人有 0.75 个本地朋友、1.23 个本县区朋友和 0.43 个外地朋友，回族居民平均每人有 0.43 个本地朋友、1.26 个本县区朋友和 0.80 个外地朋友。可以看出，汉族居民和回族居民的本县区朋友数量差别不大，但是回族居民要比汉族居民拥有更多的外地朋友。

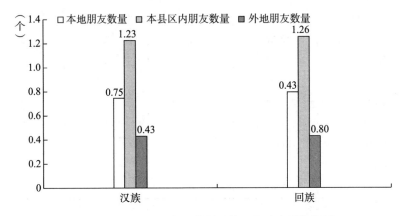

图 8 - 4　不同民族身份的居民的不同地方朋友数量

图 8 - 5 显示了不同教育程度居民所拥有的不同地方朋友数量。我们可以看到，文盲/半文盲拥有最少的本县区的朋友，平均每人有 0.91 个，学历为高中或中专的拥有最多的本县区内的朋友，平均每人有 1.48 个；学历为本科及以上的，平均每人有 1.53 个外地朋友，远高于其他学历的人。从这里可以看出，受过高等教育的可以和外地朋友进行更多的交往。

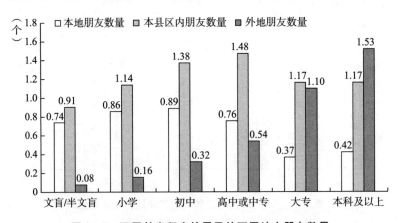

图 8 - 5　不同教育程度的居民的不同地方朋友数量

图 8-6 显示了不同收入群体所拥有的不同地方朋友数量。从整体上看，低收入人群的平均每人拥有 0.72 个本地朋友、1.10 个本县区内朋友和 0.38 个外地朋友数量；中低收入人群平均每人拥有 0.82 个本地朋友、1.27 个本县区朋友、0.37 个外地朋友；中等收入人群平均每人拥有 0.77 个本地朋友、1.31 个本县区朋友、0.43 个外地朋友；中高收入的人群平均每人拥有 0.77 个本地朋友、1.34 个本县区朋友和 0.54 个外地朋友。我们可以看到收入越高，拥有的本县区朋友和外地朋友就会越多。

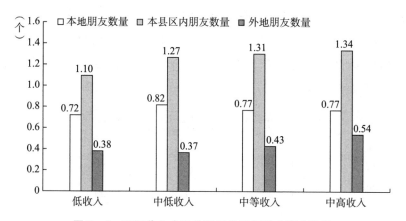

图 8-6 不同收入水平的居民的不同地方朋友数量

进一步，本节考察了居民所拥有的朋友最远来自什么地方，即朋友圈距离。根据图 8-7，我们可以看到有 28.27% 的城镇居民所拥有的朋友全部

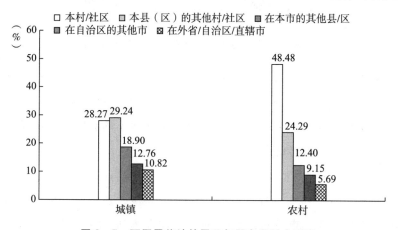

图 8-7 不同居住地的居民与朋友圈最大距离

来自本村/社区，而 48.48% 的农村居民的朋友全部来自本村/社区。其次城镇居民的朋友圈中在市外的朋友比例为 23.58%，农村居民的朋友圈中在市外的朋友比例为 14.84%，城镇居民中有外地朋友的比例明显高于农村居民。

根据图 8-8，我们可以看出，汉族居民中朋友最远距离为本村/社区的比例为 40.82%，最远距离为本市其他县区的比例为 15.82%，最远距离为外省/自治区/直辖市的比例为 8.59%。回族居民中朋友最远距离为本村/社区的比例为 40.74%，最远距离为本市其他县区的比例为 12.87%，最远距离为外省/自治区/直辖市的比例为 6.00%。无论是哪个民族，人们的朋友最远是本村/社区的比例最高，外省/自治区/直辖市的比例最少。回族和汉族之间朋友圈最大距离虽有不同，但并无太大差异，民族身份对朋友圈最大距离没有太大影响。

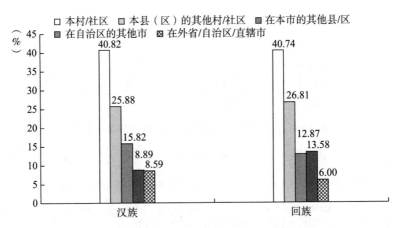

图 8-8 不同民族身份的居民与朋友圈最大距离

根据图 8-9，我们可以看到文盲/半文盲有 70% 以上的朋友圈最远距离是本村/社区的成员，但是本科及以上学历的人朋友圈最大距离为本村/社区的比例不到 20%。可以看出，学历对于结交朋友的影响。学历越高，朋友来自较远地方的机会就会越多。

根据图 8-10，我们可以看到，低收入人群拥有的本村/社区的朋友最多，占将近 50%，拥有的外省/自治区的朋友最少，还不到 10%。中高收入人群的朋友圈最大距离不同，本村/社区的朋友不到 40%，外省/自治区/直辖市的朋友占比相对较高。收入越高，朋友来自较远地方的机会就会越多。

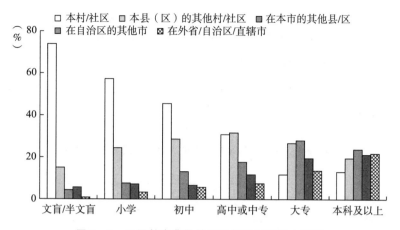

图 8-9　不同教育背景的居民与朋友圈最大距离

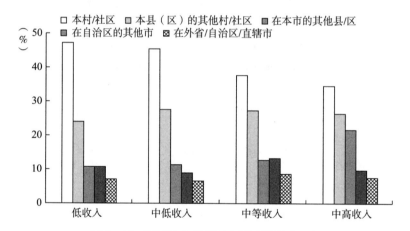

图 8-10　不同收入的居民与朋友圈最大距离

　　我们以朋友的受教育水平为指标衡量了居民朋友的社会经济地位情况。表 8-8 显示了不同居住地、民族身份、教育和收入水平居民的朋友受教育背景。我们看到，城镇居民朋友圈最高教育水平为本科及以上的比例为 23.95%，农村居民朋友圈最高教育水平为本科及以上的比例为 12.2%，比例明显低于城镇居民。有 40% 以上的城镇居民的朋友中受教育程度在大专及以上，而相应地在农村居民的朋友中还不到 20%。农村居民的朋友受教育背景大多在初中及以下。汉族和回族居民的朋友受教育程度也存在显著差异。与汉族居民的朋友相比，回族居民的朋友受教育程度为大专及以上的比例相对较低。此外，我们也看到居民自己的教育背景与朋友的教育背景高度相关。学历越高的人，朋友圈中的最高教育程度越高。自身为本科及以上的人朋友圈最高教育程度为本科及以上的比例为88.82%，但是自身为文盲/半文盲的人朋友圈最高教育水平为本科及以上的比例仅为2.16%。最后，随着收入的增加，朋友圈最高教育水平为文盲/半文盲的人数越来越少，而为大专及以上教育背景的比例越来越多。

表 8 - 8 不同社会群体的居民的朋友圈最高教育水平

单位：%

	文盲/半文盲	小学	初中	高中或中专	大专	本科及以上	总计
居住地							
城镇	2.73	6.27	24.28	26.69	16.08	23.95	100
农村	6.91	17.48	36.69	20.53	6.20	12.2	100
总计	5.29	13.14	31.88	22.91	10.02	16.75	100
Pearson chi2 (5) = 142.2954 Pr = 0.000							
民族身份							
汉族	3.51	10.62	32.94	24.56	11.21	17.15	100
回族	8.63	17.96	30.46	19.37	8.10	15.49	100
总计	5.33	13.24	32.06	22.71	10.10	16.56	100
Pearson chi2 (5) = 41.9740 Pr = 0.000							
最高学历							
文盲/半文盲	36.69	30.94	21.58	6.47	2.16	2.16	100
小学	8.47	40.72	31.6	15.31	1.95	1.95	100
初中	0.79	6.55	61.11	24.01	3.17	4.37	100
高中或中专	1.21	2.73	21.21	46.36	15.45	13.03	100
大专	0	0.65	3.25	19.48	48.05	28.57	100
本科及以上	0	0	0.59	4.12	6.47	88.82	100
总计	5.30	13.15	31.86	22.88	10.04	16.77	100
Pearson chi2 (25) = 1912.5057 Pr = 0.000							
家庭人均年收入等级							
低收入	9.29	22	26.89	19.32	7.58	14.91	100
中低收入	6.60	16.62	37.47	21.11	5.54	12.66	100
中等收入	3.42	8.7	38.51	22.36	12.11	14.91	100

续表

	文盲/ 半文盲	小学	初中	高中或 中专	大专	本科及 以上	总计
家庭人均年收入等级							
中高收入	1.99	6.40	26.71	27.81	15.01	22.08	100
总计	5.31	13.44	31.8	22.84	10.17	16.44	100

Pearson chi2（15）= 130.4846　Pr = 0.000

8.4　民族交往

本节主要考察了回族居民和汉族居民的直接交往情况，包括汉族居民中有回族的朋友数量情况、回族居民中有汉族的朋友数量情况，回族和汉族之间的交往意愿情况。

图 8 - 11 显示了不同居住地、不同民族身份居民中的朋友的民族身份情况。我们看到，居住在城镇的汉族居民平均每人拥有 1.65 个汉族朋友和 0.15 个回族朋友，回族居民平均每人拥有 0.65 个汉族朋友和 1.28 个回族朋友。居住在农村的汉族居民平均每人拥有 1.46 个汉族朋友和 0.10 个回族朋友，回族居民平均每人拥有 0.20 个汉族朋友和 1.42 个回族朋友。虽然从整体上看，居民的朋友大多来自本民族，但是跨民族之间的朋友关系在宁

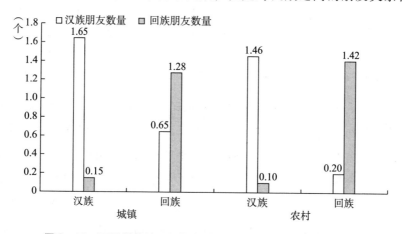

图 8 - 11　不同居住地、不同民族身份的居民朋友的民族身份

夏地区也有一定比例，从一个侧面反映出民族之间的交往、交融情况。此外，我们也看到城镇地区的跨民族关系较农村地区更多。

图 8-12 显示了不同教育背景、不同民族身份的居民的跨民族朋友关系情况。首先，我们可以看到，在不同受教育程度的汉族居民中，其朋友为回族的数量有所差异。在文化水平较低的汉族居民中，其朋友为回族的数量平均不到 0.1，但是在文化水平较高的汉族居民中，其朋友为回族的平均数量已经显著上升到 0.2 以上。其次，我们看到在不同受教育程度的回族居民中，其朋友为汉族的数量存在显著差异。随着回族居民受教育程度的提高，其朋友为汉族居民的数量显著增加。比如，在受教育程度为初中及以下的回族居民中，其汉族朋友的数量平均在 0.23 个以下，但是到了大专及以上，其汉族朋友的数量平均已经达到了 0.87 个以上。也就是说，在受教育程度较高的回族居民中，平均可能有 1 个汉族朋友。

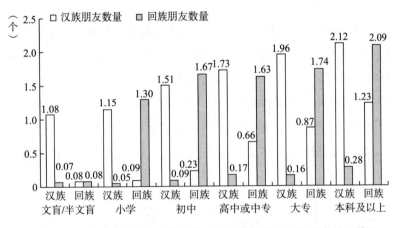

图 8-12　不同教育背景、不同民族身份的居民的跨民族朋友关系情况

图 8-13 显示了不同收入水平、不同民族身份居民的跨民族朋友关系情况。首先我们看到，在不同收入水平的汉族居民中，其回族朋友的数量并不存在明显差异。但是，在不同收入水平的回族居民中，其汉族朋友的数量存在一定差异。随着回族居民收入水平的提升，其有汉族朋友的可能性提高。比如，在低收入的回族居民中，有汉族朋友的数量平均为 0.14 个，但是在较高收入的回族居民中，有汉族朋友的数量平均已经达到 0.61 个。

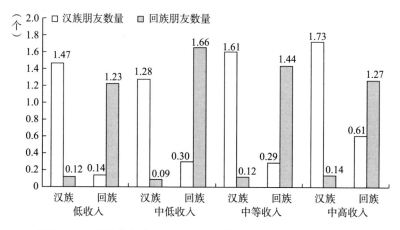

图 8 - 13 不同收入水平、不同民族身份的居民朋友的民族身份

　　进一步，我们考察了不同居住地、民族身份、教育背景、收入水平居民的朋友圈民族构成的情况。根据表 8 - 9，我们可以看到，城镇居民和农村居民在拥有跨民族朋友的比例上存在显著差异，城镇居民有跨民族朋友的比例为 12.10%，显著高于农村居民的 6.34%。此外，我们也看到回族居民有跨民族朋友的比例也显著高于汉族居民，回族居民中有 10.64% 的人有汉族朋友。随着受教育程度的提高，居民同时有汉族和回族朋友的比例逐渐提高。在受教育程度为本科及以上的居民中，同时有汉族和回族朋友的比例达到了 20% 以上。随着收入水平的提高，居民同时有汉族和回族朋友的比例逐渐提高。在中高收入的居民中，同时有汉族和回族朋友的比例达到了 10.36%。

表 8 - 9 不同社会群体的居民朋友圈民族构成

	没有朋友		只有汉族朋友		只有回族朋友		汉族和回族朋友都有		总计	
	n	%	n	%	n	%	n	%	n	%
居住地										
城镇	230	27.03	440	51.70	78	9.17	103	12.10	851	100
农村	658	40.10	521	31.75	358	21.82	104	6.34	1641	100
总计	888	35.63	961	38.56	436	17.5	207	8.31	2492	100

Pearson chi2 (3) = 158.4160　Pr = 0.000

续表

	没有朋友		只有汉族朋友		只有回族朋友		汉族和回族朋友都有		总计	
	n	%	n	%	n	%	n	%	n	%
民族身份										
汉族	516	33.51	903	58.64	17	1.10	104	6.75	1540	100
回族	372	39.57	49	5.21	419	44.57	100	10.64	940	100
总计	888	39.81	952	38.39	436	17.58	204	8.23	2480	100
Pearson chi2（3）= 1078.1131　Pr = 0.000										
最高学历										
文盲\半文盲	209	60.06	65	18.68	66	18.97	8	2.30	348	100
小学	276	47.34	142	24.36	143	24.53	22	3.77	583	100
初中	259	34.03	319	41.92	130	17.08	53	6.96	761	100
高中或中专	96	22.54	227	53.29	54	12.68	49	11.50	426	100
大专	28	15.38	103	56.59	22	12.09	29	15.93	182	100
本科及以上	20	10.53	104	54.74	21	11.05	45	23.68	190	100
总计	888	35.66	960	38.55	436	17.51	206	8.27	2490	100
Pearson chi2（15）= 410.6349　Pr = 0.000										
家庭人均年收入等级										
低收入	330	44.65	201	27.2	167	22.6	41	5.55	739	100
中低收入	245	39.33	189	30.34	136	21.83	53	8.51	623	100
中等收入	147	31.34	210	44.78	69	14.71	43	9.17	469	100
中高收入	156	25.66	333	54.77	56	9.21	63	10.36	608	100
总计	878	36	933	38.25	428	17.55	200	8.20	2439	100
Pearson chi2（9）= 174.4643　Pr = 0.000										

8.5　本章小结

本章基于最新的抽样调查数据，全面考察了宁夏回族自治区地区居民的邻里交往、朋辈交往和民族交往情况，主要结论如下。

（1）不同的居住地、民族身份、教育背景以及收入水平群体在听说普通话的能力和使用上存在显著差异。来自城镇、汉族、受教育水平较高以及收入水平较高的居民在听说普通话上相对较好，在生活和工作中使用普通话的情况也相对较多。

（2）在与邻居的交往方面，农村居民比城镇居民多，汉族居民与回族居民无明显差异。

（3）在朋辈交往方面，居住地、年龄、教育背景和收入水平是重要相关因素。在拥有的朋友数量上，宁夏地区居民的朋友数量平均为 1.67 个。具体而言，城镇居民比农村居民有更多的朋友，外地朋友的数量也相对更多，朋友的教育背景也相对更好。回族居民比汉族居民有更多的朋友。随着教育水平和收入水平的提高，居民拥有朋友的数量也显著增加，同时外地朋友的数量也逐渐增加，朋友的教育背景也相对更好。

（4）在民族交往方面，居民的朋友大多来自本民族，但是跨民族的朋友关系在宁夏地区也有一定比例，从一个侧面反映出民族之间的交往、交融情况。城镇地区的跨民族关系要比农村地区多。随着受教育水平和收入水平的提升，居民有跨民族朋友的比例逐渐提高。在受教育水平较高的回族居民中，平均有 1.23 个汉族朋友。在较高收入的回族居民中，有汉族朋友的数量平均已经达到 0.61 个。

（5）不同居住地、民族身份、教育背景、收入水平的居民的朋友圈民族构成存在差异。在来自城镇、受教育水平以及收入水平相对较高的居民中，同时有汉族和回族朋友的比例相对较高。

参考文献

李庆云、胡成广：《中国社会传统伦理朋友关系的现代解读》，《齐齐哈尔大学学报》（哲学社会科学版）2012 年第 5 期。

刘晔、田嘉玥、刘于琪、李志刚：《城市社区邻里交往对流动人口主观幸福感的影响——基于广州的实证》，《现代城市研究》2019 年第 5 期。

陆毅、谢慧华、罗钦月：《语言能力与社会生活——论普通话熟练程度对个体社会参与度的影响》，《经济资料译丛》2018 年第 2 期。

苏冰、许可峰：《高校民汉混合编班模式对大学生学习的影响——以西藏民族大学区内外混合编班为例》，《西藏教育》2019 年第 6 期。

孙依晨：《微信朋友圈与社会交往影响研究》，《黄冈职业技术学院学报》2018年第5期。

田友丽：《社区邻里关系改善的社会工作研究》，《内蒙古师范大学学报》（哲学社会科学版）2019年第5期。

王博文：《目前微信朋友圈中的社会交往研究——以"师生关系"为例》，《传媒论坛》2018年第21期。

杨佳：《我国国家通用语普及能力建设70年：回顾与展望》，《云南师范大学学报》（哲学社会科学版）2019年第5期。

俞玮奇：《国民普通话能力的基本状况与发展态势》，《语言文字应用》2018年第2期。

赵俊超、张云华：《学前推广普通话是民族地区发展的战略举措》，《开放导报》2019年第4期。

第9章 社会支持

　　社会支持是指在一定社会网络范围内给予某个对象的经济、精神、事务性等帮助的总称。在个体层面，良好的社会支持有益于个体形成健康的身心状态、缓解生活危机并维护日常的生活秩序。在社会层面，社会支持又往往同国家制度、社会政策联系在一起，在正式关系中以社会保险、社会救助等形式体现出来，在构建社会主义和谐社会中发挥着重要力量。

　　在理论取向的社会支持研究方面，有研究者对国内外社会支持理论进行了综述。关于社会支持的研究主要有以下四个方面：（1）关注社会支持网的测量效度，核心问题是如何测量关系与界定关系的类型；（2）视社会支持为整体结构的初步研究，将社会支持简单分类并探析；（3）关注个人社会关系内部数量性质的研究，注重关系强度、空间接近与交往联系、相似性等概念；（4）侧重网络作为整体的特征与社会支持的关系，强调网络规模、中心度、紧密度、互惠等概念（贺寨平，2001）。也有研究分析了国外社会支持理论在我国的应用问题。从我国社会转型、城乡二元结构的背景出发，提出了我国农村社会支持结构呈现正式支持主导的多元系统的理论观点，社会的变迁给予农村社会支持结构从非正式、地方性、一元化到正式化、外部化与多元化的转化（杨生勇，2010）。

　　在经验取向的社会支持网络分析方面，多集中在社会支持与个体身心健康、主观幸福感、控制感等关系问题。有研究发现，社会支持网的完善程度与个体的主观幸福感、生活满意度、积极情感呈显著正相关（宋佳萌、范会勇，2013；闻吾森等，2000）。不过，也有研究对城镇居民和农村居民的社会支持网进行了比较与解释，发现亲属在城乡始终发挥着重要的作用且精神支持作用大于财务支持，在亲属内部不同位置的亲戚也有不同作用。对于农民工而言，在社会支持网上呈现规模小、紧密度高、异质性低的特点（王毅杰、童星，2004；张文宏、阮丹青，1999）。也有研究提出，通过改善社会支持网络的结构来促进流动人口的社会融合，通过强化精神贫困老人的社会支持来实行精神脱贫等（彭小兵、陈玲丽，2019；文雅、朱眉华，2016）。也有学者将社会支持理论视作社会工作研究的新范式，并由此结合我国现状，探讨了该模式的应用前景及可能面临的局限（倪赤丹，2013；张友琴，2002）。这体现了社会支持理论本身的张力和活力，故也有学者将福利多元主义视角同社会支持理论结合，提出了我国留守老人社会支持体系建设的观点：通过政府主导，整合社区、家庭、企业等多方力量来提升老人福利水平（陈芳，2014）。

关于少数民族地区居民社会支持的研究，以往相对较少。比如，有研究关注宁夏地区城镇中不同人群的社会支持及心理状况，发现宁夏居民的社会支持水平低于全国水平（李洁等，2013）。也有研究将关注放在宁夏地区高校学生上，探讨了宁夏大学生攻击行为、心理健康和社会支持的关系问题，认为通过提高社会支持水平可以减少攻击行为的发生（哈丽娜等，2016）。另外，在高校学生自杀意念与社会支持的相关性研究上，也有学者认为完善大学生社会支持系统可以明显减少大学生攻击行为，降低自杀意念（王灵灵等，2014）。

鉴于社会支持在个人生理、心理和精神健康上的重要性，本章从经济方面、日常事务方面以及精神支持方面考察了宁夏地区不同民族居民的社会支持状况。同时，对不同居住地、民族身份、年龄、教育背景和收入水平的居民在社会支持上的状况进行了比较分析。

9.1 经济求助

在本节，我们考察了宁夏地区居民在日常生活中的经济求助情况。首先，我们考察了居民在遇到经济困难或生活中其他问题时，被访者感到得到帮助的可能性。其次，我们考察了居民最近3年是否曾向他人经济求助、经济求助的缘由以及给予该家庭借款的人数。

表 9 - 1 表明，不论居住地、民族身份、年龄、教育背景或家庭收入水平如何，居民都倾向于认为自己得到经济帮助可能性较大（均占 50% 以上）。具体地，有更多城镇居民表示自己有较大可能在面临经济或生活问题时得到帮助，而更多的农村居民认为自己仅有很小的可能性得到此类帮助。此外，我们看到在得到经济帮助可能性上，汉族和回族居民直接不存在显著性差异。此外，不同年龄、受教育程度、家庭收入水平的居民在得到经济帮助可能性上存在显著差异。其中，在不同年龄段中，40~49 岁人群有一半多的人认为自己较大可能得到帮助，而在 18~29 岁人群只有一小半居民如此认为，后者更认为自己在面临特殊情况时得到帮助的可能性一般。在不同教育背景人群中，小学学历人群中较多居民更多地认为自己有较大可能得到帮助，而文盲/半文盲人群中更倾向于认为这种可能性较小。在不同家庭收入水平的群体中，中高收入群体中更倾向于认为自己得到经济帮助可能性较大的占 57.14%，而如此认为的低收入群体仅有 43.57%，且低收入群体认为自己得到帮助可能性较小的占比高达 18.40%。

表 9 - 1　不同社会群体居民感知的经济帮助

	遇到经济困难或生活中其他问题时得到帮助的可能性							
	大		一般		小		总计	
	n	%	n	%	n	%	n	%
居住地								
城镇	450	52.82	303	35.56	99	11.62	852	100
农村	814	49.57	566	34.47	262	15.96	1642	100
总计	1264	30.68	869	34.84	361	14.47	2494	100
Pearson chi2（2）= 8.6439　Pr = 0.013								
民族身份								
汉族	766	49.68	544	35.28	232	15.05	1542	100
回族	489	52.02	322	34.26	129	13.72	940	100
总计	1255	50.65	866	34.89	361	14.54	2482	100
Pearson chi2（2）= 1.5125　Pr = 0.469								

| | 遇到经济困难或生活中其他问题时得到帮助的可能性 | | | | | | | |
| | 大 | | 一般 | | 小 | | 总计 | |
	n	%	n	%	n	%	n	%
年龄段								
18～29岁	137	41.02	160	47.90	37	11.08	334	100
30～39岁	179	49.86	121	33.70	59	16.43	359	100
40～49岁	343	53.18	209	32.40	93	14.42	645	100
50～59岁	329	52.72	200	32.05	95	15.22	624	100
60岁及以上	275	52.18	175	33.21	77	14.61	527	100
总计	1263	50.74	865	34.75	361	14.50	2489	100
Pearson chi2（8）= 31.0219　Pr = 0.000								
受教育程度								
文盲/半文盲	162	46.55	113	32.47	73	20.98	348	100
小学	312	53.52	185	31.73	86	14.75	583	100
初中	391	51.25	246	32.24	126	16.51	763	100
高中/中专	220	51.64	163	38.26	43	10.09	426	100
大专及以上	178	47.85	161	43.28	33	8.87	372	100
总计	1263	50.68	868	34.83	361	14.49	2492	100
Pearson chi2（8）= 41.5906　Pr = 0.000								
家庭收入水平								
低收入	322	43.57	281	38.02	136	18.40	739	100
中低收入	326	52.24	197	31.57	101	16.19	624	100
中等收入	241	51.39	163	34.75	65	13.86	469	100
中高收入	348	57.14	209	34.32	52	8.54	609	100
总计	1237	50.68	850	34.82	354	14.50	2441	100
Pearson chi2（6）= 40.8926　Pr = 0.000								

如表9-2所示，总体上过半的家庭表示自己在最近一年内没有借过钱（均在50%以上）。此外，我们也看到不同居住地、民族身份、年龄、教育背景和收入水平居民在是否借钱上有着明显差别。高达48.54%的农村居民表示自己近一年借过钱，而只有33.69%的城镇居民表示借过。55.32%的回族居民近一年曾向他人借款，而汉族居民只有36.32%的人如此表示。在

不同年龄段中，年轻人和老年人在过去一年借钱的比例相对较低，而中年人借钱的比例相对较高。在不同教育背景中，56.90%的文盲/半文盲学历的居民曾在近一年借过钱，44.04%初中学历居民借过，而只有31.99%大专及以上学历的居民曾借过钱。学历越低倾向于有更多的借钱行为。在不同家庭收入水平中，也类似地呈现收入越低有着更多借钱行为的特点。高达56.70%的低收入家庭在过去一年借过钱，但仅有27.09%的中高收入家庭表示在过去一年借过钱。

表9-2 不同社会群体居民的经济求助行为

| | 过去一年内家庭是否借过钱 | | | | | |
| | 是 | | 否 | | 总计 | |
	n	%	n	%	n	%
居住地						
城镇	287	33.69	565	66.31	852	100
农村	797	48.54	845	51.46	1642	100
总计	1084	43.46	1410	56.54	2494	100
Pearson chi2（1）= 50.3599　Pr = 0.000						
民族身份						
汉族	560	36.32	982	63.68	1542	100
回族	520	55.32	420	44.68	940	100
总计	1080	43.51	1402	56.49	2482	100
Pearson chi2（1）= 85.7969　Pr = 0.000						
年龄段						
18～29岁	127	38.02	207	61.98	334	100
30～39岁	196	54.6	163	45.4	359	100
40～49岁	356	55.19	289	44.81	645	100
50～59岁	272	43.59	352	56.41	624	100
60岁及以上	131	24.86	396	75.14	527	100
总计	1082	43.47	1407	56.53	2489	100
Pearson chi2（4）= 132.4876　Pr = 0.000						
受教育程度						
文盲/半文盲	198	56.90	150	43.10	348	100

续表

	过去一年内家庭是否借过钱					
	是		否		总计	
	n	%	n	%	n	%
受教育程度						
小学	272	46.66	311	53.34	583	100
初中	336	44.04	427	55.96	763	100
高中/中专	158	37.09	268	62.91	426	100
大专及以上	119	31.99	253	68.01	372	100
总计	1083	43.46	1409	56.54	2492	100
Pearson chi2（4）= 55.0506　Pr = 0.000						
家庭收入水平						
低收入	419	56.70	320	43.30	739	100
中低收入	305	48.88	319	51.12	624	100
中等收入	175	37.31	294	62.69	469	100
中高收入	165	27.09	444	72.91	609	100
总计	1064	43.59	1377	56.41	2441	100
Pearson chi2（3）= 133.6511　Pr = 0.000						

那么近一年有过借款行为的家庭往往有着怎样的借款缘由呢？如图9-1显示，看病占比最大（高达37.46%），其次是其他原因，再者为盖房子或买房子，而外出旅游（仅占0.33%）、购买手机等原因占比最小。可见在借钱事由上，按照消费类别来看更多的是生存消费相关的事务，而享受型消费相关的事由最少。居民借钱的主要事由为医疗。

如表9-3所示，在给予家庭经济帮助方面，总体上平均有1个人或家庭会借款给需要经济帮助的家庭。在可以借钱的人员数量上，不同居住地、民族身份、年龄段、教育背景或家庭收入水平的群体存在显著差异。在不同居住地中，城镇居民平均可借款人数（2.04人）比农村（0.86人）多出1个多人，即使两者都至少有1/4的家庭表示没有人可以借款，但在城镇中有1/4家庭至少有3人可借款，但农村1/4的家庭仅有1人可借款。可以说，城镇居民有更多的人借钱。同理，汉族居民较回族居民有更多人可借款。1/4的汉族家庭至少可以向2人发起经济求助，而1/4的回族家庭只有1人。

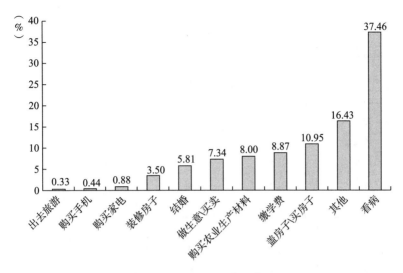

图 9-1 最近一次借钱事由

在不同年龄阶段中，18~29 岁群体可借款的人数最多，该群体 1/4 的居民至少有 3 人可借款。与之相反的是 50~59 岁群体，能给予他们借款的人数最少，该群体 1/4 的居民仅有 2 人可借款。在不同的受教育程度群体中，文盲/半文盲学历群体能借款的社会关系数量最少，而大专及以上群体最多。前者 1/4 的居民表示能借钱的社会关系数量在统计学上不足 1 人，即该群体 3/4 的居民都难以找到可借款的人；后者 1/4 的居民表示至少有 4 个以上的人可借款。类似地，低收入家庭能借款的社会关系数量最少，而中高收入家庭最多。1/4 低收入家庭能至少向 1 个人提出经济求助，1/4 的中高收入家庭却至少可以向 3 个人提出。

表 9-3 不同社会群体的居民可以借款的人数

单位：个

	平均数	25% 分位数	中位数	75% 分位数
居住地				
城镇	2.04	0	1	3
农村	0.86	0	0	1
民族身份				
汉族	1.48	0	1	2

	平均数	25% 分位数	中位数	75% 分位数
民族身份				
回族	0.89	0	0	1
年龄段				
18～29 岁	1.69	0	1	3
30～39 岁	1.28	0	0	2
40～49 岁	1.32	0	1	2
50～59 岁	1.01	0	0	2
60 岁及以上	1.2	0	0	2
受教育程度				
文盲/半文盲	0.46	0	0	0.5
小学	0.67	0	0	1
初中	1.11	0	1	2
高中/中专	1.87	0	1	3
大专及以上	2.53	1	2	4
家庭收入水平				
低收入	0.8	0	0	1
中低收入	0.83	0	0	1
中等收入	1.19	0	1	2
中高收入	2.19	0	2	3
总计	1.23	0	0	2

9.2　事务性求助

　　本节考察了宁夏地区居民在子女入学、看病及找工作等日常生活事务方面的求助情况，此外对不同居住地、民族身份、教育水平和家庭收入水平的居民在是否有过此类事务性求助上的情况进行了比较分析。

　　如表 9 - 4 所示，在不同居住地的群体中有过事务性求助的比例为 5.09% ～11.35% 。不过，城镇居民同农村居民在事务性求助上有显著差异。无论是因子女入学的事务，还是看病、找工作的求助，城镇居民较农村居民都有着更多的求助行为。尤其在找工作方面的求助，9.04% 城镇居民表示曾因找工作找人帮过忙，但农村居民只有 3.05%。

表 9 - 4　不同居住地的居民日常生活事务求助情况

	城镇		农村		总计	
	n	%	n	%	n	%
是否为子女入学找人帮过忙						
是	86	10.09	122	7.43	208	8.34
否	766	89.91	1520	92.57	2286	91.66
总计	852	100	1642	100	2494	100

Pearson chi2（1）= 5.2073　Pr = 0.022

	城镇		农村		总计	
是否为看病找人帮过忙						
是	123	14.44	160	9.74	283	11.35
否	729	85.56	1482	90.26	2211	88.65
总计	852	100	1642	100	2494	100

Pearson chi2（1）= 12.2779　Pr = 0.000

	城镇		农村		总计	
是否为找工作找人帮过忙						
是	77	9.04	50	3.05	127	5.09
否	775	90.96	1592	96.95	2367	94.91
总计	852	100	1642	100	2494	100

Pearson chi2（1）= 41.6795　Pr = 0.000

如表 9 - 5 所示，在不同民族身份的群体中，是否有因为子女入学进行事务性求助的差异不显著（P 值大于 0.05）。在有无看病和找工作方面的求助上，两个民族群体有着较显著的差异。结果显示，汉族家庭在看病上有 12.45% 的家庭表示曾向他人求助过，而如此表示的回族家庭仅有 9.68%。3.83% 的回族家庭表示曾因找工作的事务向他人请求帮忙，5.84% 的汉族家庭因找工作请求他人帮忙。

如表 9 - 6 所示，不同学历的群体在是否有过事务性求助上有着显著差异（P 值均远远小于 0.05）。在是否为子女入学找人帮过忙这一问题上，高中/中专学历人群表示有过的占比相较最高，而表示有过的小学学历人群较之最低。在表示曾经为看病而找人帮过忙的家庭中，占比最高的是大专及以上的人群，而同样也是小学学历人群占比最低。在找工作相关的事务求助方面，仍是表示有过此类求助经历的人数最多的是大专及以上人群（占9.41%），而文盲/半文盲家庭只有2.01%人数。整体上看，与较低受教育程度的居民相比，受教育程度较高的居民在日常生活事务求助的机会相对较多。

表9-5 不同民族身份的居民日常生活事务求助

	汉族		回族		总计	
	n	%	n	%	n	%
是否为子女入学找人帮过忙						
是	139	9.01	69	7.34	208	8.38
否	1403	90.99	871	92.66	2274	91.62
总计	1542	100	940	100	2482	100

Pearson chi2（1）= 2.1310　Pr = 0.144

	汉族		回族		总计	
是否为看病找人帮过忙						
是	192	12.45	91	9.68	283	11.4
否	1350	87.55	849	90.32	2199	88.6
总计	1542	100	940	100	2482	100

Pearson chi2（1）= 4.4373　Pr = 0.035

	汉族		回族		总计	
是否为找工作找人帮过忙						
是	90	5.84	36	3.83	126	5.08
否	1452	94.16	904	96.17	2356	94.92
总计	1542	100	940	100	2482	100

Pearson chi2（1）= 4.8806　Pr = 0.027

如表9-7所示，不同家庭收入水平的群体在是否有过事务性求助上统计并不显著（P值均大于0.05）。具体地，在是否因子女入学找人帮过忙上，低收入群体中9.07%的人表示有过，但与其他收入水平的群体没有明显差距。同样在是否因看病找人帮过忙上，低收入群体中有12.45%的家庭表示有过，而中高收入家庭占12.97%。在找工作事务上也呈现了如此特点。

表 9 - 6　不同受教育程度居民的日常生活事务求助

	文盲/半文盲		小学		初中		高中/中专		大专及以上		总计	
	n	%	n	%	n	%	n	%	n	%	n	%
是否为子女入学找人帮过忙												
是	27	7.76	29	4.97	80	10.48	44	10.33	28	7.53	208	8.35
否	321	92.24	554	95.03	683	89.52	382	89.67	344	92.47	2284	91.65
总计	348	100	583	100	763	100	426	100	372	100	2492	100

Pearson chi2 (4) = 15.8990　Pr = 0.003

	文盲/半文盲		小学		初中		高中/中专		大专及以上		总计	
是否为看病找人帮过忙												
是	38	10.92	50	8.58	80	10.48	56	13.15	59	15.86	283	11.36
否	310	89.08	533	91.42	683	89.52	370	86.85	313	84.14	2209	88.64
总计	348	100	583	100	763	100	426	100	372	100	2492	100

Pearson chi2 (4) = 13.9681　Pr = 0.007

	文盲/半文盲		小学		初中		高中/中专		大专及以上		总计	
是否为找工作找人帮过忙												
是	7	2.01	14	2.40	41	5.37	30	7.04	35	9.41	127	5.1
否	341	97.99	569	97.6	722	94.63	396	92.96	337	90.59	2365	94.9
总计	348	100	583	100	763	100	426	100	372	100	2492	100

Pearson chi2 (4) = 33.3607　Pr = 0.000

表 9 - 7　不同收入水平居民的日常生活事务求助

	低收入		中低收入		中等收入		中高收入		总计	
	n	%	n	%	n	%	n	%	n	%
是否为子女入学找人帮过忙										
是	67	9.07	49	7.85	36	7.68	49	8.05	201	8.23
否	672	90.93	575	92.15	433	92.32	560	91.95	2240	91.77
总计	739	100	624	100	469	100	609	100	2441	100

Pearson chi2 (3) = 1.0195　Pr = 0.797

	低收入		中低收入		中等收入		中高收入		总计	
是否为看病找人帮过忙										
是	92	12.45	64	10.26	41	8.74	79	12.97	276	11.31
否	647	87.55	560	89.74	428	91.26	530	87.03	2165	88.69
总计	739	100	624	100	469	100	609	100	2441	100

Pearson chi2 (3) = 6.4088　Pr = 0.093

续表

	低收入		中低收入		中等收入		中高收入		总计	
	n	%	n	%	n	%	n	%	n	%
是否为找工作找人帮过忙										
是	33	4.47	24	3.85	25	5.33	41	6.73	123	5.04
否	706	95.53	600	96.15	444	94.67	568	93.27	2318	94.96
总计	739	100	624	100	469	100	609	100	2441	100

Pearson chi2 (3) = 6.0962　Pr = 0.107

9.3　精神求助

本节关注了宁夏地区居民的精神支持情况，包括在遇到心事时能否得到别人的安慰以及能讨论重要问题的朋友数量。同时，对不同社会群体的精神支持情况进行了对比分析。

如表9-8所示，无论是哪一类社会群体，整体而言大部分表示在遇到烦恼时得到他人安慰的可能性大，只有小部分人持有该可能性很小的观点。经过卡方检验后，不同居住地、不同年龄、不同受教育程度和不同家庭收入水平的群体在此种可能性或大或小的差异上是显著的。在不同居住地的人群里，城镇居民较农村居民更倾向于表示自己遇到烦恼时得到别人安慰的可能性是大的。相反，农村居民有更多的人认为这种可能性较小。在不同民族身份的人群中，这种差异并不大。回族、汉族群体更倾向于认为自己得到安慰的可能性是较大的，而认为这种可能较小的只是小部分人。在不同年龄段的群体中，青年人（18～29岁）和老年人（60岁及以上）更多地认为自己在遇到烦恼时能得到的安慰可能性很大，而30～39岁群体则认为这种可能性一般甚至较小。在不同受教育程度群体中，文盲/半文盲群体认为自己在遇到烦恼时得到别人安慰的可能性一般或较小，而高中/中专或大专及以上学历的人则认为这种可能性很大，学历越高更能得到安慰的特点。类似地，在不同家庭收入水平的群体中也表现出家庭收入水平越高，认为自己在遭遇烦恼会得到他人安慰可能性越大的特点。低收入家庭认为这种可能性一般或较小。中高收入家庭认为自己能得到精神帮助的可能性最高（为 51.56%）。

表 9 – 8　不同社会群体居民的精神支持情况

	遇到烦恼时得到别人安慰的可能性							
	大		一般		小		总计	
	n	%	n	%	n	%	n	%
居住地								
城镇	404	47.42	305	35.80	143	16.78	852	100
农村	697	42.45	599	36.48	346	21.07	1642	100
总计	1101	44.15	904	36.25	489	19.61	2494	100
Pearson chi2 (2) = 8.4700　Pr = 0.014								
民族身份								
汉族	678	43.97	578	37.48	286	18.55	1542	100
回族	415	44.15	322	34.26	203	21.60	940	100
总计	1093	44.04	900	36.26	489	19.70	2482	100
Pearson chi2 (2) = 4.4375　Pr = 0.109								
年龄段								
18～29 岁	151	45.21	141	42.22	42	12.57	334	100
30～39 岁	138	38.44	129	35.93	92	25.63	359	100
40～49 岁	286	44.34	246	38.14	113	17.52	645	100
50～59 岁	286	45.83	213	34.13	125	20.03	624	100
60 岁及以上	238	45.16	174	33.02	115	21.82	527	100
总计	1099	44.15	903	36.28	487	19.57	2489	100
Pearson chi2 (8) = 27.3754　Pr = 0.001								
受教育程度								
文盲/半文盲	117	33.62	125	35.92	106	30.46	348	100
小学	257	44.08	198	33.96	128	21.96	583	100
初中	346	45.35	279	36.57	138	18.09	763	100
高中/中专	206	48.36	149	34.98	71	16.67	426	100
大专及以上	173	46.51	153	41.13	46	12.37	372	100
总计	1099	44.10	904	36.28	489	19.62	2482	100
Pearson chi2 (8) = 49.9200　Pr = 0.000								

续表

	遇到烦恼时得到别人安慰的可能性							
	大		一般		小		总计	
	n	%	n	%	n	%	n	%
家庭收入水平								
低收入	262	35.45	298	40.32	179	24.22	739	100
中低收入	274	43.91	207	33.17	143	22.92	624	100
中等收入	219	46.70	159	33.90	91	19.40	469	100
中高收入	314	51.56	224	36.78	71	11.66	609	100
总计	1069	43.79	888	36.38	484	19.83	2441	100

Pearson chi2（6）= 57.5129　Pr = 0.000

　　精神求助还表现为被访者对于自己精神支持网络规模的认知，表现为能够谈论心事的朋友数量和能够谈论重要问题的朋友的数量。不同居住地、民族身份、教育背景和家庭收入水平的群体在其精神支持的网络规模上有着怎样的差异呢？图 9-2 所示，在不同居住地的群体中，城镇居民较农村居民，不论是能谈论心事还是能谈重要问题的朋友数量都更多。图 9-3 显示，在不同民族身份的群体中，这种差异并不突出。在能诉说心事的朋友数量上，回族群体略多，而在能谈论重要问题的朋友数量上，汉族群体又相较多一些。

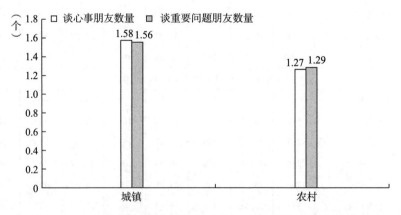

图 9-2　不同居住地的居民能诉说心事、谈论重要问题的朋友数量

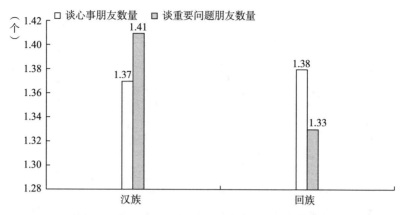

图 9 - 3　不同民族身份的居民能诉说心事、谈论重要问题的朋友数量

如图 9 - 4 所示，在不同教育背景的群体中，呈现教育水平越高其精神支持网络规模越大的特点。文盲/半文盲群体无论是能诉说心事还是能谈论重要问题的朋友数量均为最少，而大专及以上学历的群体在这两方面的朋友数量都是最多。如图 9 - 5 所示，家庭收入水平同能给予精神帮助的朋友数量也呈现一致的特征。低收入水平的群体在诉说心事的朋友数量以及能谈论重要问题朋友的数量上都为最少，而中高收入水平的群体则相应地在精神支持网络规模上表现出最大，其两类朋友数量都最多。

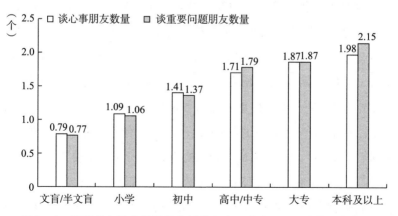

图 9 - 4　不同教育程度的居民能诉说心事、谈论重要问题的朋友数量

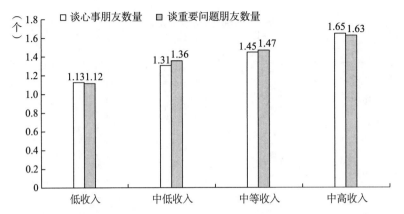

图9-5　不同收入水平的居民能诉说心事、谈论重要问题的朋友数量

9.4　社会关系

以上三部分所展现的是社会支持的经济性支持、事务性支持以及精神性支持三方面的概况，而社会关系又是社会支持另一个重要的维度，其指涉了社会支持网络的规模、质量和亲近性等多种内涵。此处的社会关系侧重在社会支持网络的规模上，即被访者在重要部门（如各级政府工作人员、医生、大学教师等重要职业）的亲友数量。本节将探讨不同居住地、民族身份、教育背景及家庭收入水平的群体在有重要部门工作的亲友数量。

如表9-9所示，宁夏地区居民有亲友所在的重要部门数量平均为1个。具体来看，城镇居民有亲友所在的重要部门数量相对更多，平均有2个。1/4的城镇居民有亲友所在的重要部门数量在3个以上，而1/4的农村居民只有1个。在不同民族身份的群体中，汉族居民有亲友所在的重要部门数量较回族居民略微多一些。1/4的汉族家庭有亲友所在的重要部门数量至少有2个，1/4的回族家庭有亲友所在的重要部门数量至少有1个。

在不同受教育程度的群体当中，学历越高的居民有亲友所在的重要部门数量相对越多。文盲/半文盲群体居民有亲友所在的重要部门数量最少，而大专及以上学历居民的数量最多，且二者差异较大。1/4的文盲/半文盲学历居民有亲友所在的重要部门数量仅仅在0.5个以上，而1/4的大专及以上学历居民有亲友所在的重要部门数量却在 4 个以上。不同收入水平的群体也呈现收入水平越高，其在重要部门工作的亲友数量也越多的特点。低收入水平的家庭有亲友所在的重要部门数量最少，而中高收入水平的家庭此数量最多。1/4 的低收入水平家庭有亲友所在的重要部门数量在 1 个以上，而 1/4 的中高收入家庭有亲友所在的重要部门数量却在 3 个之上。

表 9 - 9　不同社会群体的居民的重要社会关系情况

单位：个

	有亲友所在的重要部门数量			
	平均数	25% 分位数	中位数	75% 分位数
居住地				
城镇	2.04	0	1	3
农村	0.86	0	0	1
民族身份				
汉族	1.48	0	1	2
回族	0.89	0	0	1
受教育程度				
文盲/半文盲	0.46	0	0	0.5
小学	0.67	0	0	1
初中	1.11	0	1	2
高中/中专	1.87	0	1	3
大专及以上	2.53	1	2	4
家庭收入水平				
低收入	0.80	0	0	1
中低收入	0.83	0	0	1
中等收入	1.19	0	1	2
中高收入	2.19	0	2	3
总计	1.23	0	0	2

9.5　本章小结

本章利用 2019 年在宁夏回族自治区收集的调查数据，探讨了该地区的社会支持概况。本章将社会支持分为了经济性支持、事务性支持、精神性支持三类，在此基础上考察了不同社会群体在社会支持上的状况并对此进行了比较分析，主要结论如下。

（1）在经济求助上，总体而言，不论何种群体居民都倾向于认为自己在遭遇困难和问题时得到经济帮助的可能性是较大的，其中这种可能性或大或小在不同居住地、不同年龄、不同受教育程度和不同家庭收入水平群体间差异显著，而在不同民族间无显著差异。城镇居民、40～49岁人群、小学学历人群、中高收入群体更认为自己得到经济帮助可能性较大。

（2）在近一年是否有过经济求助行为上，不论哪一群体都是更多的人表示没有借过钱。是否有过借钱行为在不同居住地、民族身份、年龄段、教育背景和家庭收入水平的群体间都有着显著的差异。农村居民、回族居民、中年人、文盲/半文盲学历、低收入家庭更多地表示自己近一年借过钱，这往往同自身经济条件有限和经济开支大所关联。而借钱缘由多是看病、盖房子/买房子类生活必需的消费，而旅游、购买手机家电等享受资料消费则是最少的。

（3）在事务性求助上，主要涉及子女入学、看病和找工作三类事务。总体上，有过事务性求助的人是少部分人，绝大部分人表示没有因这三类情况找人帮过忙。而在不同居住地的群体当中，城镇居民较农村居民，在子女入学、看病和找工作上都有更多的求助行为。不同民族身份的群体中，子女入学相关的求助二者无显著差异，但在看病和找工作上，汉族家庭则有更高比例的此类求助。不同教育背景的群体在三类事务的求助上存在显著差异。在因子女入学的问题求助的人群中，更多是高中学历的人群。在看病和工作而求助的人群中，更多是大专及以上的人群。在不同收入水平的群体中，在子女入学的问题上无明显差异。在看病和工作的问题上，中高收入人群更多的表示自己有过这样的求助。

（4）在精神支持上，整体而言不论哪一群体都认为自己在遇到烦恼时得到他人安慰可能性是较大的，只有极小部分人才持有可能性很小的消极态度。而这种可能性在不同居住地、年龄、教育背景和家庭收入水平群体的差异上均是显著的，但在不同民族群体间差异不大。城镇居民、青年人和老年人更倾向于认为这种可能性较大。教育水平和家庭收入水平越高，也越倾向于有较大可能性。

（5）有关社会支持网络规模上，不同群体在能诉说心事、能谈论重要问题的朋友数量上也有差别。城镇居民较农村居民有更多的此类朋友，而教育水平和家庭收入水平越高，这两类能诉说形式和谈论重要问题的朋友数量也越多，回族和汉族群体没有明显差异。

（6）在拥有的重要社会关系方面，整体上宁夏地区居民有亲友所在的重要部门数量平均为 1 个左右。城镇居民、汉族居民、高学历人群、中高收入家庭有着更多的重要部门工作的亲友数量。

参考文献

陈芳：《福利多元主义视角下农村留守老人社会支持体系的构建》，《理论导刊》2014 年第 8 期。

哈丽娜、王灵灵、戴秀英、李秋丽、哈力君：《宁夏大学生攻击行为与心理健康及社会支持的相关性》，《中国学校卫生》2016 年第 2 期。

贺寨平：《国外社会支持网研究综述》，《国外社会科学》2001 年第 1 期。

李洁、吕良、张佐、郭忠琴、王凯荣、王德臣、李英华、陶茂萱：《宁夏城市不同人群心理及社会支持现况调查》，《中国公共卫生》2013 年第 3 期。

倪赤丹：《社会支持理论：社会工作研究的新"范式"》，《广东工业大学学报》（社会科学版）2013 年第 3 期。

彭小兵、陈玲丽：《搭建社会支持网络：城市老人集聚区人群的精神贫困干预——以重庆市 F 区"等死街"为案例》，《社会工作与管理》2019 年第 5 期。

宋佳萌、范会勇：《社会支持与主观幸福感关系的元分析》，《心理科学进展》2013 年第 8 期。

王灵灵、戴秀英、李秋丽、余学、许娟、刘苗苗：《宁夏高校学生自杀意念与社会支持、攻击行为相关性分析》，《中国卫生统计》2014 年第 4 期。

王毅杰、童星：《流动农民社会支持网探析》，《社会学研究》2004 年第 2 期。

文雅、朱眉华：《探索"社会支持"为本的社会工作干预——以上海流动人口聚居区社会服务为例》，《华东理工大学学报》（社会科学版）2016 年第 2 期。

闻吾森、王义强、赵国秋、孙建胜：《社会支持、心理控制感和心理健康的关系研究》，《中国心理卫生杂志》2000 年第 4 期。

杨生勇:《农村社会支持结构的转型趋向:正式支持主导的多元系统》,《当代世界与社会主义》2010 年第 2 期。

张文宏、阮丹青:《城乡居民的社会支持网》,《社会学研究》1999 年第 3 期。

张友琴:《社会支持与社会支持网——弱势群体社会支持的工作模式初探》,《厦门大学学报》(哲学社会科学版) 2002 年第 3 期。

第 10 章　社会态度

　　改革开放 40 年以来，特别是党的十九大以来，我国经济水平和社会建设迅速发展。与此同时，人们在社会信任、社会满意度、公平感和对社会冲突的感知方面都发生了显著的变化（杨宜音，2006；王俊秀、杨宜音，2018）。对此，习总书记在党的十九大报告中特别提出，要不断促进社会公平正义，形成有效的社会治理和良好的社会秩序，使人民获得感、幸福感、安全感更加充实、更有保障、更可持续。不同于近年来学界热门的社会心态研究，社会态度一般与社会行为相对应，指的是个体或群体对某一社会现象的心理评价，并暗含着相应的行为倾向（唐魁玉，2000）。社会信任、社会公平感、社会满意度和社会冲突感被认为是社会态度这一概念主要指涉的四个面向。在以往对社会态度的研究中，从理论层面对社会态度的概念和结构等内容的讨论并不多，更多的学者选择关注社会态度的某一特定维度，从实证层面探究不同群体的社会态度特征和社会态度的影响因素。

　　首先，对于不同群体的社会态度特征，有学者（田丰，2009）以人口特征为群体划分标准，聚焦青年群体的社会态度。还有研究从社会身份的视角切入，探讨农民工（李培林、李炜，2007）、中产阶级（李培林、张翼，2008）等群体的社会态度和行为偏好。其次，综观已有的社会态度影响因素研究，可将之归纳为制度因素和非制度因素两大方面。制度因素例如社会权益保障体系（郑功成，2009）、地区经济发展水平（凌巍、刘超，2018）、个体户籍身份和所属的社会阶层（怀默霆，2009；麻宝斌、杜平，2018）。非制度因素包括个体的受教育程度（麻宝斌、杜平，2017）、年龄、收入水平（王俊秀，2013）等。研究结果表明，位于教育程度高低两极的居民生活满意度较高，但高学历居民对社会公平的感知更消极。高收入群体持有更高的社会公平感，但这一效应同样受到地区贫富差异的影响。随着地区贫富差异的不断扩大，对高收入群体而言，收入的提高显著降低了该群体的社会公平感。此外，就户籍因素而言，城镇居民比农村居民对环境公平的感知更强烈，但居民户籍对其他维度社会态度的效应还需要进一步研究。

相比而言，无论是从文献数量还是研究的体系化程度来看，聚焦于少数民族地区社会态度的研究近年来才刚刚起步。以往研究多关注少数民族地区不同特征群体的社会认同，而对包括社会公平感、满意度、冲突感和社会信任的社会态度的观察较少。有学者（苏丽锋，2016）基于全国范围内的抽样调查数据，对少数民族地区的社会态度做了一个概要式的描述，从对自身经济地位、未来生活、地域融合、城乡交往、对政府工作效率和社会重大问题的态度五个方面对少数民族的社会态度进行了初步探索。结果表明，少数民族的社会态度总体上比汉族更加积极。此外，还有研究（董泽松、张大均，2013）比较了少数民族和汉族的留守儿童在生活满意度上的差异。研究认为，由于家庭支持和亲子互动差异，少数民族留守儿童的心理弹性评分显著低于汉族儿童。除此之外，并无更多严谨的重要文献深描少数民族地区居民的社会态度，该领域有待学界的进一步探索。

总而言之，既有的社会态度研究多立足于以生命历程、社会阶层等为标识的身份群体或探索影响社会态度的制度或非制度因素。遗憾的是，社会态度作为一个沟通个体心理与社会环境的动态概念，却鲜有学者基于地域和文化的差异考量其特征与变迁。由此，本章将利用2019年在宁夏回族自治区进行的随机抽样调查数据，分析宁夏地区居民的社会态度特征及其群体差异。

10.1 社会信任

目前学界一般从"普遍信任"和"特殊信任"两种视角来定义社会信任，普遍信任指对"那些我们并不认识的人或可能与我们不同的人"的信任情况，而特殊信任可被看作对熟人（如家庭成员、朋友等）的忠诚度，换言之，个体对不同社会群体的信任度综合构成了对整个社会的信任情况。本节考察了宁夏地区居民对不同社会群体的信任状况。

如表 10 - 1 所示，宁夏地区居民的社会信任程度较高。对于每一类社会群体，回答"可信"的人数占总人数的 70% ~ 80%。在各类社会群体中，警察和医生受信任的比例最高，分别为 82.44% 和 82.04%，其次是村（居）委会的干部，有 78.99% 的受访者表示信任。对省政府工作人员的信任相对较低，有 72.13% 的受访者表示信任。卡方检验的结果显示，居住地和社会信任之间显著相关。农村居民的社会信任程度高于城镇居民。对每一社会群体，农村居民认为"可信"的比例都要高于城镇居民的相应比例。比如，对于村（居）委会干部，城镇居民表达可信的为 77%，而农村居民表达信任的比例为 80.02%，后者比前者多了 10.02%。对于医生，城镇居民表达可信的比例 74.30%，农村居民大约为 86.05%。同样，在其他社会群体上，城镇居民表达可信的比例也比农村居民低。

表 10 - 1　不同居住地的居民对社会群体的信任情况

	城镇		农村		总计	
	n	%	n	%	n	%
居委会或村委会干部是否可信						
不可信	16	1.88	60	3.65	76	3.05
一般	180	21.13	268	16.32	448	17.96
可信	656	77.00	1314	80.02	1970	78.99
总计	852	100	1642	100	2494	100
Pearson chi2（2）= 13.6690　Pr = 0.001						
医生是否可信						
不可信	34	3.99	53	3.23	87	3.49
一般	185	21.71	176	10.72	361	14.47
可信	633	74.30	1413	86.05	2046	82.04
总计	852	100	1642	100	2494	100
Pearson chi2（2）= 57.2369　Pr = 0.000						

	城镇		农村		总计	
	n	%	n	%	n	%
警察是否可信						
不可信	25	2.93	29	1.77	54	2.17
一般	164	19.25	220	13.40	384	15.40
可信	663	77.82	1393	84.84	2056	82.44
总计	852	100	1642	100	2494	100
Pearson chi2（2）=19.3572　Pr=0.000						
法官是否可信						
不可信	27	3.17	36	2.19	63	2.53
一般	256	30.05	342	20.83	598	23.98
可信	569	66.78	1264	76.98	1833	73.50
总计	852	100	1642	100	2494	100
Pearson chi2（2）=29.9325　Pr=0.000						
乡政府工作的人是否可信						
不可信	33	3.87	44	2.68	77	3.09
一般	284	33.33	294	17.90	578	23.18
可信	535	62.79	1304	79.42	1839	73.74
总计	852	100	1642	100	2494	100
Pearson chi2（2）=81.2198　Pr=0.000						
县政府工作的人是否可信						
不可信	25	2.93	44	2.68	69	2.77
一般	268	31.46	331	20.16	599	24.02
可信	559	65.61	1267	77.16	1826	73.22
总计	852	100	1642	100	2494	100
Pearson chi2（2）=40.1619　Pr=0.000						
省政府工作的人是否可信						
不可信	21	2.46	19	1.16	40	1.60
一般	269	31.57	386	23.51	655	26.26
可信	562	65.96	1237	75.33	1799	72.13
总计	852	100	1642	100	2494	100
Pearson chi2（2）=26.7037　Pr=0.000						

续表

	城镇		农村		总计	
	n	%	n	%	n	%
中央工作的人是否可信						
不可信	17	2	13	0.79	30	1.20
一般	217	25.47	311	18.94	528	21.17
可信	618	72.54	1318	80.27	1936	77.63
总计	852	100	1642	100	2494	100

Pearson chi2（2）= 22.3715　Pr = 0.000

　　如表 10 - 2 所示，在对社会群体的社会信任上，汉族和回族居民存在一定的差异。整体来看，回族居民的社会信任度比汉族居民更高，除了村（居）委会干部外，回族受访者在各项问题上回答"可信"的人数比例都要高于汉族的相应比例。例如有大约 78% 的回族居民认为乡政府的工作人员可信，而这一比例在汉族居民中约为 71%，两者相差近 7%。卡方检验的结果表明，回族和汉族居民对法官、政府工作人员（乡政府、县政府、省政府和在中央工作的政府工作人员）的信任度有显著差异。在村（居）委会干部、医生、警察的信任程度上的差异不具有统计意义，也就是说，回、汉居民对这部分群体的信任程度基本可以被认为是相似的。

表 10 - 2　不同民族身份的居民对社会群体的信任情况

	汉族		回族		总计	
	n	%	n	%	n	%
居委会或村委会干部是否可信						
不可信	40	2.59	36	3.83	76	3.06
一般	282	18.29	164	17.45	446	17.97
可信	1220	79.12	740	78.72	1960	78.97
总计	1542	100	940	100	2482	100

Pearson chi2（2）= 3.1539　Pr = 0.207

医生是否可信						
不可信	53	3.44	34	3.62	87	3.51
一般	240	15.56	118	12.55	358	14.42

续表

	汉族		回族		总计	
	n	%	n	%	n	%
医生是否可信						
可信	1249	81	788	83.83	2037	82.07
总计	1542	100	940	100	2482	100

Pearson chi2（2）= 4.2950　Pr = 0.117

	汉族		回族		总计	
警察是否可信						
不可信	38	2.46	16	1.70	54	2.18
一般	243	15.76	139	14.79	382	15.39
可信	1261	81.78	785	83.51	2046	82.43
总计	1542	100	940	100	2482	100

Pearson chi2（2）= 2.1305　Pr = 0.345

	汉族		回族		总计	
法官是否可信						
不可信	44	2.85	19	2.02	63	2.54
一般	398	25.81	194	20.64	592	23.85
可信	1100	71.34	727	77.34	1827	73.61
总计	1542	100	940	100	2482	100

Pearson chi2（2）= 11.0040　Pr = 0.004

	汉族		回族		总计	
乡政府工作的人是否可信						
不可信	50	3.24	27	2.87	77	3.10
一般	398	25.81	176	18.72	574	23.13
可信	1094	70.95	737	78.4	1831	73.77
总计	1542	100	940	100	2482	100

Pearson chi2（2）= 17.3444　Pr = 0.000

	汉族		回族		总计	
县政府工作的人是否可信						
不可信	43	2.79	26	2.77	69	2.78
一般	406	26.33	189	20.11	595	23.97
可信	1093	70.88	725	77.13	1818	73.25
总计	1542	100	940	100	2482	100

Pearson chi2（2）= 12.5454　Pr = 0.002

	汉族		回族		总计	
省政府工作的人是否可信						
不可信	26	1.69	14	1.49	40	1.61

续表

	汉族		回族		总计	
	n	%	n	%	n	%
省政府工作的人是否可信						
一般	445	28. 86	207	22. 02	652	26. 27
可信	1071	69. 46	719	76. 49	1790	72. 12
总计	1542	100	940	100	2482	100

Pearson chi2（2）= 14. 5399　Pr = 0. 001

	汉族		回族		总计	
中央工作的人是否可信						
不可信	22	1. 43	8	0. 85	30	1. 21
一般	355	23. 02	170	18. 09	525	21. 15
可信	1165	75. 55	762	81. 06	1927	77. 64
总计	1542	100	940	100	2482	100

Pearson chi2（2）= 10. 6162　Pr = 0. 005

表 10 - 3 显示了不同教育背景的居民对各类社会群体的信任情况。总体而言，不同学历的受访者在对医生、乡县政府工作人员的信任度上有差异，而在对其他社会群体的信任度上没有表现出明显不同。相比于高学历的居民，学历相对较低（文盲/半文盲、小学、初中）的居民对医生、乡县政府工作人员的信任度更高。例如，认为医生可信的文盲/半文盲受访者有 84. 20%，而在学历为大专的受访者中，认为医生可信的占 76. 37%，比前者低了约 8%。

表 10 - 3　不同教育背景的居民对社会群体的信任情况

	文盲/半文盲		小学		初中		高中/中专		大专		本科及以上	
	n	%	n	%	n	%	n	%	n	%	n	%
居委会或村委会干部是否可信												
不可信	17	4. 89	20	3. 43	24	3. 15	5	1. 17	5	2. 75	5	2. 63
一般	54	15. 52	87	14. 92	145	19	82	19. 25	44	24. 18	36	18. 95
可信	277	79. 60	476	81. 65	594	77. 85	339	79. 58	133	73. 08	149	78. 42
总计	348	100	583	100	763	100	426	100	182	100	190	100

Pearson chi2（10）= 19. 7349　Pr = 0. 032

续表

	文盲/半文盲		小学		初中		高中/中专		大专		本科及以上	
	n	%	n	%	n	%	n	%	n	%	n	%
医生是否可信												
不可信	14	4.02	21	3.60	29	3.80	13	3.05	3	1.65	7	3.68
一般	41	11.78	58	9.95	99	12.98	86	20.19	40	21.98	37	19.47
可信	293	84.20	504	86.45	635	83.22	327	76.76	139	76.37	146	76.84
总计	348	100	583	100	763	100	426	100	182	100	190	100
Pearson chi2（10）=38.1539 Pr=0.000												
警察是否可信												
不可信	7	2.01	12	2.06	17	2.23	9	2.11	5	2.75	4	2.11
一般	54	15.52	74	12.69	128	16.78	80	18.78	27	14.84	20	10.53
可信	287	82.47	497	85.25	618	81	337	79.11	150	82.42	166	87.37
总计	348	100	583	100	763	100	426	100	182	100	190	100
Pearson chi2（10）=12.1200 Pr=0.277												
法官是否可信												
不可信	9	2.59	13	2.23	21	2.75	10	2.35	3	1.65	7	3.68
一般	91	26.15	134	22.98	185	24.25	108	25.35	47	25.82	32	16.84
可信	248	71.26	436	74.79	557	73	308	72.30	132	72.53	151	79.47
总计	348	100	583	100	763	100	426	100	182	100	190	100
Pearson chi2（10）=8.9815 Pr=0.534												
乡政府工作的人是否可信												
不可信	9	2.59	18	3.09	27	3.54	14	3.29	4	2.20	5	2.63
一般	56	16.09	110	18.87	174	22.80	115	27	63	34.62	60	31.58
可信	283	81.32	455	78.04	562	73.66	297	69.72	115	63.19	125	65.79
总计	348	100	583	100	763	100	426	100	182	100	190	100
Pearson chi2（10）=41.8985 Pr=0.000												
县政府工作的人是否可信												
不可信	10	2.87	19	3.26	20	2.62	11	2.58	3	1.65	6	3.16
一般	78	22.41	104	17.84	185	24.25	115	27	63	34.62	53	27.89
可信	260	74.71	460	78.90	558	73.13	300	70.42	116	63.74	131	68.95
总计	348	100	583	100	763	100	426	100	182	100	190	100
Pearson chi2（10）=28.3504 Pr=0.002												

续表

	文盲/半文盲		小学		初中		高中/中专		大专		本科及以上	
	n	%	n	%	n	%	n	%	n	%	n	%
省政府工作的人是否可信												
不可信	4	1.15	13	2.23	12	1.57	6	1.41	2	1.10	3	1.58
一般	89	25.57	122	20.93	210	27.52	124	29.11	60	32.97	49	25.79
可信	255	73.28	448	76.84	541	70.9	296	69.48	120	65.93	138	72.63
总计	348	100	583	100	763	100	426	100	182	100	190	100

Pearson chi2 (10) = 16.9707　Pr = 0.075

	文盲/半文盲		小学		初中		高中/中专		大专		本科及以上	
中央工作的人是否可信												
不可信	2	0.57	7	1.20	11	1.44	5	1.17	3	1.65	2	1.05
一般	74	21.26	104	17.84	156	20.45	106	24.88	46	25.27	41	21.58
可信	272	78.16	472	80.96	596	78.11	315	73.94	133	73.08	147	77.37
总计	348	100	583	100	763	100	426	100	182	100	190	100

Pearson chi2 (10) = 11.4332　Pr = 0.325

表 10 - 4 显示了不同收入水平受访者的社会信任情况。卡方检验的结果显示，对于村（居）委会干部、医生、乡政府和县政府干部群体而言，收入水平和居民的社会信任之间显著相关，不同收入水平的居民对上述群体的信任程度不同。例如，在对医生群体的社会信任方面，低收入和中低收入群体认为医生可信的比例分别为 83.36% 和 86.06%，而这一比例在中等收入和中高收入的被访者中分别为 78.68% 和 79.47%。但对于其他群体而言，不同收入水平的居民的社会信任程度不具有统计学上的显著差异。

表 10 - 4　不同收入水平的居民对社会群体的信任情况

	低收入		中低收入		中等收入		中高收入		总计	
	n	%	n	%	n	%	n	%	n	%
居委会或村委会干部是否可信										
不可信	30	4.06	23	3.69	7	1.49	13	2.13	73	2.99
一般	145	19.62	97	15.54	85	18.12	106	17.41	433	17.74
可信	564	76.32	504	80.77	377	80.38	490	80.46	1935	79.27

	低收入		中低收入		中等收入		中高收入		总计	
	n	%	n	%	n	%	n	%	n	%
居委会或村委会干部是否可信										
总计	739	100	624	100	469	100	609	100	2441	100

Pearson chi2（6）= 13.2610　Pr = 0.039

	低收入		中低收入		中等收入		中高收入		总计	
医生是否可信										
不可信	24	3.25	19	3.04	23	4.90	19	3.12	85	3.48
一般	99	13.40	68	10.90	77	16.42	106	17.41	350	14.34
可信	616	83.36	537	86.06	369	78.68	484	79.47	2006	82.18
总计	739	100	624	100	469	100	609	100	2441	100

Pearson chi2（6）= 16.9407　Pr = 0.010

	低收入		中低收入		中等收入		中高收入		总计	
警察是否可信										
不可信	16	2.17	13	2.08	12	2.56	12	1.97	53	2.17
一般	113	15.29	88	14.10	79	16.84	91	14.94	371	15.20
可信	610	82.54	523	83.81	378	80.60	506	83.09	2017	82.63
总计	739	100	624	100	469	100	609	100	2441	100

Pearson chi2（6）= 2.1755　Pr = 0.903

	低收入		中低收入		中等收入		中高收入		总计	
法官是否可信										
不可信	16	2.17	21	3.37	11	2.35	14	2.30	62	2.54
一般	161	21.79	143	22.92	132	28.14	142	23.32	578	23.68
可信	562	76.05	460	73.72	326	69.51	453	74.38	1801	73.78
总计	739	100	624	100	469	100	609	100	2441	100

Pearson chi2（6）= 9.2527　Pr = 0.160

	低收入		中低收入		中等收入		中高收入		总计	
乡政府工作的人是否可信										
不可信	16	2.17	24	3.85	17	3.62	20	3.28	77	3.15
一般	153	20.70	108	17.31	116	24.73	181	29.72	558	22.86
可信	570	77.13	492	78.85	336	71.64	408	67	1806	73.99
总计	739	100	624	100	469	100	609	100	2441	100

Pearson chi2（6）= 34.1312　Pr = 0.000

	低收入		中低收入		中等收入		中高收入		总计	
县政府工作的人是否可信										
不可信	19	2.57	21	3.37	13	2.77	16	2.63	69	2.83
一般	165	22.33	117	18.75	119	25.37	178	29.23	579	23.72

续表

	低收入		中低收入		中等收入		中高收入		总计	
	n	%	n	%	n	%	n	%	n	%
县政府工作的人是否可信										
可信	555	75.10	486	77.88	337	71.86	415	68.14	1793	73.45
总计	739	100	624	100	469	100	609	100	2441	100
Pearson chi2（6）= 20.7759　Pr = 0.002										
在省政府工作的人是否可信										
不可信	15	2.03	10	1.60	6	1.28	8	1.31	39	1.60
一般	188	25.44	139	22.28	134	28.57	175	28.74	636	26.05
可信	536	72.53	475	76.12	329	70.15	426	69.95	1766	72.35
总计	739	100	624	100	469	100	609	100	2441	100
Pearson chi2（6）= 9.8453　Pr = 0.131										
在中央工作的人是否可信										
不可信	10	1.35	9	1.44	5	1.07	5	0.82	29	1.19
一般	149	20.16	111	17.79	114	24.31	140	22.99	514	21.06
可信	580	78.48	504	80.77	350	74.63	464	76.19	1898	77.76
总计	739	100	624	100	469	100	609	100	2441	100
Pearson chi2（6）= 9.6985　Pr = 0.138										

表 10-5 显示了不同年龄段的受访者的社会信任情况。中老年群体（50岁及以上）对医生和各级政府干部的信任程度普遍高于年轻群体，例如在"觉得县政府工作的人是否可信"一项中，60 岁及以上的受访者认为"可信"的占 76.47%，在 30~39 岁受访者中的相应比例只有 65.74%。"觉得法官是否可信"一项的情况却刚好相反：18~29 岁的年轻人中有 82.04% 的人认为法官可信，但在 60 岁及以上的受访者中，认为法官可信的比例只有68.12%。但在对警察这一群体的信任程度上，不同年龄段受访者的信任程度差异并不显著。

综上，宁夏地区居民的社会信任度整体较高，受信任度排名前两位的分别是警察和医生，对省政府工作人员的信任度相对较低。此外，在社会信任度的影响因素方面，城乡居民的社会信任度有显著差异，农村居民的社会信任度要高于城镇居民；但其他方面的影响因素，包括收入水平、受教育程度、民族身份和年龄，只影响了居民对一部分群体的信任度。

表 10 – 5　不同年龄的居民对社会群体的信任情况

	18～29岁		30～39岁		40～49岁		50～59岁		60岁及以上		总计	
	n	%	n	%	n	%	n	%	n	%	n	%
居委会或村委会干部是否可信												
不可信	11	3.29	18	5.01	21	3.26	17	2.72	9	1.71	76	3.05
一般	83	24.85	78	21.73	116	17.98	91	14.58	79	14.99	447	17.96
可信	240	71.86	263	73.26	508	78.76	516	82.69	439	83.30	1966	78.99
总计	334	100	359	100	645	100	624	100	527	100	2489	100
Pearson chi2（8）= 32.2029　Pr = 0.000												
医生是否可信												
不可信	8	2.40	17	4.74	29	4.50	18	2.88	15	2.85	87	3.50
一般	58	17.37	69	19.22	99	15.35	64	10.26	70	13.28	360	14.46
可信	268	80.24	273	76.04	517	80.16	542	86.86	442	83.87	2042	82.04
总计	334	100	359	100	645	100	624	100	527	100	2489	100
Pearson chi2（8）= 25.9046　Pr = 0.001												
警察是否可信												
不可信	5	1.50	8	2.23	16	2.48	13	2.08	12	2.28	54	2.17
一般	42	12.57	61	16.99	102	15.81	86	13.78	92	17.46	383	15.39
可信	287	85.93	290	80.78	527	81.71	525	84.13	423	80.27	2052	82.44
总计	334	100	359	100	645	100	624	100	527	100	2489	100
Pearson chi2（8）= 7.1201　Pr = 0.524												
法官是否可信												
不可信	7	2.10	8	2.23	16	2.48	16	2.56	16	3.04	63	2.53
一般	53	15.87	91	25.35	163	25.27	137	21.96	152	28.84	596	23.95
可信	274	82.04	260	72.42	466	72.25	471	75.48	359	68.12	1830	73.52
总计	334	100	359	100	645	100	624	100	527	100	2489	100
Pearson chi2（8）= 23.0092　Pr = 0.003												
乡政府工作的人是否可信												
不可信	10	2.99	19	5.29	24	3.72	13	2.08	11	2.09	77	3.09
一般	83	24.85	111	30.92	156	24.19	118	18.91	109	20.68	577	23.18
可信	241	72.16	229	63.79	465	72.09	493	79.01	407	77.23	1835	73.72

续表

	18 ~ 29 岁		30 ~ 39 岁		40 ~ 49 岁		50 ~ 59 岁		60 岁及以上		总计	
	n	%	n	%	n	%	n	%	n	%	n	%
乡政府工作的人是否可信												
总计	334	100	359	100	645	100	624	100	527	100	2489	100

Pearson chi2（8）= 34.9009　Pr = 0.000

县政府工作的人是否可信												
不可信	9	2.69	18	5.01	23	3.57	10	1.60	9	1.71	69	2.77
一般	82	24.55	105	29.25	162	25.12	132	21.15	115	21.82	596	23.95
可信	243	72.75	236	65.74	460	71.32	482	77.24	403	76.47	1824	73.28
总计	334	100	359	100	645	100	624	100	527	100	2489	100

Pearson chi2（8）= 26.0808　Pr = 0.001

省政府工作的人是否可信												
不可信	4	1.20	10	2.79	16	2.48	6	0.96	4	0.76	40	1.61
一般	83	24.85	113	31.48	183	28.37	147	23.56	127	24.10	653	26.24
可信	247	73.95	236	65.74	446	69.15	471	75.48	396	75.14	1796	72.16
总计	334	100	359	100	645	100	624	100	527	100	2489	100

Pearson chi2（8）= 22.8525　Pr = 0.004

中央工作的人是否可信												
不可信	4	1.20	5	1.39	14	2.17	4	0.64	3	0.57	30	1.21
一般	67	20.06	97	27.02	147	22.79	112	17.95	102	19.35	525	21.09
可信	263	78.74	257	71.59	484	75.04	508	81.41	422	80.08	1934	77.70
总计	334	100	359	100	645	100	624	100	527	100	2489	100

Pearson chi2（8）= 23.0649　Pr = 0.003

10.2　社会公平与社会满意

　　一般认为，社会公平感是一种情感体验，是个体以"应有的社会状况"为标准，对社会是否符合这一标准做出的"公平与否"的判断（Jost、Kay，2010）。众多个体公平感的集中表现就是社会公平（Jost、Kay，2010；杨宜音、王俊秀，2013）。社会满意度是对个体需求满足情况的回应。本节首先考察了宁夏地区居民社会公平感和社会满意度的基本情况，然后对不同社会群体的社会公平感和社会满意度进行了比较分析。

如表10-6和表10-7所示，整体来看，宁夏地区社会公平感较为积极，有75%的被访者认为"当今社会公平"，社会满意度也较高，对当前社会感到满意的被访者接近90%。具体而言，户籍身份、年龄和学历与社会公平感之间显著相关。首先，农村居民的社会公平感明显高于城镇居民：认为社会公平的农村受访者为76.31%，而城镇居民的相应比例为72.30%，两者之间相差了约4%。其次，不同学历受访者的社会公平感也表现出差异。由表中数据可见，学历与社会公平感的关系近似于一个偏态的U形曲线，位于学历层次两端的受访者有更积极的社会公平感，文盲/半文盲受访者中有77.87%的人认为社会是公平的，在本科及以上的受访者中相应比例为74.21%；但在学历为大专的受访者中，仅有64.29%的人认为社会公平。最后，不同民族和不同收入水平的受访者对社会公平的感知没有显著的统计学差异，但回族受访者的社会公平感在数值上（76.06%）略高于汉族（74.25%）。

由表10-7可见，首先，个体的年龄和受教育水平对其社会满意度有显著影响。年龄越大，社会满意度越高，60岁及以上的受访者中表示对社会满意的有94.12%，而在18～29岁的年轻受访者中表示对当前社会满意的只有80.84%，前者比后者高约13%。高学历受访者的社会满意度低于低学历者，本科及以上的受访者对社会表示满意的有82.63%，在文盲/半文盲受访者中的对应比例为90.52%，两者相差大约8%。其次，卡方检验显示，家庭人均收入水平、户籍与民族身份和社会满意度之间的相关性不显著，但仍然能从数据中看出，回族居民的社会满意度（89.47%）高于汉族（87.55%），农村居民（89.28%）比城镇居民（86.27%）对社会更满意。

表10-6　不同社会群体的社会公平感

	不公平		无所谓公平不公平		公平		总计	
	n	%	n	%	n	%	n	%
居住地								
城镇	109	12.79	127	14.91	616	72.30	852	100

续表

	不公平		无所谓公平不公平		公平		总计	
	n	%	n	%	n	%	n	%
居住地								
农村	209	12.30	180	10.96	1253	76.31	1642	100
总计	318	12.75	307	12.31	1869	74.94	2494	100

Pearson chi2（2）= 8.2927　Pr = 0.016

	不公平		无所谓公平不公平		公平		总计	
民族身份								
汉族	198	12.84	199	12.91	1145	74.25	1542	100
回族	119	12.66	106	11.28	715	76.06	940	100
总计	317	12.77	305	12.29	1860	74.94	2482	100

Pearson chi2（2）= 1.5308　Pr = 0.465

	不公平		无所谓公平不公平		公平		总计	
年龄段								
18 ~ 29 岁	35	10.48	63	18.86	236	70.66	334	100
30 ~ 39 岁	44	12.26	68	18.94	247	68.80	359	100
40 ~ 49 岁	85	13.18	74	11.47	486	75.35	645	100
50 ~ 59 岁	86	13.78	57	9.13	481	77.08	624	100
60 岁及以上	68	12.9	45	8.54	414	78.56	527	100
总计	318	12.78	307	12.33	1864	74.89	2489	100

Pearson chi2（8）= 41.9468　Pr = 0.000

	不公平		无所谓公平不公平		公平		总计	
最高学历								
文盲/半文盲	46	13.22	31	8.91	271	77.87	348	100
小学	82	14.07	55	9.43	446	76.50	583	100
初中	102	13.37	85	11.14	576	75.49	763	100
高中/中专	47	11.03	63	14.79	316	74.18	426	100
大专	26	14.29	39	21.43	117	64.29	182	100
本科及以上	15	7.89	34	17.89	141	74.21	190	100
总计	318	12.76	307	12.32	1867	74.92	2492	100

Pearson chi2（10）= 36.5829　Pr = 0.000

	不公平		无所谓公平不公平		公平		总计	
家庭人均年收入等级								
低收入	107	14.48	88	11.91	544	73.61	739	100
中低收入	79	12.66	81	12.98	464	74.36	624	100

续表

	不公平		无所谓公平不公平		公平		总计	
	n	%	n	%	n	%	n	%
家庭人均年收入等级								
中等收入	60	12.79	50	10.66	359	76.55	469	100
中高收入	66	10.84	78	12.81	465	76.35	609	100
总计	312	12.78	297	12.17	1832	75.05	2441	100

Pearson chi2（6）= 5.4552　Pr = 0.487

表 10 - 7　不同社会群体的社会满意度

	满意		一般		不满意		总计	
	n	%	n	%	n	%	n	%
居住地								
城镇	735	86.27	92	10.80	25	2.93	852	100
农村	1466	89.28	137	8.34	39	2.38	1642	100
总计	2201	88.25	229	9.18	64	2.57	2494	100

Pearson chi2（2）= 4.9415　Pr = 0.085

	满意		一般		不满意		总计	
民族身份								
汉族	1350	87.55	146	9.47	46	2.98	1542	100
回族	841	89.47	81	8.62	18	1.91	940	100
总计	2191	88.28	227	9.15	64	2.58	2482	100

Pearson chi2（2）= 3.2909　Pr = 0.193

	满意		一般		不满意		总计	
年龄段								
18～29 岁	270	80.84	58	17.37	6	1.80	334	100
30～39 岁	297	82.73	53	14.76	9	2.51	359	100
40～49 岁	564	87.44	62	9.61	19	2.95	645	100
50～59 岁	569	91.19	38	6.09	17	2.72	624	100
60 岁及以上	496	94.12	18	3.42	13	2.47	527	100
总计	2196	88.23	229	9.20	64	2.57	2489	100

Pearson chi2（8）= 69.3755　Pr = 0.000

续表

	满意		一般		不满意		总计	
	n	%	n	%	n	%	n	%
最高学历								
文盲/半文盲	315	90.52	21	6.03	12	3.45	348	100
小学	531	91.08	39	6.69	13	2.23	583	100
初中	671	87.94	66	8.65	26	3.41	763	100
高中/中专	370	86.85	47	11.03	9	2.11	426	100
大专	155	85.16	24	13.19	3	1.65	182	100
本科及以上	157	82.63	32	16.84	1	0.53	190	100
总计	2199	88.24	229	9.19	64	2.57	2492	100

Pearson chi2（10）= 33.9657　Pr = 0.000

家庭人均年收入等级								
低收入	637	86.20	84	11.37	18	2.44	739	100
中低收入	559	89.58	48	7.69	17	2.72	624	100
中等收入	417	88.91	36	7.68	16	3.41	469	100
中高收入	543	89.16	55	9.03	11	1.81	609	100
总计	2156	88.32	223	9.14	62	2.54	2441	100

Pearson chi2（6）= 9.9165　Pr = 0.128

　　综上所述，宁夏地区的社会公平感和社会满意度都相对较高。首先，户籍身份、年龄和学历与居民对社会公平的感知之间显著相关。相比于城镇居民，农村居民的社会公平感更积极，年龄越大，社会公平感更高。其次，居民的年龄和教育水平与其社会满意度之间显著相关，年龄与社会满意度之间具有正相关，而低学历者的社会满意度比高学历者相对更高。

10.3　社会冲突

　　社会冲突感是个体基于对社会矛盾和冲突严重程度的判断而产生的一种整体主观感知。有研究者（Savage，2010）认为，社会冲突感实质上就是阶级意识，从而将其操作化为对劳工阶级和中产阶级、失业者和有工作者、管理者与工人、农民与市民等六个不同阶级之间的冲突强度感知。本节考察了宁夏地区居民对不同社会群体之间冲突的感知以及这种感知在不同居住地、年龄、民族身份、教育和收入群体中是否存在显著差异。

总体而言，宁夏地区居民对社会冲突的感知比较温和，认为各类群体之间"没有冲突"和"不严重"的受访者占比都超过7成。具体来看，受访者认为冲突最严重的群体是贫富冲突，认为冲突非常严重或比较严重的受访者占大约17%。普遍认为不同民族（回民和汉民）以及本地人与外地人之间的冲突几乎没有或不严重，认为这两者之间的冲突非常严重的居民分别占0.88%和0.40%。

表10-8显示了不同居住地（城乡）居民对社会冲突的感知情况。卡方检验的结果表明，居住地与对社会冲突的感知之间显著相关。农村居民受访者的社会冲突感显著比城镇居民相对更低。对于各类社会群体，农村居民受访者中表示"没有冲突"的比例都比城镇居民受访者要高。例如认为贫富冲突严重的城镇居民受访者有3.64%，但这一比例在农村居民受访者中只有2.5%。

表10-8 不同居住地的居民对社会群体之间冲突的认识

	城镇		农村		总计	
	n	%	n	%	n	%
穷人与富人之间的冲突						
没有冲突	229	26.88	804	48.96	1033	41.42
不严重	341	40.02	455	27.71	796	31.92
比较严重	147	17.25	215	13.09	362	14.51
非常严重	31	3.64	41	2.50	72	2.89
不清楚	104	12.21	127	7.73	231	9.26
总计	852	100	1642	100	2494	100
Pearson chi2 (4) = 114.0443 Pr = 0.000						
老板与员工之间的冲突						
没有冲突	186	21.83	685	41.72	871	34.92
不严重	363	42.61	517	31.49	880	35.28
比较严重	151	17.72	173	10.54	324	12.99
非常严重	22	2.58	28	1.71	50	2

	城镇		农村		总计	
	n	%	n	%	n	%
老板与员工之间的冲突						
不清楚	130	15.26	239	14.56	369	14.80
总计	852	100	1642	100	2494	100

Pearson chi2（4）= 107.8187　Pr = 0.000

	城镇		农村		总计	
不同种族/民族群体之间的冲突						
没有冲突	391	45.89	1040	63.34	1431	57.38
不严重	312	36.62	377	22.96	689	27.63
比较严重	53	6.22	60	3.65	113	4.53
非常严重	11	1.29	11	0.67	22	0.88
不清楚	85	9.98	154	9.38	239	9.58
总计	852	100	1642	100	2494	100

Pearson chi2（4）= 78.4582　Pr = 0.000

	城镇		农村		总计	
不同宗教信仰群体之间的冲突						
没有冲突	393	46.13	1051	64.01	1444	57.90
不严重	278	32.63	339	20.65	617	24.74
比较严重	57	6.69	65	3.96	122	4.89
非常严重	10	1.17	18	1.10	28	1.12
不清楚	114	13.38	169	10.29	283	11.35
总计	852	100	1642	100	2494	100

Pearson chi2（4）= 76.8356　Pr = 0.000

	城镇		农村		总计	
本地人与外地人之间的冲突						
没有冲突	418	49.06	1119	68.15	1537	61.63
不严重	314	36.85	343	20.89	657	26.34
比较严重	37	4.34	43	2.62	80	3.21
非常严重	4	0.47	6	0.37	10	0.40
不清楚	79	9.27	131	7.98	210	8.42
总计	852	100	1642	100	2494	100

Pearson chi2（4）= 93.9019　Pr = 0.000

	城镇		农村		总计	
官员与老百姓之间的冲突						
没有冲突	314	36.85	965	58.77	1279	51.28

续表

	城镇		农村		总计	
	n	%	n	%	n	%
官员与老百姓之间的冲突						
不严重	331	38.85	411	25.03	742	29.75
比较严重	78	9.15	86	5.24	164	6.58
非常严重	13	1.53	18	1.1	31	1.24
不清楚	116	13.62	162	9.87	278	11.15
总计	852	100	1642	100	2494	100
Pearson chi2（4）= 109.5370　Pr = 0.000						
社会高收入群体与低收入群体之间的冲突						
没有冲突	295	34.62	901	54.87	1196	47.96
不严重	311	36.5	380	23.14	691	27.71
比较严重	87	10.21	104	6.33	191	7.66
非常严重	12	1.41	19	1.16	31	1.24
不清楚	147	17.25	238	14.49	385	15.44
总计	852	100	1642	100	2494	100
Pearson chi2（4）= 98.1543　Pr = 0.000						

表 10 - 9 显示了不同民族的受访者对社会冲突的认识情况。首先，民族身份和社会冲突感之间显著相关，各项相关性检验的 P 值均小于 0.05。数据表明，回族居民的冲突感整体比汉族居民相对更低。例如，在对贫富群体之间冲突的认识上，认为"没有冲突"的汉族受访者有 36.32%，但这一比例在回族受访者中接近 50%，后者比前者多了约 14%。

表 10 - 9　不同民族身份的居民对社会群体之间冲突的认识

	汉族		回族		总计	
	n	%	n	%	n	%
穷人与富人之间的冲突						
没有冲突	560	36.32	467	49.68	1027	41.38
不严重	559	36.25	234	24.89	793	31.95
比较严重	240	15.56	122	12.98	362	14.59

续表

	汉族		回族		总计	
	n	%	n	%	n	%
穷人与富人之间的冲突						
非常严重	49	3.18	23	2.45	72	2.90
不清楚	134	8.69	94	10	228	9.19
总计	1542	100	940	100	2482	100

Pearson chi2 (4) =53.6310 Pr=0.000

	汉族		回族		总计	
老板与员工之间的冲突						
没有冲突	456	29.57	414	44.04	870	35.05
不严重	617	40.01	256	27.23	873	35.17
比较严重	220	14.27	103	10.96	323	13.01
非常严重	35	2.27	15	1.60	50	2.01
不清楚	214	13.88	152	16.17	366	14.75
总计	1542	100	940	100	2482	100

Pearson chi2 (4) =70.3142 Pr=0.000

	汉族		回族		总计	
不同种族/民族群体之间的冲突						
没有冲突	784	50.84	639	67.98	1423	57.33
不严重	505	32.75	181	19.26	686	27.64
比较严重	79	5.12	34	3.62	113	4.55
非常严重	15	0.97	7	0.74	22	0.89
不清楚	159	10.31	79	8.40	238	9.59
总计	1542	100	940	100	2482	100

Pearson chi2 (4) =73.8534 Pr=0.000

	汉族		回族		总计	
不同宗教信仰群体之间的冲突						
没有冲突	789	51.17	649	69.04	1438	57.94
不严重	448	29.05	165	17.55	613	24.70
比较严重	87	5.64	34	3.62	121	4.88
非常严重	18	1.17	10	1.06	28	1.13
不清楚	200	12.97	82	8.72	282	11.36
总计	1542	100	940	100	2482	100

Pearson chi2 (4) =77.7165 Pr=0.000

续表

	汉族		回族		总计	
	n	%	n	%	n	%
本地人与外地人之间的冲突						
没有冲突	856	55.51	675	71.81	1531	61.68
不严重	491	31.84	161	17.13	652	26.27
比较严重	56	3.63	24	2.55	80	3.22
非常严重	8	0.52	2	0.21	10	0.40
不清楚	131	8.50	78	8.30	209	8.42
总计	1542	100	940	100	2482	100
Pearson chi2（4）= 76.7663　Pr = 0.000						
官员与老百姓之间的冲突						
没有冲突	698	45.27	574	61.06	1272	51.25
不严重	534	34.63	204	21.70	738	29.73
比较严重	116	7.52	48	5.11	164	6.61
非常严重	23	1.49	8	0.85	31	1.25
不清楚	171	11.09	106	11.28	277	11.16
总计	1542	100	940	100	2482	100
Pearson chi2（4）= 68.3638　Pr = 0.000						
社会高收入群体与低收入群体之间的冲突						
没有冲突	646	41.89	544	57.87	1190	47.95
不严重	494	32.04	192	20.43	686	27.64
比较严重	143	9.27	48	5.11	191	7.7
非常严重	22	1.43	9	0.96	31	1.25
不清楚	237	15.37	147	15.64	384	15.47
总计	1542	100	940	100	2482	100
Pearson chi2（4）= 73.8198　Pr = 0.000						

表 10-10 显示的是不同年龄段受访者对社会冲突的认识情况。由表中数据可见，年龄和社会冲突感之间显著相关。年轻人的社会冲突感总体而言相对更高。例如在对贫富差异的冲突感知方面，超过 21% 的年轻受访者（18～29 岁）认为穷人和富人群体之间的冲突非常严重或比较严重，而在其他年龄相对较大的群体中，该比例均低于 21%。在其他方面，年轻人对社

会冲突的感知也都相对高于年龄较大的人。

表 10 - 10　不同年龄的居民对社会群体之间冲突的认识

	18 ~ 29 岁		30 ~ 39 岁		40 ~ 49 岁		50 ~ 59 岁		60 岁及以上		总计	
	n	%	n	%	n	%	n	%	n	%	n	%
穷人与富人之间的冲突												
没有冲突	94	28.14	162	45.13	290	44.96	283	45.35	203	38.52	1032	41.46
不严重	115	34.43	103	28.69	199	30.85	185	29.65	192	36.43	794	31.90
比较严重	66	19.76	50	13.93	81	12.56	84	13.46	80	15.18	361	14.50
非常严重	7	2.10	10	2.79	20	3.10	17	2.72	18	3.42	72	2.89
不清楚	52	15.57	34	9.47	55	8.53	55	8.81	34	6.45	230	9.24
总计	334	100	359	100	645	100	624	100	527	100	2489	100

Pearson chi2 （16） = 56.7472　Pr = 0.000

	18 ~ 29 岁		30 ~ 39 岁		40 ~ 49 岁		50 ~ 59 岁		60 岁及以上		总计	
老板与员工之间的冲突												
没有冲突	84	25.15	143	39.83	244	37.83	235	37.66	164	31.12	870	34.95
不严重	137	41.02	126	35.10	216	33.49	209	33.49	190	36.05	878	35.28
比较严重	52	15.57	41	11.42	81	12.56	70	11.22	79	14.99	323	12.98
非常严重	7	2.10	6	1.67	16	2.48	11	1.76	9	1.71	49	1.97
不清楚	54	16.17	43	11.98	88	13.64	99	15.87	85	16.13	369	14.83
总计	334	100	359	100	645	100	624	100	527	100	2489	100

Pearson chi2 （16） = 32.0627　Pr = 0.010

	18 ~ 29 岁		30 ~ 39 岁		40 ~ 49 岁		50 ~ 59 岁		60 岁及以上		总计	
不同种族/民族群体之间的冲突												
没有冲突	135	40.42	214	59.61	387	60	389	62.34	304	57.69	1429	57.41
不严重	128	38.32	91	25.35	168	26.05	150	24.04	149	28.27	686	27.56
比较严重	22	6.59	23	6.41	24	3.72	23	3.69	21	3.98	113	4.54
非常严重	5	1.50	4	1.11	7	1.09	2	0.32	4	0.76	22	0.88
不清楚	44	13.17	27	7.52	59	9.15	60	9.62	49	9.30	239	9.60
总计	334	100	359	100	645	100	624	100	527	100	2489	100

Pearson chi2 （16） = 57.2795　Pr = 0.000

	18 ~ 29 岁		30 ~ 39 岁		40 ~ 49 岁		50 ~ 59 岁		60 岁及以上		总计	
不同宗教信仰群体之间的冲突												
没有冲突	143	42.81	214	59.61	393	60.93	384	61.54	307	58.25	1441	57.89
不严重	107	32.04	86	23.96	155	24.03	130	20.83	139	26.38	617	24.79
比较严重	24	7.19	27	7.52	25	3.88	21	3.37	24	4.55	121	4.86

续表

	18~29 岁		30~39 岁		40~49 岁		50~59 岁		60 岁及以上		总计	
	n	%	n	%	n	%	n	%	n	%	n	%
不同宗教信仰群体之间的冲突												
非常严重	6	1.80	3	0.84	7	1.09	7	1.12	4	0.76	27	1.08
不清楚	54	16.17	29	8.08	65	10.08	82	13.14	53	10.06	283	11.37
总计	334	100	359	100	645	100	624	100	527	100	2489	100

Pearson chi2 (16) = 56.7096　Pr = 0.000

本地人与外地人之间的冲突												
没有冲突	150	44.91	215	59.89	425	65.89	416	66.67	329	62.43	1535	61.67
不严重	121	36.23	101	28.13	151	23.41	137	21.96	145	27.51	655	26.32
比较严重	21	6.29	10	2.79	21	3.26	11	1.76	17	3.23	80	3.21
非常严重	2	0.6	1	0.28	3	0.47	4	0.64	0	0	10	0.40
不清楚	40	11.98	32	8.91	45	6.98	56	8.97	36	6.83	209	8.40
总计	334	100	359	100	645	100	624	100	527	100	2489	100

Pearson chi2 (16) = 65.8088　Pr = 0.000

官员与老百姓之间的冲突												
没有冲突	126	37.72	189	52.65	355	55.04	344	55.13	262	49.72	1276	51.27
不严重	118	35.33	103	28.69	185	28.68	162	25.96	173	32.83	741	29.77
比较严重	31	9.28	23	6.41	35	5.43	38	6.09	36	6.83	163	6.55
非常严重	6	1.80	8	2.23	4	0.62	8	1.28	5	0.95	31	1.25
不清楚	53	15.87	36	10.03	66	10.23	72	11.54	51	9.68	278	11.17
总计	334	100	359	100	645	100	624	100	527	100	2489	100

Pearson chi2 (16) = 44.4758　Pr = 0.000

社会高收入群体与低收入群体之间的冲突												
没有冲突	117	35.03	181	50.42	327	50.70	320	51.28	249	47.25	1194	47.97
不严重	119	35.63	92	25.63	177	27.44	156	25	146	27.70	690	27.72
比较严重	30	8.98	24	6.69	47	7.29	42	6.73	47	8.92	190	7.63
非常严重	4	1.20	7	1.95	11	1.71	6	0.96	3	0.57	31	1.25
不清楚	64	19.16	55	15.32	83	12.87	100	16.03	82	15.56	384	15.43
总计	334	100	359	100	645	100	624	100	527	100	2489	100

Pearson chi2 (16) = 38.2852　Pr = 0.001

　　表 10 - 11 显示的是不同教育背景的受访者对社会冲突的不同认识情况。统计检验结果表明，学历和社会冲突感之间显著相关。学历越高，对社会冲突的感知越强烈。例如在对贫富冲突感知上，文盲/半文盲的受访者有超过一半（52.87%）的人认为没有冲突，而本科及以上的受访者中认为贫富之间没有冲突的仅占 22.63%，前者是后者的 2 倍多。

表 10 - 11　不同教育背景的居民对社会群体之间冲突的认识

	文盲/半文盲		小学		初中		高中/中专		大专		本科及以上		总计	
	n	%	n	%	n	%	n	%	n	%	n	%	n	%
穷人与富人之间的冲突														
没有冲突	184	52.87	285	48.89	335	43.91	136	31.92	50	27.47	43	22.63	1033	41.45
不严重	77	22.13	168	28.82	228	29.88	168	39.44	73	40.11	81	42.63	795	31.90
比较严重	43	12.36	79	13.55	109	14.29	70	16.43	29	15.93	32	16.84	362	14.53
非常严重	9	2.59	12	2.06	29	3.80	13	3.05	6	3.3	3	1.58	72	2.89
不清楚	35	10.06	39	6.69	62	8.13	39	9.15	24	13.19	31	16.32	230	9.23
总计	348	100	583	100	763	100	426	100	182	100	190	100	2492	100

Pearson chi2 (20) = 112.6888　Pr = 0.000

	文盲/半文盲		小学		初中		高中/中专		大专		本科及以上		总计	
老板与员工之间的冲突														
没有冲突	161	46.26	239	40.99	277	36.3	109	25.59	38	20.88	47	24.74	871	34.95
不严重	76	21.84	161	27.62	280	36.7	200	46.95	90	49.45	72	37.89	879	35.27
比较严重	30	8.62	76	13.04	100	13.11	61	14.32	22	12.09	35	18.42	324	13
非常严重	9	2.59	9	1.54	15	1.97	4	0.94	8	4.4	5	2.63	50	2.01
不清楚	72	20.69	98	16.81	91	11.93	52	12.21	24	13.19	31	16.32	368	14.77
总计	348	100	583	100	763	100	426	100	182	100	190	100	2492	100

Pearson chi2 (20) = 136.9355　Pr = 0.000

	文盲/半文盲		小学		初中		高中/中专		大专		本科及以上		总计	
不同种族/民族群体之间的冲突														
没有冲突	224	64.37	376	64.49	466	61.07	217	50.94	75	41.21	72	37.89	1430	57.38
不严重	62	17.82	134	22.98	196	25.69	153	35.92	67	36.81	77	40.53	689	27.65
比较严重	14	4.02	14	2.4	28	3.67	19	4.46	21	11.54	16	8.42	112	4.49
非常严重	3	0.86	4	0.69	8	1.05	1	0.23	4	2.2	2	1.05	22	0.88
不清楚	45	12.93	55	9.43	65	8.52	36	8.45	15	8.24	23	12.11	239	9.59
总计	348	100	583	100	763	100	426	100	182	100	190	100	2492	100

Pearson chi2 (20) = 126.0564　Pr = 0.000

续表

	文盲/半文盲		小学		初中		高中/中专		大专		本科及以上		总计	
	n	%	n	%	n	%	n	%	n	%	n	%	n	%
不同宗教信仰群体之间的冲突														
没有冲突	223	64.08	379	65.01	470	61.6	218	51.17	77	42.31	77	40.53	1444	57.95
不严重	54	15.52	124	21.27	174	22.8	138	32.39	58	31.87	68	35.79	616	24.72
比较严重	10	2.87	21	3.60	35	4.59	23	5.40	18	9.89	14	7.37	121	4.86
非常严重	6	1.72	1	0.17	9	1.18	6	1.41	4	2.2	2	1.05	28	1.12
不清楚	55	15.8	58	9.95	75	9.83	41	9.62	25	13.74	29	15.26	283	11.36
总计	348	100	583	100	763	100	426	100	182	100	190	100	2492	100

Pearson chi2 (20) = 107.5387　Pr = 0.000

	文盲/半文盲		小学		初中		高中/中专		大专		本科及以上		总计	
本地人与外地人之间的冲突														
没有冲突	235	67.53	407	69.81	506	66.32	235	55.16	80	43.96	72	37.89	1535	61.60
不严重	60	17.24	116	19.9	180	23.59	146	34.27	76	41.76	79	41.58	657	26.36
比较严重	10	2.87	12	2.06	18	2.36	18	4.23	7	3.85	15	7.89	80	3.21
非常严重	1	0.29	2	0.34	3	0.39	1	0.23	3	1.65	0	0	10	0.40
不清楚	42	12.07	46	7.89	56	7.34	26	6.10	16	8.79	24	12.63	210	8.43
总计	348	100	583	100	763	100	426	100	182	100	190	100	2492	100

Pearson chi2 (20) = 146.7304　Pr = 0.000

	文盲/半文盲		小学		初中		高中/中专		大专		本科及以上		总计	
官员与老百姓之间的冲突														
没有冲突	203	58.33	345	59.18	419	54.91	189	44.37	58	31.87	63	33.16	1277	51.24
不严重	80	22.99	130	22.3	211	27.65	167	39.20	78	42.86	76	40	742	29.78
比较严重	14	4.02	36	6.17	52	6.82	25	5.87	22	12.09	15	7.89	164	6.58
非常严重	4	1.15	3	0.51	10	1.31	4	0.94	3	1.65	7	3.68	31	1.24
不清楚	47	13.51	69	11.84	71	9.31	41	9.62	21	11.54	29	15.26	278	11.16
总计	348	100	583	100	763	100	426	100	182	100	190	100	2492	100

Pearson chi2 (20) = 122.4809　Pr = 0.000

	文盲/半文盲		小学		初中		高中/中专		大专		本科及以上		总计	
社会高收入群体与低收入群体之间的冲突														
没有冲突	187	53.74	328	56.26	384	50.33	171	40.14	64	35.16	60	31.58	1194	47.91
不严重	62	17.82	117	20.07	200	26.21	171	40.14	67	36.81	74	38.95	691	27.73
比较严重	23	6.61	37	6.35	56	7.34	39	9.15	21	11.54	15	7.89	191	7.66
非常严重	4	1.15	7	1.20	11	1.44	2	0.47	3	1.65	4	2.11	31	1.24
不清楚	72	20.69	94	16.12	112	14.68	43	10.09	27	14.84	37	19.47	385	15.45
总计	348	100	583	100	763	100	426	100	182	100	190	100	2492	100

Pearson chi2 (20) = 124.0431　Pr = 0.000

表 10 - 12 显示的是不同家庭人均年收入等级的受访者对社会冲突的不同认识。相关性分析的结果表明，收入等级与社会冲突感之间显著相关。中高收入群体对社会冲突的感知比低收入群体更强烈。例如在对劳资关系的评价中，中高收入群体认为劳资之间没有冲突的比例为 25.94%，而低收入群体中的相应比例为 41.27%，两者相差了 15%。

综上所述，宁夏地区的社会冲突感整体而言比较温和，但在总体平缓的同时，也存在群体间差异和项目评价差异的情况。就群体差异而言，居住地、民族身份、年龄、受教育水平、家庭人均年收入和社会冲突感之间显著相关，农村居民比城镇居民对社会冲突的感知更温和；回民比汉民的社会冲突感更弱；年龄越大，对社会冲突的感知越温和；相比于低学历受访者，高学历者的社会冲突感更强烈；收入越高，对社会冲突的感知越强。在各项目的评价差异上，宁夏地区的受访者对贫富冲突的感知最强烈，但无论是何种特征群体，对民族关系和本地人与外地人之间的关系评价都比较温和。

表 10 - 12 不同收入水平的居民对社会群体之间冲突的认识

	低收入		中低收入		中等收入		中高收入		总计	
	n	%	n	%	n	%	n	%	n	%
穷人与富人之间的冲突										
没有冲突	336	45.47	295	47.28	202	43.07	186	30.54	1019	41.75
不严重	209	28.28	176	28.21	137	29.21	257	42.20	779	31.91
比较严重	105	14.21	85	13.62	74	15.78	90	14.78	354	14.50
非常严重	22	2.98	18	2.88	10	2.13	19	3.12	69	2.83
不清楚	67	9.07	50	8.01	46	9.81	57	9.36	220	9.01
总计	739	100	624	100	469	100	609	100	2441	100
Pearson chi2（12）= 55.6354　　Pr = 0.000										
老板与员工之间的冲突										
没有冲突	305	41.27	256	41.03	138	29.42	158	25.94	857	35.11
不严重	209	28.28	197	31.57	176	37.53	278	45.65	860	35.23
比较严重	78	10.55	79	12.66	75	15.99	87	14.29	319	13.07
非常严重	15	2.03	10	1.6	10	2.13	11	1.81	46	1.88

续表

	低收入		中低收入		中等收入		中高收入		总计	
	n	%	n	%	n	%	n	%	n	%
老板与员工之间的冲突										
不清楚	132	17.86	82	13.14	70	14.93	75	12.32	359	14.71
总计	739	100	624	100	469	100	609	100	2441	100

Pearson chi2（12）=81.4219　Pr=0.000

	低收入		中低收入		中等收入		中高收入		总计	
不同种族/民族群体之间的冲突										
没有冲突	476	64.41	378	60.58	263	56.08	288	47.29	1405	57.56
不严重	161	21.79	159	25.48	127	27.08	225	36.95	672	27.53
比较严重	31	4.19	19	3.04	20	4.26	41	6.73	111	4.55
非常严重	6	0.81	4	0.64	6	1.28	4	0.66	20	0.82
不清楚	65	8.80	64	10.26	53	11.30	51	8.37	233	9.55
总计	739	100	624	100	469	100	609	100	2441	100

Pearson chi2（12）=62.3867　Pr=0.000

	低收入		中低收入		中等收入		中高收入		总计	
不同宗教信仰群体之间的冲突										
没有冲突	474	64.14	390	62.50	256	54.58	297	48.77	1417	58.05
不严重	141	19.08	135	21.63	121	25.80	204	33.50	601	24.62
比较严重	27	3.65	25	4.01	21	4.48	47	7.72	120	4.92
非常严重	9	1.22	8	1.28	4	0.85	5	0.82	26	1.07
不清楚	88	11.91	66	10.58	67	14.29	56	9.20	277	11.35
总计	739	100	624	100	469	100	609	100	2441	100

Pearson chi2（12）=69.0032　Pr=0.000

	低收入		中低收入		中等收入		中高收入		总计	
本地人与外地人之间的冲突										
没有冲突	485	65.63	432	69.23	275	58.64	315	51.72	1507	61.74
不严重	151	20.43	134	21.47	125	26.65	232	38.10	642	26.30
比较严重	23	3.11	13	2.08	20	4.26	24	3.94	80	3.28
非常严重	1	0.14	2	0.32	3	0.64	2	0.33	8	0.33
不清楚	79	10.69	43	6.89	46	9.81	36	5.91	204	8.36
总计	739	100	624	100	469	100	609	100	2441	100

Pearson chi2（12）=84.7191　Pr=0.000

	低收入		中低收入		中等收入		中高收入		总计	
官员与老百姓之间的冲突										
没有冲突	422	57.10	373	59.78	212	45.2	248	40.72	1255	51.41

续表

	低收入		中低收入		中等收入		中高收入		总计	
	n	%	n	%	n	%	n	%	n	%
官员与老百姓之间的冲突										
不严重	176	23.82	149	23.88	153	32.62	245	40.23	723	29.62
比较严重	34	4.6	40	6.41	37	7.89	50	8.21	161	6.60
非常严重	10	1.35	4	0.64	3	0.64	12	1.97	29	1.19
不清楚	97	13.13	58	9.29	64	13.65	54	8.87	273	11.18
总计	739	100	624	100	469	100	609	100	2441	100
Pearson chi2（12）= 94.2251 Pr = 0.000										
社会高收入群体与低收入群体之间的冲突										
没有冲突	386	52.23	349	55.93	204	43.50	233	38.26	1172	48.01
不严重	161	21.79	145	23.24	137	29.21	234	38.42	677	27.73
比较严重	51	6.9	42	6.73	39	8.32	53	8.70	185	7.58
非常严重	11	1.49	3	0.48	7	1.49	9	1.48	30	1.23
不清楚	130	17.59	85	13.62	82	17.48	80	13.14	377	15.44
总计	739	100	624	100	469	100	609	100	2441	100
Pearson chi2（12）= 77.5023 Pr = 0.000										

10.4 本章小结

本章基于 2019 年在宁夏回族自治区进行的随机抽样调查数据，考察了宁夏地区居民在社会信任、社会公平感、社会满意度、社会冲突感的基本情况以及不同社会群体在这些方面上是否存在显著差异。本章的主要结论如下。

（1）总体而言，宁夏地区的社会态度比较积极：有 7 成到 8 成的受访者对各类社会群体表示信任，超过 9 成的受访者表示对社会满意，80% 左右的受访者认为各类社会群体之间没有冲突或冲突不严重，75% 左右的受访者认为社会公平。

（2）受信任程度最高的两类社会群体依次是警察和医生，省政府工作人员的受信任程度相对较低，并且该排名在各类受访者中都比较稳定。就社会信任的社会比较看，城乡居民的社会信任程度有明显差异；民族身份、教育背景、收入水平和年龄分别只影响了居民对部分群体的信任程度。

（3）居住地、年龄和学历与居民的社会公平感之间显著相关。拥有更积极社会公平感的群体可能是居住在农村的低收入老年群体。此外，民族因素虽然在统计意义上不显著，但从数值来看，回族居民的公平感略高于汉族。

（4）居民的年龄和受教育水平显著影响了居民对社会的满意度评价。老年受访者比年轻人对社会更满意；教育水平越高，满意度越低。

（5）贫富之间的冲突是受访者普遍认为最强烈的冲突，民族关系和本地人与外地人之间的关系被认为比较温和。居住地、民族身份、年龄、受教育水平和家庭人均年收入均与其社会冲突感显著相关。

参考文献

J. T. Jost，A. C. Kay，*Social Justice：History，Theory，and Research*，*Handbook of Social Psychology*，Inc. 2010.

Savage，Michael，*Class Analysis and Social Transformation*，Open University Press，2010.

董泽松、张大均：《536 名少数民族留守儿童心理弹性与生活满意度关系研究》，《中国妇幼保健》2013 年第 22 期。

怀默霆：《中国民众如何看待当前的社会不平等》，《社会学研究》2009 年第 1 期。

李培林、李炜：《农民工在中国转型中的经济地位和社会态度》，《中国党政干部论坛》2007 年第 8 期。

李培林、张翼：《中国中产阶级的规模、认同和社会态度》，《社会》2008 年第 2 期。

凌巍、刘超：《收入不平等对居民社会公平感的影响及其机制研究——基于 CGSS2013 微观调查数据的实证分析》，《统计与管理》2018 年第 6 期。

麻宝斌、杜平：《结构分化、观念差异与生活经历——转型时期社会公平感的影响因素分析》，《江汉论坛》2017 年第 3 期。

麻宝斌、杜平：《经济社会地位、户籍类型与区域发展差距：民众环境公平认知的影响因素》，《社会科学研究》2018 年第 1 期。

苏丽锋：《少数民族职业地位与社会态度研究——基于 2011 年中国社会状况综合调查数据的分析》，《民族研究》2016 年第 2 期。

唐魁玉：《理工科大学生的社会态度调查》，《社会》2000 年第 4 期。

田丰：《改革开放的孩子们——中国 "70 后" 和 "80 后" 青年的公平感和民主意识研究》，《青年研究》2009 年第 6 期。

王俊秀：《作为社会发展指标的生活满意度及其影响因素——基于一项全国调查的分析》，《甘肃行政学院学报》2013 年第 5 期。

王俊秀、杨宜音：《中国社会心态研究报告》，社会科学文献出版社，2018。

杨宜音：《个体与宏观社会的心理关系：社会心态概念的界定》，《社会学研究》2006 年第 4 期。

杨宜音、王俊秀：《当代中国社会心态研究》，社会科学文献出版社，2013。

郑功成：《中国社会公平状况分析——价值判断、权益失衡与制度保障》，《中国人民大学学报》2009 年第 2 期。

第11章 社会经济地位与社会流动

　　新中国成立 70 年以来，尤其是改革开放 40 多年以来，少数民族群体社会经济地位得到显著提升。首先，居民的受教育程度大幅提高。如图 11 - 1 所示，从 1978 年改革开放以来，宁夏回族自治区受过高等教育和中等职业技术教育的人数逐渐提升。尤其是，普通高等教育毕业人数从 2000 年开始一直处于增长的趋势。中等职业技术毕业人数从 2014 年开始下降，其规模逐渐被普通高等教育毕业人数所超越。其次，居民的收入水平也不断提升。如图 11 - 2 所示，近年来宁夏居民人均年支配收入和年消费支出一直处于不断增长的趋势。

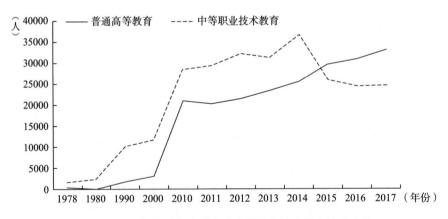

图 11 - 1　宁夏普通高等教育和中等职业技术教育毕业人数

资料来源：《2018 宁夏统计年鉴》。

除了整体上社会经济地位水平的提升之外，人们还非常关心的一个问

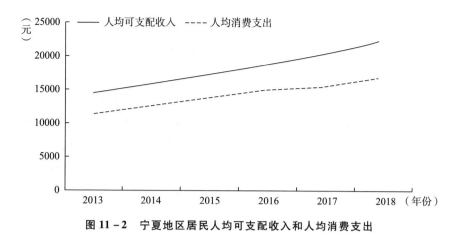

图 11-2　宁夏地区居民人均可支配收入和人均消费支出

题就是代际的社会流动问题。在代际流动的趋势与影响因素方面，以往研究发现我国代际流动性呈现"倒 U 形"趋势（李晚莲，2010；赵翌，2017），这种上升趋势主要来源于社会总量的发展（李任玉等，2017）。虽然代际继承仍是各个时期代际流动的主导模式，但随着社会经济体制的转型，市场排斥为主导的机制将导致社会机会结构的变迁（李路路、朱斌，2015），个人努力或个人素质仍然是改变社会地位的重要因素（阳义南、连玉君，2015；叶春辉等，2017）。在代际流动与其他变量的关系方面，以往研究发现经济、政治、文化都与代际流动密切相关。一些学者提出尽管教育对代际流动具有一定解释力度（侯玉娜、易全勇，2013），但教育的代际传递性很强（赵红霞、冯晓妮，2016），没有充足的证据证明扩招可以促进代际流动（杨中超，2016）。一些学者指出行业垄断会加剧劳动力市场的行业和职业分割，进而阻碍代际职业流动（吴奇峰、苏群，2017）。还有一些学者关注代际流动与政治的关系，提出计划生育通过缩小家庭规模促进代际流动（刘小鸽、司海平，2017），社会经济发展为人们带来的向上流动的经历与期望有助于维护社会政治稳定（盛智明，2013）。

　　本章基于宁夏地区抽样调查数据，主要考察了宁夏地区成年人的社会经济地位情况，包括了收入、教育情况等，同时也从主观上考察了居民对自身社会经济的认同和成年人社会地位的代际流动情况。

11.1 社会经济地位

表 11-1 显示了性别、年龄、居住地、民族身份与最高学历的交互分布情况。首先，我们看到宁夏地区居民接受过高等教育的比例大约为 15%。有 30% 左右的人受教育程度为初中，14% 的人没有接受过任何教育。其次，受教育水平在不同性别、年龄、居住地和民族群体中呈现显著差异。一方面，女性接受高等教育的比例（大约 19%）高于男性（12%）；另一方面，女性的文盲/半文盲的比例（16.36%）也高于男性（12.11%）。表 11-1 也显示，在 18～29 岁的年轻人中，接受过高等教育的比例超过一半，没有人是文盲/半文盲。随着年龄的增加，接受高等教育的比例逐渐下降，而文盲/半文盲的比例却逐渐增加。城镇居民中接受高等教育的比例大约为 28%，比农村居民高出了近 20 个百分点。表 11-1 也显示，宁夏地区的汉族和回族在接受高等教育的比例上存在显著差异，两者相差大约 7 个百分点，回族的文盲/半文盲比例也比汉族显著高。

表 11-1 不同性别、年龄、居住地、民族身份的居民的受教育水平

	文盲/半文盲		小学		初中		高中/中专		大专		本科及以上	
	n	%	n	%	n	%	n	%	n	%	n	%
性别												
男	170	12.11	366	26.07	475	33.83	218	15.53	78	5.56	97	6.91
女	178	16.36	217	19.94	288	26.47	208	19.12	104	9.56	93	8.55
总计	348	13.96	383	23.29	763	30.62	426	17.09	182	7.30	190	7.62
Pearson chi2 (5) = 48.8435 Pr = 0.000												
年龄段												
18～29 岁	0	0	21	6.29	60	17.96	69	20.66	54	16.17	130	38.92
30～39 岁	33	9.19	87	24.23	106	29.53	52	14.48	52	14.48	29	8.08
40～49 岁	84	13.04	134	20.81	240	37.27	124	19.25	47	7.30	15	2.33
50～59 岁	91	14.61	186	29.86	226	36.28	99	15.89	14	2.25	7	1.12
60 岁及以上	137	26	155	29.41	129	24.48	82	15.56	15	2.85	9	1.71
总计	345	13.87	583	23.44	761	30.60	426	17.13	182	7.32	190	7.64

续表

	文盲/半文盲		小学		初中		高中/中专		大专		本科及以上	
	n	%	n	%	n	%	n	%	n	%	n	%
Pearson chi2 (20) = 825.9418 Pr = 0.000												
居住地												
城镇	48	5.63	109	12.79	246	28.87	211	24.77	115	13.50	123	14.44
农村	300	18.29	474	28.9	517	31.52	215	13.11	67	4.09	67	4.09
总计	348	13.96	583	23.29	763	30.62	426	17.09	182	7.30	190	7.62
Pearson chi2 (5) = 319.1956 Pr = 0.000												
民族身份												
汉族	147	9.55	290	18.83	517	33.57	322	20.91	134	8.70	130	8.44
回族	201	21.38	292	31.06	244	25.96	101	10.74	46	4.89	56	5.96
总计	348	14.03	582	23.47	761	30.69	423	17.06	180	7.26	186	7.50
Pearson chi2 (5) = 158.3560 Pr = 0.000												

表 11 - 2 显示了性别、年龄、居住地、民族身份与个人年收入的交互分布情况。首先，我们可以看到宁夏地区居民的平均个人年收入将近 2.3 万元，有 1/4 的居民个人年收入在 3 万元以上。其次，我们也看到个人年收入在性别、城乡上表现出较大差异。男性平均个人年收入高于女性（将近 1 万元），且尚有 1/4 的女性个人年收入在 2000 元以下。城镇居民的平均个人年收入高于农村（将近 0.9 万元），且有一半的农村居民个人年收入在 1.5 万元以下。此外，相比其他年龄段，30～39 岁的个人年收入较高，且有 1/4 的居民个人年收入在 3.5 万元以上。年轻人和年纪较大的人的收入相对较低。最后，表 11 - 2 也显示回族的个人平均年收入与汉族存在一定差异，不过在高收入人群中，回族和汉族都有 1/4 的居民个人年收入在 3 万元以上。

表 11 - 2 不同性别、年龄、居住地、民族身份的个人年收入

单位：元

	平均数	25% 分位数	中位数	75% 分位数
性别				
男	26872.72	10000.00	20000.00	36000.00

续表

	平均数	25%分位数	中位数	75%分位数
性别				
女	17661.51	2000.00	12000.00	25000.00
总计	22852.07	6000.00	18000.00	30000.00
年龄段				
18～29岁	17730.99	0.00	6500.00	30000.00
30～39岁	27007.61	8000.00	20000.00	35000.00
40～49岁	26101.16	10000.00	20000.00	30000.00
50～59岁	21034.32	8000.00	15000.00	30000.00
60岁及以上	21583.72	5000.00	15000.00	34800.00
总计	22878.75	6000.00	18000.00	30000.00
居住地				
城镇	28592.74	10000.00	21000.00	40000.00
农村	19883.72	5000.00	15000.00	30000.00
总计	22852.07	6000.00	18000.00	30000.00
民族身份				
汉族	24961.41	10000.00	20000.00	33600.00
回族	19301.38	4000.00	12000.00	30000.00
总计	22817.18	6000.00	17500.00	30000.00

　　表11-3显示了性别、年龄、居住地、民族身份与个人月消费水平的交互分布情况。首先，我们可以看到宁夏地区居民平均月消费1700余元。其次，女性月消费水平略高于男性，汉族月消费水平略高于回族，但差距都不大。最后，月消费水平在年龄和城乡上差异较大。30～39岁年龄段的居民平均月消费水平超过2000元，且在1500元以上的人数过半。城镇居民平均月消费水平高于农村居民将近800元，有过半的城镇居民月消费水平高于1500元。

表 11 – 3　不同性别、年龄、居住地、民族身份的月消费水平

单位：元

	平均数	25% 分位数	中位数	75% 分位数
性别				
男	1675.72	500	1000.00	2000.00
女	1786.55	600	1000.00	2000.00
总计	1724.25	500	1000.00	2000.00
年龄段				
18~29 岁	1518.00	700	1000.00	2000.00
30~39 岁	2028.62	800	1500.00	2000.00
40~49 岁	1875.28	500	1000.00	2000.00
50~59 岁	1568.86	500	1000.00	2000.00
60 岁及以上	1657.88	500	1000.00	2000.00
总计	1726.58	500	1000.00	2000.00
居住地				
城镇	2225.56	1000.00	1500.00	2500.00
农村	1465.06	500	1000.00	2000.00
总计	1724.25	500	1000.00	2000.00
民族身份				
汉族	1802.76	600	1000.00	2000.00
回族	1599.06	500	1000.00	2000.00
总计	1726.82	500	1000.00	2000.00

11.2　自评社会地位

本节主要考察了宁夏地区居民对自身社会地位的主观评价情况，包括对小时候（您认为自己小时候 14 岁以前处于哪一层）、10 年前（您认为自己 10 年前处于哪一层）、当前（您认为自己当前处于哪一层）和 10 年后自己社会阶层（您认为自己 10 年后处于哪一层）的评价。1 分表示处于社会最底层，10 分表示处于社会最高层。

图 11-3 是性别与自评社会阶层的柱状图。首先，我们可以看到在 0～
10 分的自评社会地位打分中，宁夏地区居民男女的自评社会地位从小时候
到 10 年后都在稳定提高，且都实现了从 2 向 5 的跨越，这说明整体上人们
的社会地位在不断提升。其次，我们也看到男性的自评社会地位在各个时
期都要低于女性，但差距在不断缩小。

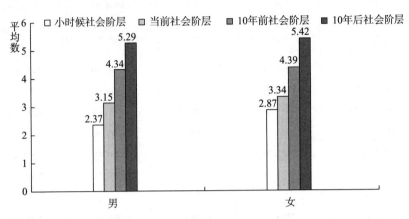

图 11-3 不同性别的居民的自评社会阶层

图 11-4 是城乡与自评社会阶层的柱状图。首先，纵向来看，在 0～10
分的自评社会地位打分中，宁夏地区城乡的自评社会阶层稳步提高，且 10
年后自评社会阶层都超过了 5 分。其次，我们也看到城镇居民的自评社会阶
层在各个时期都要高于农村，但差距在不断缩小。最后，农村居民在过去
10 年时间里，自评社会阶层有了很大的提升。

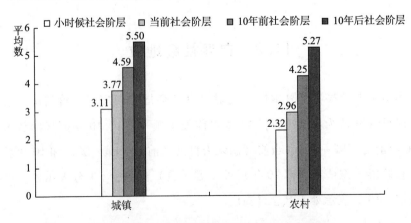

图 11-4 不同居住地的居民的自评社会阶层

图 11-5 是民族身份与自评社会阶层的交互柱状图。首先，我们可以看到汉族和回族在小时候、10 年前、当前和 10 年后的自评社会阶层都在稳步提高，且自评社会地位打分都实现了从 2 向 5 的跨越。其次，我们也看到汉族和回族在各个时期的自评社会阶层差异不大。最后，回族在过去 10 年时间里，自评社会阶层有了很大的提升。

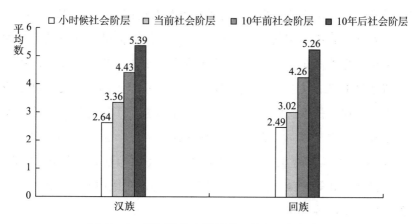

图 11-5　不同民族身份的居民的自评社会阶层

11.3　代际社会流动

本节主要涉及两组变量。第一组变量是对童年社会经济地位的测量，包括 14 岁时的居住地（您 14 岁时，您是居住在城镇还是农村）、小时候的挨饿经历（您小时候经常挨饿吗?）、父亲的最高学历和父亲的政治面貌。挨饿经历分为三类：经常挨饿、偶尔挨饿和没有挨饿。父亲的学历分为文盲/半文盲、小学、初中、高中/中专、大专、本科及以上 6 类。政治面貌分为党员和群众两类。第二组变量是对当前个人社会经济地位的测量，包括个人最高学历、年收入（个人去年全年的总收入）和月消费水平（过去半年内的个人平均每个月的支出）。变量的操作与上述一致。本节采用交互表的形式展现宁夏地区居民的代际社会流动情况，分析童年社会经济地位与当前社会经济地位（教育、收入和消费）的关系情况。

表 11-4 为童年社会经济地位与受教育水平的交互分布情况。童年社

经济地位具体表现在 14 岁时的居住地、是否挨饿以及父亲的最高学历和政治面貌。首先，14 岁时居住在城镇的居民有 4 成接受过高等教育，该比例明显高于农村。同样，没有挨饿经历的居民接受过高等教育的比例也明显高于有过挨饿经历的，且这一点在接受高中教育的比例上可以见。其次，最高学历与父亲学历呈正向相关。最后，最高学历与父亲的政治面貌有关，即父亲是党员时，子代接受高等教育的比例相对更高。同时，从表 11-4 我们也可以看到，有相当多的居民发生了向上的社会流动，即自己当前的社会经济地位要显著高于父代的社会经济地位。比如，童年居住在农村的居民中，有超过 11% 的人接受了高等教育，有超过 15% 的人接受了高中或者中专教育。在偶尔挨饿的居民中，超过 9% 的人接受了高等教育，近 17% 的人接受了高中或中专教育。在父亲受教育程度为小学及以下的居民中，有近 19% 的人接受了高等教育。在父亲受教育程度为初中的居民中，有近 30% 的人接受了高等教育。在父亲受教育程度为高中或中专的居民中，有近 55% 的人接受了高等教育。

表 11-4　童年社会经济地位与受教育水平

	最高学历											
	文盲/半文盲		小学		初中		高中/中专		大专		本科及以上	
	n	%	n	%	n	%	n	%	n	%	n	%
童年居住地												
城镇	4	1.37	13	4.45	60	20.55	92	31.51	50	17.12	73	25
农村	344	15.68	570	25.98	700	31.91	332	15.13	131	5.97	117	5.33
总计	348	14.00	583	23.45	760	30.57	424	17.06	181	7.28	190	7.64
Pearson chi2 (5) = 314.4546　Pr = 0.000												
童年是否挨饿												
经常挨饿	221	27.05	274	33.54	222	27.17	77	9.42	16	1.96	7	0.86
偶尔挨饿	74	13.43	138	25.05	197	35.75	91	16.52	26	4.72	25	4.54
没有挨饿	53	4.72	171	15.21	344	30.60	258	22.95	140	12.46	158	14.06
总计	348	13.96	583	23.39	763	30.62	426	17.09	182	7.30	190	7.62
Pearson chi2 (10) = 491.3989　Pr = 0.000												

续表

| | 最高学历 | | | | | | | | | | |
| | 文盲/半文盲 | | 小学 | | 初中 | | 高中/中专 | | 大专 | | 本科及以上 | |
	n	%	n	%	n	%	n	%	n	%	n	%
父亲受教育程度												
文盲/半文盲	292	23.88	360	29.44	378	30.91	141	11.53	34	2.78	18	1.47
小学	39	5.61	166	23.88	244	35.11	147	21.15	51	7.34	48	6.91
初中	14	3.79	43	11.65	106	28.73	96	26.02	48	13.01	62	16.8
高中/中专	2	1.52	7	5.3	24	18.18	27	20.45	31	23.48	41	31.06
大专	1	1.49	3	4.48	10	14.93	14	20.90	18	26.87	21	31.34
总计	348	14.00	579	23.29	762	30.65	425	17.10	182	7.32	190	7.64

Pearson chi2 （20） = 682.9515　Pr = 0.000

	文盲/半文盲		小学		初中		高中/中专		大专		本科及以上	
父亲政治面貌												
党员	14	4.42	49	15.46	101	31.86	85	26.81	34	10.73	34	10.73
群众	334	15.42	530	24.47	661	30.52	338	15.60	147	6.79	156	7.20
总计	348	14.02	579	23.32	762	30.69	423	17.04	181	7.29	190	7.65

Pearson chi2 （5） = 64.4496　Pr = 0.000

　　表 11-5 显示了童年社会经济地位与当前收入之间的交互分布情况。首先，14 岁时居住在城镇的居民当前年收入略高于农村，且有一半的居民当前年收入超过 2.1 万元，而农村仅 1.5 万元。小时候经常挨饿的居民当前平均年收入不足 2 万元，而有过半的没有挨饿经历的居民当前年收入在 2 万元以上。其次，父亲的最高学历和政治面貌与子代的当前年收入呈正向相关。父亲是大专学历，子代的当前平均年收入更高，达到 3 万元以上。父亲是党员，子代的当前年收入更高。

　　表 11-6 显示了童年社会经济地位与当前消费水平的交互分布情况。首先，14 岁时居住在城镇的居民当前平均月消费水平要高于农村，且该差异在低收入人群对比中更明显。同样，小时候经常挨饿的居民当前平均月消费水平也要低于没有挨饿经历的。其次，父亲的学历与子代的月消费水平呈正向相关，即父亲的学历越高，子代的月消费水平越高，尤其体现在中低消费人群中，父亲学历是高中或大专的，有 75% 的子代月消费水平是在 1000 元以上，明显高于总体水平。最后，表 11-6 也显示父亲的政治身份与

子女消费水平存在相关性。

表 11-5 童年社会经济地位与当前年收入

单位：元

	平均数	25%分位数	中位数	75%分位数
您14岁时，您居住在城镇还是农村？				
城镇	26773.29	7000.00	21000.00	39200.00
农村	22276.14	6000.00	15000.00	30000.00
总计	22805.22	6000.00	17500.00	30000.00
您小时候（14岁以前）经常挨饿吗？				
经常挨饿	18726.83	5400.00	12000.00	26000.00
偶尔挨饿	22427.99	7000.00	16000.00	30000.00
没有挨饿	26060.19	6000.00	20000.00	35000.00
总计	22852.07	6000.00	18000.00	30000.00
您父亲的最高学历是？				
文盲/半文盲	20656.44	6000.00	15000.00	30000.00
小学	24172.18	9000.00	20000.00	33000.00
初中	24949.65	3000.00	20000.00	35000.00
高中/中专	26315.85	5000.00	20000.00	38000.00
大专	31502.99	6000.00	20000.00	40000.00
总计	22871.78	6000.00	18000.00	30000.00
您父亲的政治面貌是？				
党员	29521.61	10000.00	20000.00	40000.00
群众	21901.81	5000.00	15552.00	30000.00
总计	22873.11	6000.00	18000.00	30000.00

表 11-6 童年社会经济地位与当前月消费水平

单位：元

	平均数	25%分位数	中位数	75%分位数
您14岁时，您居住在城镇还是农村？				
城镇	1968.10	1000.00	1500.00	2000.00

续表

	平均数	25% 分位数	中位数	75% 分位数
您 14 岁时，您居住在城镇还是农村？				
农村	1691.83	500	1000.00	2000.00
总计	1724.57	500	1000.00	2000.00
您小时候（14 岁以前）经常挨饿吗？				
经常挨饿	1472.57	500	1000.00	2000.00
偶尔挨饿	1649.80	500	1000.00	2000.00
没有挨饿	1945.30	800	1200.00	2000.00
总计	1724.25	500	1000.00	2000.00
您父亲的最高学历是？				
文盲/半文盲	1573.29	500	1000.00	2000.00
小学	1892.01	600	1000.00	2000.00
初中	1905.91	650	1000.00	2000.00
高中/中专	1675.00	1000.00	1500.00	2000.00
大专	1967.16	1000.00	1500.00	3000.00
总计	1727.06	500	1000.00	2000.00
您父亲的政治面貌是？				
党员	2335.76	800	1100.00	2000.00
群众	1636.03	500	1000.00	2000.00
总计	1725.64	500	1000.00	2000.00

11.4　本章小结

本章基于 2019 年宁夏回族自治区抽样调查数据，主要考察了宁夏地区成年人的社会经济地位情况，包括收入、教育情况等，同时也从主观上考察了居民对自身社会经济地位的认同。本章也考察了成年人社会地位的代际流动情况。主要结论有以下几个方面。

（1）宁夏地区居民接受过高等教育的比例大约为 15%。有 30% 左右的人受教育程度为初中，14% 的人没有接受过任何教育。受教育水平在不同性别、年龄、居住地和民族群体中呈现显著差异。

（2）宁夏地区居民的平均个人年收入将近2.3万元，有1/4的居民个人年收入在3万元以上。个人年收入在性别、城乡上表现出较大差异。相比于其他年龄段，30～39岁的个人年收入较高，且有1/4的居民个人年收入在3.5万元以上。年轻人和年纪较大的人的收入相对较低。回族的平均个人年收入与汉族存在一定差异，不过在高收入人群中，回族和汉族都有1/4的居民个人年收入在3万元以上。

（3）宁夏地区居民平均月消费1700元。女性月消费水平略高于男性。汉族月消费水平略高于回族。30～39岁年龄段的居民平均月消费水平超过2000元，且在1500元以上的人数过半。城镇居民平均月消费水平高于农村将近800元，有过半的城镇居民月消费水平高于2500元。

（4）无论城乡和民族身份，人们自评社会阶层地位都在显著提升。人们对当前社会阶层地位的评价都显著高于对儿时阶层地位的评价，对未来社会阶层地位的评价高于对当前社会阶段地位的评价。

（5）童年社会经济地位与当前社会经济地位具有显著相关性。一方面，童年居住在城镇、家庭经济条件较好、父亲受教育程度较高以及父亲政治身份为党员的居民更有可能接受较高的教育机会、有相对较高的收入和消费水平。另一方面，对于那些童年社会经济地位相对较低的居民而言，仍有相当多的人发生了向上的社会流动，即当前的社会经济地位都显著高于童年时期家庭的社会经济地位。

参考文献

侯玉娜、易全勇：《教育与代际收入流动关系（下）——基于研究方法与经验发现的文献述评》，《教育学术月刊》2013年第10期。

李路路、朱斌：《当代中国的代际流动模式及其变迁》，《中国社会科学》2015年第5期。

李任玉、陈悉榕、甘犁：《代际流动性趋势及其分解：增长、排序与离散效应》，《经济研究》2017年第9期。

李晚莲：《社会变迁与职业代际流动差异：社会分层的视角》，《求索》2010年第6期。

刘小鸽、司海平：《计划生育与代际不平等传递——基于个体代际流动的微观视角》，

《经济评论》2017 年第 5 期。

盛智明：《社会流动与政治信任：基于 CGSS2006 数据的实证研究》，《社会》2013 年第 4 期。

吴奇峰、苏群：《行业垄断如何影响代际职业流动》，《山西财经大学学报》2017 年第 10 期。

阳义南、连玉君：《中国社会代际流动性的动态解析——CGSS 与 CLDS 混合横截面数据的经验证据》，《管理世界》2015 年第 4 期。

杨中超：《教育扩招促进了代际流动?》，《社会》2016 年第 6 期。

叶春辉、卞伟、卓妮、张林秀：《中国农村居民代际社会流动研究——基于全国 5 省 101 村大样本问卷调查》，《浙江农业学报》2017 年第 10 期。

赵红霞、冯晓妮：《我国教育代际流动性及地区差异的比较研究——基于 CHARLS 2013 数据分析》，《中国青年研究》2016 年第 8 期。

赵翌：《农业户籍人员代际流动研究及中加比较》，《西安交通大学学报》（社会科学版）2017 年第 4 期。

第12章 生态环境

生态文明建设是功在当代、利在千秋的伟大事业。党的十九大报告为生态文明建设勾画出了一张宏伟蓝图：2020 年前，要坚决打好污染防治攻坚战；到 2035 年，生态环境根本好转，美丽中国目标基本实现；到 2050年，要在基本实现现代化的基础上，把我国建成民主文明和谐美丽的社会主义现代化强国。我国生态文明建设的蓝图已经绘就，生态文明体系构建的路径也日益清晰。宁夏地处西北内陆，是我国北方防沙带、丝绸之路生态防护带、黄土高原—川滇生态修复带"三带"交汇点。习近平总书记在视察宁夏时指出，宁夏作为西北地区重要的生态安全屏障，承担着维护西北乃至全国生态安全的重要使命，并明确提出要建设天蓝、地绿、水美的美丽宁夏。党的十八大以来，在宁夏回族自治区党委、政府的努力下，推进国土绿化，保护森林资源，实施精准造林，开展荒漠化治理，宁夏成为全国第一个实行全区域草原禁牧封育的省区、全国第一个实现沙漠化逆转的省区，生态环境总体上向好的方向转变（张浩，2019）。不过，宁夏的森林、绿地与全国平均水平还有较大差距，很多地方还是不毛之地，加强生态建设、构筑绿色屏障的任务还十分艰巨。

环境保护和生态建设离不开人们的环境意识问题。以往关于"环境意识"的研究主要集中在某群体环境意识的调查研究、不同群体环境意识的差异性研究、公民环境意识变化情况及其影响因素以及环境意识与环境行为之间的相关性分析等方面。有研究发现，青年群体尤其是 80 后、90 后在环境意识水平上要高于其他年龄群体，但是青年群体对于自身在环境保护中的作用认识还是相对欠缺（刘森林，2017）。此外，有学者利用 CGSS2013

的数据研究发现，整体上来说，城镇居民的环境意识要高于农村居民；在生活环境意识方面，东部地区居民的环境意识最强，而在自然环境意识方面，西部地区居民的意识最高；在收入方面，中高收入群体的环境意识要明显高于中低收入群体；在受教育程度方面，同样与环境意识成正比（李艳春，2019）。除城乡、区域、收入和受教育程度外，环境意识同样存在代际差异。有研究发现，出生在改革开放后的年轻人的环境意识，总体上比出生在改革开放前的年长者的环境意识强。而且，家庭人均年收入、社会福利状况、政治面貌、是否受过高等教育、传统媒介使用频率和新媒介使用频率对环境意识有着显著的影响，并在年轻人和年长者中的影响存在代际上的差异（刘森林、尹永江，2018）。有学者从社会结构和文化的视角对环境意识的差异进行解释。有学者基于城乡的角度认为，城镇居民比农村居民有更强的环境意识，因为城镇居民更可能接触到环境恶化问题（Dunlap R. & Van Liere K.，1978）。也有研究者从社会阶层的角度指出，社会阶层位置较低的群体一般生活在污染比较严重的地区，脏乱的工作环境和破旧的娱乐设施，更容易引起他们关注糟糕的环境状况。因此，底层群体相较于中上层群体，环境意识更强（Buttel & Flinn，1978）。有学者从文化的视角指出，接受教育有利于个体获取环保知识和加深对环境问题的理解，有助于提高个体的环境意识水平，因此，受教育程度越高，环境意识越强（Jones R. & Dunlap R.，1992）。甚至有学者直接指出，日常生活领域的环境行为与不同的情境有关，最为一般的情境是社会结构与文化背景（Brand K.，1997）。环境意识受多种因素影响，概括起来主要包括两个方面：一是个体的社会属性因素，如性别、年龄、职业类型、文化程度、收入水平、家庭居住地、工作单位，以及宗教信仰等；二是社会结构因素，如社会的经济发展水平、自然地理条件、环境科学发展水平、政府管理体制、主导价值观念、媒体的关注程度以及环境教育的普及程度等。

　　除了环境意识之外，环境行为也是生态文明建设的核心议题。西方学界从 20 世纪 60 年代就着手进行环境行为研究，并出版发行《环境与行为》《环境心理学》等专业期刊。而我国从 20 世纪 80 年代初才开始专注环境行为研究，2000 年以后有关环境行为的研究成果才有较大幅度的增加（崔凤、邢一新，2012）。学术界对环境行为的研究成果较多，且研究学科包括心理学、社会学、教育学、建筑学、环境科学等学科。不同的学者采用不同的研究视角，运用不同的研究方法，针对不同研究对象对个人环境保护行为进行研究。

在环境行为的概念与内涵方面，不同理论背景的学者都尝试对环境行为进行合理的概念界定，但是到目前为止并未达成共识。有学者将环境行为定义为"作用于环境并对环境造成影响的人类社会行为或各种社会行为主体之间的互动行为。它既包括行为主体自己的行为对环境造成的影响，也包括行为主体之间的直接或间接作用后产生行为的环境影响"（王芳，2006）。还有学者依据概念外延的不同总结了两种关于环境行为的理解，其中广义理解认为人的一切行为都是环境行为，而狭义理解仅将环境行为理解为个体层面的行为或环境保护行为（崔凤、唐国建，2010）。关于环境行为特征的探讨，有学者将环境行为视为一系列要素的复合体，通过对其进行解构发现：环境行为从行为本身来看具有正反两重性，从行为主体来看具有多元性和互动性，从行为发生空间来看具有差异性，从行为结果来看具有滞后性、复合积累性和外部性，从行为动因来看具有利益驱动性，从行为制约因素来看具有社会性（王芳，2007）。也有学者将研究重点放在环境行为与社会的互动上，认为环境行为是一种社会行为，与特定的社会因素相关，以一定的社会关系形式进行，其结果不仅会对环境产生影响，也会影响到其他的社会关系（崔凤、唐国建，2010）。

在环境行为的影响因素分析方面，综合各学者的研究，基本上影响因素可以分为三个方面：政策性因素、社会性因素以及个人因素。尤其对环境行为与环境意识的关系存在不少争议。一种观点以洪大用等为代表，认为环境行为是环境意识的一个重要维度，环境意识应该包括环境知识、环境价值观、环境保护态度和环境保护行为四个环环相扣、级级增值的环节（洪大用，1998）。另一种观点以周志家等为代表，认为环境意识与环境行为是两个独立的概念，不存在维度的交叉，若"将环境行为视作环境意识的组成部分之一，那就相当于我们事先已经预设了环境意识对环境行为的影响力，这样就正好回避了我们自己的研究问题——环境意识与环境行为的相关关系"（周志家，2008）。人们普遍预期环境意识与环境保护行为之间存在较高的相关关系，即环境意识较强的人具有较多的环境保护行为。不过，也有研究指出，不能简单地认为环境意识与环境保护行为呈现相关或不相关关系，应更为具体地探讨不同类型的环境意识与不同类型的环境保护行为之间是否相关以及怎样相关（刘建国，2007）。由于环境意识和环境保护行为都具有多维性，不同研究的操作化定义和方式也有所不同，进而得到的结论也不完全一致（焦开山，2014）。

本章旨在对宁夏少数民族地区的生态与环境问题、当地居民的环境意识、当地居民对于环境知识的掌握情况，以及当地居民的环境行为进行整体的调查分析。对不同居住地与不同民族身份的居民在所面临的环境问题、具备的环境意识、所掌握的环境知识，以及环境行为的差异进行了比较分析。

12.1　本地的生态与环境问题

本节涉及的变量主要与问卷问题中的"您认为本地的环境问题严重吗"以及"在过去 5 年，是否经历过下列灾害或突发事件（包括地震、洪涝、滑坡/泥石流、台（飓）风、低温冰冻/暴风雪、干旱、水污染、空气污染/雾霾、火灾、大规模传染病、化工事故和人群踩踏）"有关。

总的来看，宁夏少数民族地区尽管存在生态和环境问题，但从整体上来说情况一般或不严重。表 12 - 1 显示了不同地区、居住地的居民对本地环境问题的评价。首先，不同地区居民对本地环境问题的评价存在差异。从整体来看，5 个地区中大部分居民对本地环境问题评价良好，认为本地环境问题"不严重"，或者根本"不存在环境问题"，说明这 5 个地区整体环境良好。尽管整体环境状况还可以，但是各地区之间仍存在差异。其中，固原市居民对本地区环境评价最好，近 90% 的居民认为固原市环境问题不严重或不存在环境问题，仅有 5.88% 的居民认为固原市环境问题很严重，5.25% 的居民认为一般。而石嘴山市居民对本地环境问题的评价较其他地区居民来说评价最低，近 40% 的居民认为石嘴山市的环境问题严重或者一般，仅有52.26%的居民认为不存在环境问题。其他地区，银川市11.76%的居民认为环境问题严重，69.19%的居民认为不存在环境问题；吴忠市8.11%的居民认为环境问题严重，74.84%的居民认为不存在环境问题；中卫市7.22%的居民认为环境问题严重，76.43%的居民认为不存在环境问题。其次，不同居住地居民对于本地环境问题的评价也存在差异。城镇居民认为本地环境问题严重和一般的比例高于农村居民，近30%的城镇居民评价本地环境问题严重和一般，而农村居民的比例不足20%。但无论是城镇居民还是农村居民，认为本地不存在环境问题的都是多数，65.38%的城镇居民，78.62%的农村居民，都认为不存在环境问题。

表12-1 不同地区、不同居住地的居民对本地环境问题评价

	您认为本地的环境问题严重吗？									
	严重		一般		不严重		不存在环境问题		总计	
	n	%	n	%	n	%	n	%	n	%
银川市	84	11.76	85	11.90	51	7.14	494	69.19	714	100
石嘴山市	34	17.09	39	19.60	22	11.06	104	52.26	199	100
吴忠市	39	8.11	40	8.32	42	8.73	360	74.84	481	100
固原市	37	5.88	33	5.25	29	4.61	530	84.26	629	100
中卫市	34	7.22	41	8.70	36	7.64	360	76.43	471	100
总计	228	9.14	238	9.54	180	7.22	1848	74.10	2494	100

Pearson chi2 (12) = 103.3322 Pr = 0.000

居住地										
城镇	98	11.50	128	15.02	69	8.10	557	65.38	852	100
农村	130	7.92	110	6.70	111	6.76	1291	78.62	1642	100
总计	228	9.14	238	9.54	180	7.22	1848	74.10	2494	100

Pearson chi2 (3) = 63.2977 Pr = 0.000

表12-2显示了过去5年宁夏各地区所经历的自然灾害情况。除台（飓）风、人群踩踏以及化工事故统计结果不具有显著性外，其余统计结果均具有显著性。整体纵向来看，5个地区经历的自然灾害较多的前4项为地震、干旱、空气污染/雾霾、低温冰冻/暴风雪。在12项自然灾害中，银川

市与石嘴山市居民认为经历最多的是空气污染/雾霾，其次是地震。吴忠市
居民反映经历的最多的是干旱（39.29%），其次也是地震。固原市近 50%
的居民反映经历过地震，42.11% 经历过干旱，30.62% 经历过低温冰冻/暴
风雪。而中卫市有 20.81% 的居民反映经历过干旱。从横向比较来看，在地
震方面，固原市居民反映经历过的比例最高，接近 50%，最少的是中卫市
（17.83%）。在洪涝方面，13.07% 的石嘴山市居民反映经历过，最少的为
吴忠市，仅为 1.66%。在滑坡/泥石流方面，除固原市（6.7%）外，其余
地区均比例较低。在台（飓）风方面，统计结果不具备显著性。在低温冰
冻/暴风雪方面，30.62% 的固原市居民反映经历过，最少的是银川市
（4.48%）。在干旱方面，42.11% 的固原市居民反映经历过，其次是吴忠市
（39.29%），最少的是银川市（14.29%）。在水污染方面，银川市比例最高
（14.57%），固原市比例最低（1.91%）。在空气污染/雾霾方面，石嘴山市
39.2% 的居民反映经历过，而固原市仅有 2.87% 的居民经历过。在火灾以
及大规模传染病方面，除石嘴山市比例略高之外，其余地区相差无几。在
化工事故以及人群踩踏方面，统计结果不具备显著性。

表 12-2　过去 5 年各地区经历的自然灾害

单位：%

	银川市	石嘴山市	吴忠市	固原市	中卫市	总计
是否经历过地震						
是	22.69	25.63	20.37	48.33	17.83	28.01
否	77.31	74.37	79.63	51.67	82.17	71.99
总计	100	100	100	100	100	100
Pearson chi2 (4) = 177.0109　Pr = 0.000						
是否经历过洪涝						
是	4.06	13.07	1.66	9.41	3.40	5.54
否	95.94	86.93	98.34	90.59	96.6	94.46
总计	100	100	100	100	100	100
Pearson chi2 (4) = 60.4317　Pr = 0.000						

续表

	银川市	石嘴山市	吴忠市	固原市	中卫市	总计
是否经历过滑坡/泥石流						
是	0.70	1.01	0.21	6.70	0.21	2.05
否	99.3	98.99	99.79	93.3	99.79	97.95
总计	100	100	100	100	100	100

Pearson chi2（4）= 91.2359　Pr = 0.000

	银川市	石嘴山市	吴忠市	固原市	中卫市	总计
是否经历过台（飓）风						
是	1.26	1.01	1.87	0.96	2.76	1.57
否	98.74	98.99	98.13	99.04	97.24	98.43
总计	100	100	100	100	100	100

Pearson chi2（4）= 6.9989　Pr = 0.136

	银川市	石嘴山市	吴忠市	固原市	中卫市	总计
是否经历过低温冰冻/暴风雪						
是	4.48	10.05	8.11	30.62	11.25	13.48
否	95.52	89.95	91.89	69.38	88.75	86.52
总计	100	100	100	100	100	100

Pearson chi2（4）= 223.4097　Pr = 0.000

	银川市	石嘴山市	吴忠市	固原市	中卫市	总计
是否经历过干旱						
是	14.29	17.09	39.29	42.11	20.81	27.57
否	85.71	82.91	60.71	57.89	79.19	72.43
总计	100	100	100	100	100	100

Pearson chi2（4）= 184.2905　Pr = 0.000

	银川市	石嘴山市	吴忠市	固原市	中卫市	总计
是否经历过水污染						
是	14.57	7.04	7.9	1.91	5.52	7.78
否	85.43	92.96	92.10	98.09	94.48	92.22
总计	100	100	100	100	100	100

Pearson chi2（4）= 79.3669　Pr = 0.000

	银川市	石嘴山市	吴忠市	固原市	中卫市	总计
是否经历过空气污染/雾霾						
是	25.63	39.20	12.27	2.87	7.43	14.97
否	74.37	60.8	87.73	97.13	92.57	85.03
总计	100	100	100	100	100	100

Pearson chi2（4）= 251.4282　Pr = 0.000

	银川市	石嘴山市	吴忠市	固原市	中卫市	总计
是否经历过火灾						
是	3.78	7.54	4.57	2.71	2.55	3.73
否	96.22	92.46	95.43	97.29	97.45	96.27
总计	100	100	100	100	100	100

Pearson chi2（4）= 12.6327　Pr = 0.013

	银川市	石嘴山市	吴忠市	固原市	中卫市	总计
是否经历过大规模传染病						
是	2.94	9.55	1.87	1.59	1.70	2.69
否	97.06	90.45	98.13	98.41	98.3	97.31
总计	100	100	100	100	100	100

Pearson chi2（4）= 41.8192　Pr = 0.000

	银川市	石嘴山市	吴忠市	固原市	中卫市	总计
是否经历过化工事故						
是	1.26	2.01	1.04	0.80	0	0.92
否	98.74	97.99	98.96	99.2	100	99.08
总计	100	100	100	100	100	100

Pearson chi2（4）= 8.0285　Pr = 0.091

	银川市	石嘴山市	吴忠市	固原市	中卫市	总计
是否经历过人群踩踏						
是	0.7	0	0.83	0.32	0.42	0.52
否	99.3	100	99.17	99.68	99.58	99.48
总计	100	100	100	100	100	100

Pearson chi2（4）= 2.9547　Pr = 0.565

表 12 - 3 显示了过去 5 年不同居住地居民所经历的自然灾害情况。首先，从统计结果来看，是否经历过地震、洪涝、台（飓）风、火灾、化工事故、人群踩踏 6 项，统计结果不显著，其余 6 项统计结果显著。在地震、洪涝、台（飓）风、火灾、化工事故、人群踩踏 6 个方面，城乡居民之间不存在显著差异。在其余 6 个项目上具有城乡差异。横向比较来看，在滑坡/泥石流方面，城乡差异不大，农村的 2.5% 的居民经历过，略高于城镇的 1.17%。在低温冰冻/暴风雪方面，16.46% 的农村居民反映经历过，高于城镇 7.75%。在干旱方面，农村的 33.41% 的比例高于城镇的 16.31%。

而在水污染、空气污染/雾霾以及大规模传染病方面，城镇居民反映经历过的比例都要明显高于农村。纵向来看，城镇居民反映在过去5年经历最多的前三项为地震、空气污染/雾霾和干旱，农村居民反映在过去5年经历最多的前三项为干旱、地震以及低温冰冻/暴风雪。

表 12 - 3　过去 5 年不同居住地的居民与所经历的自然灾害

	城镇		农村		总计	
	n	%	n	%	n	%
是否经历过地震						
是	231	27.11	467	28.48	698	28.01
否	621	72.89	1173	71.52	1794	71.99
总计	852	100	1640	100	2492	100
Pearson chi2（1）= 0.5165　Pr = 0.472						
是否经历过洪涝						
是	42	4.93	96	5.85	138	5.54
否	810	95.07	1544	94.15	2354	94.46
总计	852	100	1640	100	2492	100
Pearson chi2（1）= 0.9153　Pr = 0.339						
是否经历过滑坡/泥石流						
是	10	1.17	41	2.50	51	2.05
否	842	98.83	1599	97.5	2441	97.95
总计	852	100	1640	100	2492	100
Pearson chi2（1）= 4.9201　Pr = 0.027						
是否经历过台（飓）风						
是	13	1.53	26	1.59	39	1.57
否	839	98.47	1614	98.41	2453	98.43
总计	852	100	1640	100	2492	100
Pearson chi2（1）= 0.0129　Pr = 0.910						
是否经历过低温冰冻/暴风雪						
是	66	7.75	270	16.46	336	13.48
否	786	92.25	1370	83.54	2156	86.52

续表

	城镇		农村		总计	
	n	%	n	%	n	%
是否经历过低温冰冻/暴风雪						
总计	852	100	1640	100	2492	100

Pearson chi2（1）= 36. 5234　Pr = 0. 000

	城镇		农村		总计	
是否经历过干旱						
是	139	16. 31	548	33. 41	687	27. 57
否	713	83. 69	1092	66. 59	1805	72. 43
总计	852	100	1640	100	2492	100

Pearson chi2（1）= 82. 1096　Pr = 0. 000

	城镇		农村		总计	
是否经历过水污染						
是	92	10. 80	102	6. 22	194	7. 78
否	760	89. 20	1538	93. 78	2298	92. 22
总计	852	100	1640	100	2492	100

Pearson chi2（1）= 16. 3737　Pr = 0. 000

	城镇		农村		总计	
是否经历过空气污染/雾霾						
是	214	25. 12	159	9. 70	373	14. 97
否	638	74. 88	1481	90. 3	2119	85. 03
总计	852	100	1640	100	2492	100

Pearson chi2（1）= 104. 7821　Pr = 0. 000

	城镇		农村		总计	
是否经历过火灾						
是	31	3. 64	62	3. 78	93	3. 73
否	821	96. 36	1578	96. 22	2399	96. 27
总计	852	100	1640	100	2492	100

Pearson chi2（1）= 0. 0315　Pr = 0. 859

	城镇		农村		总计	
是否经历过大规模传染病						
是	37	4. 34	30	1. 83	67	2. 69
否	815	95. 66	1610	98. 17	2425	97. 31
总计	852	100	1640	100	2492	100

Pearson chi2（1）= 13. 5390　Pr = 0. 000

续表

	城镇		农村		总计	
	n	%	n	%	n	%
是否经历过化工事故						
是	11	1.29	12	0.73	23	0.92
否	841	98.71	1628	99.27	2469	99.08
总计	852	100	1640	100	2492	100

Pearson chi2（1）= 1.9186　Pr = 0.166

	城镇		农村		总计	
是否经历过人群踩踏						
是	6	0.70	7	0.43	13	0.52
否	846	99.3	1633	99.57	2479	99.48
总计	852	100	1640	100	2492	100

Pearson chi2（1）= 0.8314　Pr = 0.362

12.2　环境意识与环境知识

本节涉及的变量为"环境关注程度"以及"环境污染知识指数"。其中，"环境关注程度"与问卷中的"总体上，您对环境问题关注得多不多？"有关。环境污染知识指数是一个根据多个问题构建的一个综合性指标，取值范围 0 到 1，取值越大，说明环境污染知识越多。问卷问题为"以下是各种类型的环境问题或风险因素（包括空气污染、水污染、噪声污染、光污染等 15 项），请问您是否了解它们"。

如表 12 - 4 所示，不同地区居民对环境问题的关注程度存在差异。整体来看，5 个地区的大多数居民对环境问题都具有较高的关注度。其中，石嘴山居民对环境问题的关注度最高，近 60% 的石嘴山市居民对环境问题关注较多，仅有 10% 的居民不太关注环境问题。其次是吴忠市以及银川市的居民，对环境问题关注也较多。在中卫市和固原市，对环境问题关注的居民占多数，但是也要注意到，中卫市有近 30% 的居民对环境问题关注较少，固原市甚至有 14.15% 的居民没有关注过环境问题。

城镇居民在对环境问题的关注程度上要高于农村居民。不同民族身份的居民对环境问题的关注程度存在差异。无论是回族还是汉族，都对环境问题给予了较高的关注度，但汉族在对环境问题的关注度上稍高于回族。不同年龄段对环境问题的关注程度存在差异。其中，40～49 岁年龄段对于环境问题的关注度最高，该年龄段中，超过 50% 的人对环境问题关注较多。对环境问题关注度较差的是 50 岁及以上的年龄段，包括 50～59 岁年龄段和超过 60 岁的年龄段，两组中都有超过 25% 的人对环境问题关注很少，甚至没有关注。

不同受教育程度者对环境问题的关注程度存在差异。整体而言，随着受教育程度的提高，对环境问题的关注度也变高。在本科及以上的人群中，超过 90% 对环境问题抱有较高的关注度。而文盲/半文盲群体中，近 50% 的人对于环境问题关注的少，甚至完全不关注。不同收入阶层对环境问题的关注程度存在差异。与受教育程度相似，不同收入阶层同对环境问题关注度之间存在正相关，收入水平越高者，对于环境问题的关注度越高。其中，近 90% 的中高收入阶层，对环境问题关注较高。同样，在低收入群体中，近 30% 对环境问题不关注或者关注较低。

表 12-4 不同社会群体对环境的关注情况

单位：%

	总体上，您对环境问题关注得多不多？					
	非常多	多	一般	少	没有	总计
所在市						
银川市	6.58	41.18	34.17	9.66	8.40	100
石嘴山市	6.03	51.76	32.16	6.53	3.52	100
吴忠市	9.77	41.79	26.82	9.98	11.64	100
固原市	3.82	43.88	26.23	11.92	14.15	100
中卫市	3.18	35.24	33.33	17.83	10.40	100
总计	5.81	41.70	30.43	11.59	10.47	100
Pearson chi2 (16) =88.9512 Pr=0.000						
居住地						
城镇	7.04	44.01	33.10	8.92	6.92	100

续表

	总体上，您对环境问题关注得多不多？					
	非常多	多	一般	少	没有	总计
居住地						
农村	5.18	40.50	29.05	12.97	12.30	100
总计	5.81	41.70	30.43	11.59	10.47	100

Pearson chi2（4）= 31.4865　Pr = 0.000

	非常多	多	一般	少	没有	总计
民族身份						
汉族	6.03	43.51	32.23	9.99	8.24	100
回族	5.53	38.40	27.55	14.26	14.26	100
总计	5.84	41.58	30.46	11.60	10.52	100

Pearson chi2（4）= 37.4033　Pr = 0.000

	非常多	多	一般	少	没有	总计
年龄段						
18～29 岁	8.98	37.72	39.22	9.28	4.79	100
30～39 岁	4.74	40.67	32.59	10.86	11.14	100
40～49 岁	5.27	45.12	29.77	10.08	9.77	100
50～59 岁	5.77	41.67	26.76	14.58	11.22	100
60 岁及以上	5.31	40.80	28.65	11.76	13.47	100
总计	5.83	41.7	30.45	11.57	10.45	100

Pearson chi2（16）= 46.1904　Pr = 0.000

	非常多	多	一般	少	没有	总计
最高学历						
文盲/半文盲	2.59	26.72	25.29	18.1	27.30	100
小学	3.26	35.33	27.44	18.52	15.44	100
初中	5.90	44.17	32.77	10.48	6.68	100
高中或中专	6.81	50.70	31.92	6.57	3.99	100
大专	9.89	49.45	36.81	0.55	3.30	100
本科及以上	13.16	50.53	30.53	4.74	1.05	100
总计	5.82	41.65	30.46	11.6	10.47	100

Pearson chi2（20）= 319.3123　Pr = 0.000

	非常多	多	一般	少	没有	总计
家庭人均年收入等级						
低收入	4.87	32.61	33.56	13.53	15.43	100
中低收入	5.29	43.27	25.16	15.22	11.06	100
中等收入	4.48	46.27	28.78	11.30	9.17	100

	总体上，您对环境问题关注得多不多？					
	非常多	多	一般	少	没有	总计
家庭人均年收入等级						
中高收入	7.88	47.62	32.84	6.73	4.93	100
总计	5.65	41.70	30.32	11.84	10.49	100

Pearson chi2（12）=97.0658　Pr=0.000

图 12-1 显示了不同性别和年龄群体所拥有的环境污染知识。一方面，在控制性别的基础上，环境污染知识指数同年龄段成反比，即年龄段越高，环境污染知识越少。对环境污染知识了解最多的是 18～29 岁年龄段，男性和女性的平均数均超过 0.5，其中男性 0.58，女性 0.52。30～39 岁年龄段和 40～49 岁年龄段之间相差不大，其中男性的环境污染知识指数均为 0.45，而女性中 40～49 岁年龄段较 30～39 岁年龄段略降 0.01。对于环境污染知识掌握程度最低的是 60 岁及以上年龄段，男性的平均数为 0.39，女性为 0.32。另一方面，在控制年龄的基础上，可以发现，在各个年龄段中，男性对于环境污染知识的掌握情况均高于女性。在 30～39 岁年龄段中，男女之间的差别最小，仅有 0.03。而在 60 岁及以上年龄段中，男女之间的差别最大，有 0.07。

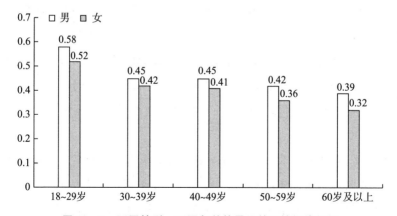

图 12-1　不同性别、不同年龄的居民的环境污染知识

图 12-2 显示了居住地、民族与环境污染知识指数之间的关系。首先，在控制民族这个变量时，可以发现，无论是汉族还是回族，居住地为城镇

的居民的环境污染知识的平均数要明显高于居住地为农村者。汉族城乡平均数相差 0.06，回族城乡平均数相差 0.09，可见，回族城乡之间在此项上的差异要高于汉族。其次，在控制居住地这个变量时，不同民族之间环境污染知识指数存在差异。在城镇，汉族和回族尽管存在差异，但差异不大，汉族环境污染知识平均数仅比回族高 0.04。而在农村，二者差异较城镇来说稍大一些，汉族环境污染知识平均数比回族高 0.07。

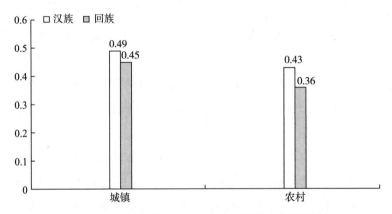

图 12-2 不同居住地、不同民族居民的环境污染知识

如图 12-3 所示，受教育程度与环境污染知识指数之间存在明显的正相关关系。随着受教育程度的提高，环境污染知识指数上升。受教育程度较高的人，对于环境污染知识掌握得也较多。从图中可见，受教育程度为文盲/半文盲者，其环境污染知识的平均值仅为 0.24，小学学历为 0.31，学历达到高中后，环境污染知识平均值有一个显著的提升，上升至 0.45，高中/中专以及大专学历之间相差不大，大专学历的环境污染知识的平均数为 0.54，仅比高中/中专者多 0.01，而本科及以上学历的环境污染知识的平均值最高，为 0.67。

如图 12-4 所示，收入水平与环境污染知识指数之间存在明显的正相关关系。随着收入水平的不断提高，环境污染知识指数上升。收入越高的人，对于环境污染知识掌握得也越多。从图中可见，低收入者群体的环境污染知识的平均值为 0.36，中低收入群体为 0.42，中等收入群体的为 0.44，中高收入者的平均值最高，为 0.50。

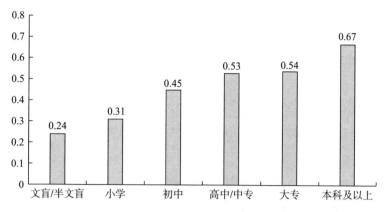

图 12 – 3　不同教育背景的居民的环境污染知识

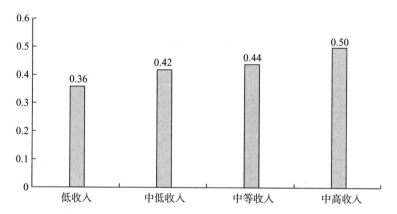

图 12 – 4　不同收入水平的居民的环境污染知识

12.3　环境行为

　　本节涉及的变量为"环境保护行为指数"。环境保护行为指数是根据如下问卷问题构建，是一个综合性测量指标，取值范围 0 到 1，取值越大，说明环境保护行为越多。问卷问题为"在最近一年内，您是否从事过下列活动或行为？（包括对垃圾进行分类，与自己的亲戚朋友讨论环境保护问题，采购日常用品时自己带购物篮或购物袋等 14 项）"。

　　图 12 –5 显示不同性别和年龄群体在环境行为上的情况。一方面，控制性别变量，可以发现，男性群体在 18 ~ 59 岁时，随着年龄段的增长，环境

保护行为指数的平均值逐步递减：18～29 岁年龄段的人，环境保护行为指数平均值最高，为 0.45；而 50～59 岁年龄段的人，平均值最低，为 0.30。但是到了 60 岁及以上年龄段，环境保护行为指数平均值较 50～59 岁年龄段升高，为 0.32，与 40～49 岁年龄段相同。而女性则整体呈现随着年龄段的增长，环境保护行为指数的平均值逐步递减。但 18～29 岁年龄段与 30～39 岁年龄段，其环境保护行为指数的平均值相同，均为 0.41，从 40 岁开始，该平均值开始逐步下降，降至 60 岁及以上年龄组的 0.28。另一方面，在控制年龄变量后，不同性别的环境保护行为不同。在 18～29 岁年龄组以及 60 岁及以上年龄组中，男性的环境保护行为指数平均值高于女性，且均高过女性平均值 0.04。而与之相反，在 30～39 岁、40～49 岁以及 50～59 岁年龄组中，女性的环境保护行为指数平均值高于男性。其中，40～49 岁年龄组中，男女保护环境行为指数相差最大，为 0.08。

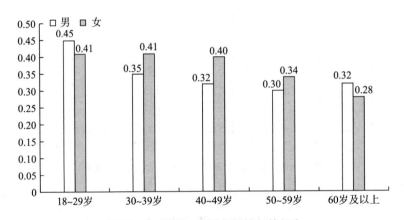

图 12-5　性别、年龄与环境保护行为

　　图 12-6 显示了居住地、民族与环境保护行为指数之间的关系。首先，在控制民族这个变量时，可以发现，无论是汉族还是回族，居住地为城镇的居民的环境保护行为指数平均值要明显高于居住地为农村者。汉族城乡平均值相差 0.08，回族城乡平均值相差 0.10，回族城乡之间在此项上的差异要高于汉族。其次，在控制居住地这个变量时，不同民族居民的环境保护行为指数存在差异。在城镇，汉族和回族尽管存在差异，但差异不大，汉族环境保护行为指数平均值仅比回族高 0.03。而在农村，二者差异较城

镇来说稍大一些，汉族居民环境保护行为指数平均值比回族高 0.05。

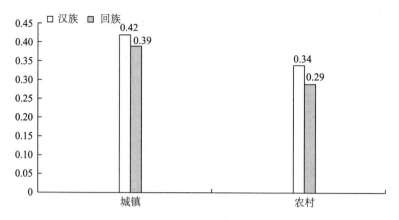

图 12 - 6　居住地、民族与环境保护行为

如图 12 - 7 所示，受教育程度与环境保护行为指数之间存在明显的正相关关系，随着受教育程度的提高，环境保护行为指数上升，意味着受教育程度越高的人，越会保护环境。从图中可见，受教育程度为文盲/半文盲者，其环境保护行为平均值仅为 0.23；小学学历为 0.26；初中为 0.35；学历达到高中或中专后，居民环境保护行为平均值有一个较显著的提升，上升至 0.44；大专学历居民的环境保护行为平均值为 0.49；本科及以上学历居民的环境保护行为平均值最高，为 0.51。

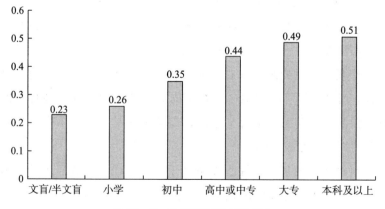

图 12 - 7　教育与环境保护行为

如图 12 - 8 所示，收入水平与环境污染知识指数之间存在明显的正相关关系。随着收入水平的不断提高，环境保护行为指数上升，意味着收入越高的人越会保护环境。但是尽管呈现一个递增的趋势，但是不同收入水平之间的平均值的差异并不大。从图中可见，低收入者，其环境保护行为的平均值为0.31；中低收入者为0.32，仅比前者高0.01；中等收入者，其环境保护行为的平均值为0.36；而中高收入者的环境污染知识的平均值最高，为0.42。

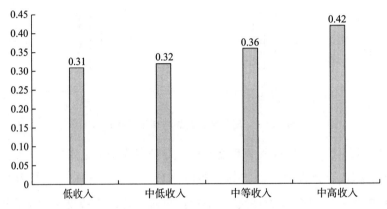

图 12-8　收入水平与环境行为

12.4　本章小结

基于2019年宁夏回族自治区抽样调查数据，本章主要考察了宁夏地区的生态环境问题以及不同社会群体的环境意识和环境保护行为情况。主要有如下几点发现。

（1）宁夏少数民族地区存在环境问题，但问题一般或不严重，且生态环境好转。而且，尽管不同地区以及不同居住地的居民在本地环境问题上的评价存在差异，但无论是哪个地区，是城镇还是农村，多数居民对本地环境问题的评价都是较好的。

（2）城镇居民的环境关注程度略高于农村居民。汉族居民的环境关注程度高于回族。在环境关注的代际差异上，青年群体的环境关注程度高于其他年龄组。中年人，尤其是40～49岁年龄段的环境关注程度最高。在收入和受教育程度与环境关注程度的相关性上，同其他研究一样，都显示出了正相关关系，即受教育水平和收入水平越高的群体，环境关注程度相对越高。

（3）在环境知识的掌握情况上，存在性别和代际差异，尤其值得关注的是代际差异。随着年龄的增长，居民对于环境知识的掌握越来越少。在性别差异上，并没有体现出绝对的男性高于女性，或者女性高于男性，而是在不同的年龄段中体现出不同的特点。

（4）不同居住地与民族群体在环境知识的掌握情况上存在差异。城镇居民对于环境知识的掌握情况要强于农村居民，汉族对于环境知识的掌握情况要强于回族。受教育程度和收入水平与对环境知识的掌握情况之间呈正相关。即受教育水平和收入水平越高的群体，环境知识拥有的相对越多。

（5）不同性别以及不同年龄段群体之间在环境行为上存在差异。在性别上，并没有明显的正相关或者负相关关系，但是在年龄差异上，整体还是体现了负相关关系，即随着年龄的增加，进行环境保护行为的可能性变小。不同居住地与民族群体之间在环境保护行为上存在差异。城镇居民的环境保护行为要多于农村居民，汉族居民进行环境保护行为要多于回族。在受教育程度和收入水平与环境保护行为指数之间呈正相关，即受教育水平和收入水平越高的群体，环境保护行为相对越多。

参考文献

F. H. Buttel, W. L. Flinn, "Social Class and Mass Environmental Beliefs: A Reconsideration", *Environment and Behavior*, 1978 (3).

Brand K, *Environmental Consciousness and Behaviour: The Greening of Lifestyles, The International Handbook of Environmental Sociology*, London: Edward Elgar Co, 1997.

Dunlap R, Van Liere K, "The 'New Environmental Paradigm': A Proposed Measuring Instrument and Preliminary Results", *Journal of Environmental Education*, 1978 (4).

Jones R, Dunlap R, "The Social Bases of Environmental Concern: Have They Changed Over Time?", *Rural Sociology*, 1992 (1).

崔凤、唐国建：《环境社会学：关于环境行为的社会学阐释》，《社会科学辑刊》2010 年第 3 期。

崔凤、邢一新：《环境行为的社会学研究回顾》，《南京工业大学学报》（社会科学版）

2012 年第 2 期。

洪大用：《公民环境意识的综合评判及抽样分析》，《科技导报》1998 年第 9 期。

焦开山：《社会经济地位、环境意识与环境保护行为——一项基于结构方程模型的分析》，《内蒙古社会科学》（汉文版）2014 年第 6 期。

李艳春：《城乡居民环境意识差异分析》，《哈尔滨工业大学学报》（社会科学版）2019 年第 5 期。

刘建国：《城市居民环境意识与环境行为关系研究》，硕士学位论文，兰州大学，2007。

刘森林：《当代中国青年群体环境意识研究——基于中国社会状况综合调查（CSS）2013 年数据》，《中国青年研究》2017 年第 5 期。

刘森林、尹永江：《我国公众环境意识的代际差异及其影响因素》，《北京工业大学学报》（社会科学版）2018 年第 3 期。

王芳：《行动者及其环境行为博弈：城市环境问题形成机制的探讨》，《上海大学学报》（社会科学版）2006 年第 6 期。

王芳：《环境社会学新视野：行动者、公共空间与城市环境问题》，上海人民出版社，2007。

张浩：《保持生态立区战略定力　以党建引领建设天蓝地绿水美新宁夏》，《宁夏林业》2019 年第 2 期。

周志家：《环境意识研究：现状、困境与出路》，《厦门大学学报》（哲学社会科学版）2008 年第 4 期。

第 13 章　中华民族共同体意识

　　中华民族是起源于中华大地，以中华文化为主要纽带，具有通用的语言文字和共同的文化心理素质的稳定的共同体，包括生活在中华大地上的 56 个民族的民族共同体。在我国各民族漫长的历史演进历程中，各族人民交相互动，不断磨合、吸纳与涵化，最终形成了一个"你来我去，我来你去，你中有我，我中有你"的中华民族共同体（费孝通，1989；朱碧波，2016）。近代以来，随着西方列强的入侵，民族危机日益深重，民族自觉意识逐渐高涨，中华民族共同体逐渐由一个自在的民族实体，经过民族自觉而成为中华民族共同体，并形成了中华民族共同体意识（胡岩，2013；王文光、徐媛媛，2018）。习近平总书记在 2014 年 9 月的中央民族工作会议上专门指出："加强中华民族大团结，长远和根本的是增强文化认同，建设各民族共有精神家园，积极培养中华民族共同体意识。"而党的十九大报告也明确指出"全面贯彻党的民族政策，深化民族团结进步教育，铸牢中华民族共同体意识，加强各民族交往交流交融，促进各民族像石榴籽一样紧紧抱在一起，共同团结奋斗、共同繁荣发展"。中华民族共同体意识作为习近平新时代民族工作中最具创新意义的部分，在整个思想体系中占据着重要地位（郝亚明，2019a；王延中，2018）。

　　随着中国特色社会主义进入新时代，中国社会的主要矛盾已经发生了重大的变化。习近平总书记指出："我国社会主要矛盾已经转化为人民日益增长的美好生活需要和不平衡不充分的发展之间的矛盾。"同时随着地缘政治形势的变迁、境外宗教渗透的炽热、全球第三次民族主义浪潮的复兴，我国的民族工作也面临新的机遇和挑战（麻国庆，2017；朱碧波，2016）。

中华民族共同体的建设，是当代中国发展中凸显的重大理论和现实问题，对国家的统一、稳定和发展都具有战略意义（周平，2016，2019）。对中华民族共同体的研究无论在官方还是在学界都受到了较多的重视，并且具有较强的理论意义与现实意义。

以往相关研究主要集中于对中华民族共同体的相关理论讨论，并对民族间交往和通婚状况有一定的关注。首先，在少数民族居民民族认同与国家认同的方面，以往诸多学者大都从费孝通"中华民族多元一体"观点出发，进行了充分的理论讨论，从多种理论角度强调了建设中华民族共同体和培育中华民族共同体意识的重要性（费孝通，1989；关凯，2017；郝亚明，2019b；胡岩，2013；徐杰舜、韦小鹏，2008；杨鹍飞，2016；周平，2015；朱碧波，2016）。而在民族交往方面，有研究依据互动论的观点，从交往意愿、交往能动性、交往程度等方面对少数民族与城市"他者"之间的交往状况进行描述性分析，认为民族交往主观意愿强，被动性民族交往较多，而深层次民族交往偏少（李晓霞，2004；赵茜，2015）。

一些学者对中国的民族通婚状况保持了关注，通过对部分城市的考察，认为民族通婚的总趋势是不断上升的，并分别考察了民族通婚中性别、年龄、职业因素、离婚的情况（李臣玲，2004；庄世恒，2006）。在市场经济条件下，各族群缔结婚姻的习俗和标准是多方面因素综合的结果。它不再是单一的风俗习惯标准或个人行为，而是一种动态的社会现象，受到特定的社会文化环境、地理环境、人口规模、居住格局和经济发展状况等因素的影响。同时有研究从中国城乡分异的角度研究西北部分城市的民族间通婚情况，认为农村中民族通婚比城市中更多。并且少数民族散杂居区民族通婚现象的发生是相对容易的，原因在于有接触了解交往的客观条件。同时如果居民文化层次较高，对异文化可以更好地理解和接受，结构交融和文化交融都较深入，民族间通婚也更容易发生（杜娟，2018；汤夺先，2007）。还有研究通过对族际通婚夫妇的初婚年龄和生育数量进行分析，认为族际通婚能推迟婚龄并减少生育，族际婚姻子女偏向于选择少数民族身份，说明了民族通婚带来的民族选择偏好对我国少数民族人口增长的影响（郭志刚、李睿，2008）。

　　宁夏回族自治区是中国少数民族主要聚居的自治区之一，也是中华民族共同体建设重点关注的地区之一。对宁夏少数民族地区居民与中华民族共同体有关问题的实证研究具有重要的意义与价值。综上文献回顾，以往的研究主要关注与中华民族共同体有关的民族理论，而在实证层面对少数民族地区居民民族认同、国家认同状况的研究还比较少。基于这样的考虑，本章的焦点放在了对宁夏少数民族地区居民有关中华民族共同体的相关论题上，利用 2019 年在宁夏回族自治区进行的随机抽样调查数据，对宁夏少数民族地区居民与中华民族共同体有关的内容进行进一步的实证研究。探究宁夏少数民族地区居民与中华民族共同体建设有关的问题及状况，有利于为相关民族政策的调整和实施提供相应的参考，也有利于宁夏民族地区和少数民族的进一步科学有效发展。

13.1　国家自豪感

　　国家自豪感主要考察居民对中国的多个方面的自豪感状况，取值分别为"不自豪""一般""自豪"。根据表 13 - 1 民族身份与国家自豪感，整体而言，宁夏少数民族地区居民的国家自豪感较强，对中国各方面感到自豪的比例均超过了 80%，而感到不自豪的比例均低于 10%。

　　表 13 - 1 显示了不同民族身份群体的国家自豪感。在全部的十个方面中，回族居民与汉族居民感到自豪的比例相近。其中，"中国对社会上所有群体的公平和平等待遇"方面，回族居民感到自豪的比例为 86.60%，汉族居民感到自豪的比例为 82.62%，回族居民感到自豪的比例更高。"中国在民生保障上的政策"方面，回族居民感到自豪的比例为 87.45%，汉族居民感到自豪的比例为 83.07%，回族居民感到自豪的比例更高。在对中国的历史、中国在世界上的政治影响力、中国在科技上的成就以及中国在体育上的成就方面，回族居民感到自豪的比例也稍高于汉族居民。

表 13 - 1　不同民族身份的居民的国家自豪感

对中国在以下几个方面上的自豪感	汉族		回族		总计	
	n	%	n	%	n	%
中国在艺术和文学方面的成就						
不自豪	105	6.81	61	6.49	166	6.69
一般	102	6.61	50	5.32	152	6.12
自豪	1335	86.58	829	88.19	2164	87.19
总计	1542	100	940	100	2482	100
Pearson chi2（2）= 1.8650　Pr = 0.394						
中国特色的社会主义制度						
不自豪	94	6.10	64	6.81	158	6.37
一般	67	4.35	45	4.79	112	4.51
自豪	1381	89.56	831	88.40	2212	89.12
总计	1542	100	940	100	2482	100
Pearson chi2（2）= 0.8062　Pr = 0.668						
中国取得的经济成就						
不自豪	59	3.83	34	3.62	93	3.75
一般	67	4.35	34	3.62	101	4.07
自豪	1416	91.83	872	92.77	2288	92.18
总计	1542	100	940	100	2482	100
Pearson chi2（2）= 0.8844　Pr = 0.643						
中国对社会上所有群体的公平和平等待遇						
不自豪	93	6.03	50	5.32	143	5.76
一般	175	11.35	76	8.09	251	10.11
自豪	1274	82.62	814	86.60	2088	84.13
总计	1542	100	940	100	2482	100
Pearson chi2（2）= 7.7626　Pr = 0.021						
中国的历史						
不自豪	101	6.55	72	7.66	173	6.97
一般	101	6.55	46	4.89	147	5.92
自豪	1340	86.90	822	87.45	2162	87.11
总计	1542	100	940	100	2482	100
Pearson chi2（2）= 3.7568　Pr = 0.153						

续表

对中国在以下几个方面上的自豪感	汉族		回族		总计	
	n	%	n	%	n	%
中国的军队						
不自豪	65	4.22	33	3.51	98	3.95
一般	44	2.85	22	2.34	66	2.66
自豪	1433	92.93	885	94.15	2318	93.39
总计	1542	100	940	100	2482	100
Pearson chi2（2）= 1.4051　Pr = 0.495						
中国在世界上的政治影响力						
不自豪	79	5.12	57	6.06	136	5.48
一般	68	4.41	19	2.02	87	3.51
自豪	1395	90.47	864	91.91	2259	91.02
总计	1542	100	940	100	2482	100
Pearson chi2（2）= 10.5829　Pr = 0.005						
中国在科技上的成就						
不自豪	80	5.19	59	6.28	139	5.60
一般	65	4.22	20	2.13	85	3.42
自豪	1397	90.60	861	91.60	2258	90.98
总计	1542	100	940	100	2482	100
Pearson chi2（2）= 8.7317　Pr = 0.013						
中国在体育上的成就						
不自豪	77	4.99	54	5.74	131	5.28
一般	82	5.32	28	2.98	110	4.43
自豪	1383	89.69	858	91.28	2241	90.29
总计	1542	100	940	100	2482	100
Pearson chi2（2）= 7.9968　Pr = 0.018						
中国在民生保障上的政策						
不自豪	112	7.26	60	6.38	172	6.93
一般	149	9.66	58	6.17	207	8.34
自豪	1281	83.07	822	87.45	2103	84.73
总计	1542	100	940	100	2482	100
Pearson chi2（2）= 10.5125　Pr = 0.005						

表13-2显示了不同居住地的居民的国家自豪感。如表所示，在全部的十个方面中，城镇居民与农村居民尤其感到自豪方面各不相同，并大多有显著差异。其中，"中国对社会上所有群体的公平和平等待遇"方面，农村居民感到自豪的比例为85.99%，城镇居民感到自豪的比例为80.63%，农村居民感到自豪的比例更高。"中国在民生保障上的政策"方面，农村居民感到自豪的比例为85.57%，城镇居民感到自豪的比例为83.10%，农村居民感到自豪的比例更高。此外，对于中国在艺术和文学方面的成就、中国取得的经济成就、中国的历史以及中国在体育上的成就，农村居民感到自豪的比例也稍微高于城镇居民。而对于中国特色社会主义制度、中国在世界上的政治影响力以及中国在科技上的成就，城镇居民感到自豪的比例稍微高于农村居民。

表13-2 不同居住地的居民的国家自豪感

对中国在以下几个方面上的自豪感	城镇		农村		总计	
	n	%	n	%	n	%
中国在艺术和文学方面的成就						
不自豪	46	5.40	122	7.43	168	6.74
一般	70	8.22	83	5.05	153	6.13
自豪	736	86.38	1437	87.52	2173	87.13
总计	852	100	1642	100	2494	100
Pearson chi2（2）=12.6541 Pr=0.002						
中国特色社会主义制度						
不自豪	36	4.23	122	7.43	158	6.34
一般	54	6.34	59	3.59	113	4.53
自豪	762	89.44	1461	88.98	2223	89.13
总计	852	100	1642	100	2494	100
Pearson chi2（2）=18.4339 Pr=0.000						
中国取得的经济成就						
不自豪	25	2.93	69	4.20	94	3.77
一般	49	5.75	52	3.17	101	4.05
自豪	778	91.31	1521	92.63	2299	92.18

续表

对中国在以下几个方面上的自豪感	城镇		农村		总计	
	n	%	n	%	n	%
中国取得的经济成就						
总计	852	100	1642	100	2494	100

Pearson chi2（2）= 11.7488　Pr = 0.003

中国对社会上所有群体的公平和平等待遇						
不自豪	44	5.16	99	6.03	143	5.73
一般	121	14.20	131	7.98	252	10.10
自豪	687	80.63	1412	85.99	2099	84.16
总计	852	100	1642	100	2494	100

Pearson chi2（2）= 24.1501　Pr = 0.000

中国的历史						
不自豪	45	5.28	128	7.80	173	6.94
一般	67	7.86	81	4.93	148	5.93
自豪	740	86.85	1433	87.27	2173	87.13
总计	852	100	1642	100	2494	100

Pearson chi2（2）= 13.2404　Pr = 0.001

中国的军队						
不自豪	27	3.17	71	4.32	98	3.93
一般	24	2.82	42	2.56	66	2.65
自豪	801	94.01	1529	93.12	2330	93.42
总计	852	100	1642	100	2494	100

Pearson chi2（2）= 2.0947　Pr = 0.351

中国在世界上的政治影响力						
不自豪	27	3.17	109	6.64	136	5.45
一般	41	4.81	46	2.80	87	3.49
自豪	784	92.02	1487	90.56	2271	91.06
总计	852	100	1642	100	2494	100

Pearson chi2（2）= 19.0130　Pr = 0.000

中国在科技上的成就						
不自豪	26	3.05	113	6.88	139	5.57
一般	37	4.34	49	2.98	86	3.45

续表

对中国在以下几个方面上的自豪感	城镇		农村		总计	
	n	%	n	%	n	%
中国在科技上的成就						
自豪	789	92.61	1480	90.13	2269	90.98
总计	852	100	1642	100	2494	100
Pearson chi2（2）= 18.1444　Pr = 0.000						
中国在体育上的成就						
不自豪	31	3.64	100	6.09	131	5.25
一般	56	6.57	54	3.29	110	4.41
自豪	765	89.79	1488	90.62	2253	90.34
总计	852	100	1642	100	2494	100
Pearson chi2（2）= 20.1786　Pr = 0.000						
中国在民生保障上的政策						
不自豪	43	5.05	129	7.86	172	6.90
一般	101	11.85	108	6.58	209	8.38
自豪	708	83.10	1405	85.57	2113	84.72
总计	852	100	1642	100	2494	100
Pearson chi2（2）= 25.4631　Pr = 0.000						

表 13 - 3 显示了不同受教育程度群体的国家自豪感。如表所示，在全部的十个方面中，除"中国对社会上所有群体的公平和平等待遇"方面外，居民学历越高，其对各方面感到自豪的比例越高，并均有显著差异。"中国对社会上所有群体的公平和平等待遇"方面，居民感到自豪的比例随着其学历的增高有一个先增后减的过程，初中学历居民感到自豪的比例最高，为85.32%。

表 13 - 3　不同受教育程度的居民的国家自豪感

国家自豪感	文盲/半文盲		小学		初中		高中或中专		大专		本科及以上		总计	
	n	%	n	%	n	%	n	%	n	%	n	%	n	%
中国在艺术和文学方面的成就														
不自豪	53	15.23	50	8.58	38	4.98	19	4.46	5	2.75	3	1.58	168	6.74

续表

国家自豪感	文盲/半文盲		小学		初中		高中或中专		大专		本科及以上		总计	
	n	%	n	%	n	%	n	%	n	%	n	%	n	%
中国在艺术和文学方面的成就														
一般	11	3.16	28	4.8	56	7.34	33	7.75	11	6.04	14	7.37	153	6.14
自豪	284	81.61	505	86.62	669	87.68	374	87.79	166	91.21	173	91.05	2171	87.12
总计	348	100	583	100	763	100	426	100	182	100	190	100	2492	100
Pearson chi2（10）= 71.4655　Pr = 0.000														
中国特色社会主义制度														
不自豪	52	14.94	55	9.43	31	4.06	12	2.82	4	2.20	4	2.11	158	6.34
一般	11	3.16	20	3.43	38	4.98	24	5.63	10	5.49	10	5.26	113	4.53
自豪	285	81.9	508	87.14	694	90.96	390	91.55	168	92.31	176	92.63	2221	89.13
总计	348	100	583	100	763	100	426	100	182	100	190	100	2492	100
Pearson chi2（10）= 82.7126　Pr = 0.000														
中国取得的经济成就														
不自豪	27	7.76	35	6	20	2.62	8	1.88	2	1.10	2	1.05	94	3.77
一般	6	1.72	24	4.12	30	3.93	21	4.93	11	6.04	9	4.74	101	4.05
自豪	315	90.52	524	89.88	713	93.45	397	93.19	169	92.86	179	94.21	2297	92.17
总计	348	100	583	100	763	100	426	100	182	100	190	100	2492	100
Pearson chi2（10）= 44.4715　Pr = 0.000														
中国对社会上所有群体的公平和平等待遇														
不自豪	39	11.21	43	7.38	35	4.59	14	3.29	8	4.40	4	2.11	143	5.74
一般	18	5.17	43	7.38	77	10.09	50	11.74	32	17.58	32	16.84	252	10.11
自豪	291	83.62	497	85.25	651	85.32	362	84.98	142	78.02	154	81.05	2097	84.15
总计	348	100	583	100	763	100	426	100	182	100	190	100	2492	100
Pearson chi2（10）= 65.6905　Pr = 0.000														
中国的历史														
不自豪	58	16.67	61	10.46	40	5.24	9	2.11	2	1.10	3	1.58	173	6.94
一般	14	4.02	31	5.32	50	6.55	24	5.63	13	7.14	16	8.42	148	5.94
自豪	276	79.31	491	84.22	673	88.20	393	92.25	167	91.76	171	90	2171	87.12
总计	348	100	583	100	763	100	426	100	182	100	190	100	2492	100
Pearson chi2（10）= 102.6444　Pr = 0.000														
中国的军队														
不自豪	32	9.20	38	6.52	19	2.49	4	0.94	2	1.10	3	1.58	98	3.93
一般	6	1.72	16	2.74	23	3.01	10	2.35	7	3.85	4	2.11	66	2.65
自豪	310	89.08	529	90.74	721	94.50	412	96.71	173	95.05	183	96.32	2328	93.42

续表

国家自豪感	文盲/半文盲		小学		初中		高中或中专		大专		本科及以上		总计	
	n	%	n	%	n	%	n	%	n	%	n	%	n	%
中国的军队														
总计	348	100	583	100	763	100	426	100	182	100	190	100	2492	100

Pearson chi2（10）= 59.3906　Pr = 0.000

国家自豪感	文盲/半文盲		小学		初中		高中或中专		大专		本科及以上		总计	
中国在世界上的政治影响力														
不自豪	45	12.93	54	9.26	23	3.01	10	2.35	3	1.65	1	0.53	136	5.46
一般	7	2.01	16	2.74	28	3.67	19	4.46	6	3.30	11	5.79	87	3.49
自豪	296	85.06	513	87.99	712	93.32	397	93.19	173	95.05	178	93.68	2269	91.05
总计	348	100	583	100	763	100	426	100	182	100	190	100	2492	100

Pearson chi2（10）= 90.5854　Pr = 0.000

国家自豪感	文盲/半文盲		小学		初中		高中或中专		大专		本科及以上		总计	
中国在科技上的成就														
不自豪	52	14.94	49	8.40	25	3.28	9	2.11	2	1.10	2	1.05	139	5.58
一般	8	2.30	18	3.09	29	3.80	15	3.52	7	3.85	9	4.74	86	3.45
自豪	288	82.76	516	88.51	709	92.92	402	94.37	173	95.05	179	94.21	2267	90.97
总计	348	100	583	100	763	100	426	100	182	100	190	100	2492	100

Pearson chi2（10）= 100.2150　Pr = 0.000

国家自豪感	文盲/半文盲		小学		初中		高中或中专		大专		本科及以上		总计	
中国在体育上的成就														
不自豪	42	12.07	44	7.55	30	3.93	11	2.58	2	1.10	2	1.05	131	5.26
一般	9	2.59	20	3.43	34	4.46	24	5.63	14	7.69	9	4.74	110	4.41
自豪	297	85.34	519	89.02	699	91.61	391	91.78	166	91.21	179	94.21	2251	90.33
总计	348	100	583	100	763	100	426	100	182	100	190	100	2492	100

Pearson chi2（10）= 68.7222　Pr = 0.000

国家自豪感	文盲/半文盲		小学		初中		高中或中专		大专		本科及以上		总计	
中国在民生保障上的政策														
不自豪	45	12.93	60	10.29	37	4.85	19	4.46	5	2.75	6	3.16	172	6.90
一般	13	3.74	42	7.20	62	8.13	51	11.97	20	10.99	21	11.05	209	8.39
自豪	290	83.33	481	82.5	664	87.02	356	83.57	157	86.26	163	85.79	2111	84.71
总计	348	100	583	100	763	100	426	100	182	100	190	100	2492	100

Pearson chi2（10）= 65.4383　Pr = 0.000

　　表13－4显示了不同收入群体在国家自豪感上的情况。如表所示，在全部的十个方面中，除"中国对社会上所有群体的公平和平等待遇"和"中国在民生保障上的政策"两个方面外，居民家庭人均年收入等级越高，其对各方面感到自豪的比例越高，并大多有显著差异。"中国对社会上所有群体的公平和平等待遇"方面，居民感到自豪的比例随着其家庭人均年收入

等级的增高有一个先增后减的过程，中低收入居民感到自豪的比例最高，为85.74%。"中国在民生保障上的政策"方面，居民感到自豪的比例随着其家庭人均年收入等级的增高起伏不定，中低收入居民感到自豪的比例最高，为87.34%。

表 13 – 4　不同收入水平的居民的国家自豪感

对中国在以下几个方面上的自豪感	低收入		中低收入		中等收入		中高收入		总计	
	n	%	n	%	n	%	n	%	n	%
中国在艺术和文学方面的成就										
不自豪	65	8.80	43	6.89	30	6.40	26	4.27	164	6.72
一般	49	6.63	34	5.45	30	6.40	35	5.75	148	6.06
自豪	625	84.57	547	87.66	409	87.21	548	89.98	2129	87.22
总计	739	100	624	100	469	100	609	100	2441	100
Pearson chi2（6）= 12.3910　Pr = 0.054										
中国特色社会主义制度										
不自豪	67	9.07	39	6.25	29	6.18	21	3.45	156	6.39
一般	34	4.60	16	2.56	26	5.54	32	5.25	108	4.42
自豪	638	86.33	569	91.19	414	88.27	556	91.30	2177	89.18
总计	739	100	624	100	469	100	609	100	2441	100
Pearson chi2（6）= 25.0913　Pr = 0.000										
中国取得的经济成就										
不自豪	38	5.14	26	4.17	16	3.41	13	2.13	93	3.81
一般	34	4.60	18	2.88	19	4.05	29	4.76	100	4.10
自豪	667	90.26	580	92.95	434	92.54	567	93.10	2248	92.09
总计	739	100	624	100	469	100	609	100	2441	100
Pearson chi2（6）= 12.0863　Pr = 0.060										
中国对社会上所有群体的公平和平等待遇										
不自豪	51	6.90	42	6.73	22	4.69	26	4.27	141	5.78
一般	66	8.93	47	7.53	56	11.94	76	12.48	245	10.04
自豪	622	84.17	535	85.74	391	83.37	507	83.25	2055	84.19
总计	739	100	624	100	469	100	609	100	2441	100
Pearson chi2（6）= 16.3472　Pr = 0.012										

对中国在以下几个方面上的自豪感	低收入		中低收入		中等收入		中高收入		总计	
	n	%	n	%	n	%	n	%	n	%
中国的历史										
不自豪	62	8.39	49	7.85	35	7.46	26	4.27	172	7.05
一般	50	6.77	28	4.49	28	5.97	38	6.24	144	5.90
自豪	627	84.84	547	87.66	406	86.57	545	89.49	2125	87.05
总计	739	100	624	100	469	100	609	100	2441	100
Pearson chi2（6）= 13.2918 Pr = 0.039										
中国的军队										
不自豪	40	5.41	27	4.33	15	3.20	15	2.46	97	3.97
一般	23	3.11	12	1.92	14	2.99	15	2.46	64	2.62
自豪	676	91.47	585	93.75	440	93.82	579	95.07	2280	93.40
总计	739	100	624	100	469	100	609	100	2441	100
Pearson chi2（6）= 10.8814 Pr = 0.092										
中国在世界上的政治影响力										
不自豪	56	7.58	40	6.41	22	4.69	17	2.79	135	5.53
一般	29	3.92	13	2.08	22	4.69	22	3.61	86	3.52
自豪	654	88.50	571	91.51	425	90.62	570	93.60	2220	90.95
总计	739	100	624	100	469	100	609	100	2441	100
Pearson chi2（6）= 22.1555 Pr = 0.001										
中国在科技上的成就										
不自豪	59	7.98	43	6.89	22	4.69	14	2.30	138	5.65
一般	32	4.33	13	2.08	21	4.48	19	3.12	85	3.48
自豪	648	87.69	568	91.03	426	90.83	576	94.58	2218	90.86
总计	739	100	624	100	469	100	609	100	2441	100
Pearson chi2（6）= 30.0261 Pr = 0.000										
中国在体育上的成就										
不自豪	58	7.85	33	5.29	22	4.69	17	2.79	130	5.33
一般	38	5.14	16	2.56	18	3.84	34	5.58	106	4.34
自豪	643	87.01	575	92.15	429	91.47	558	91.63	2205	90.33
总计	739	100	624	100	469	100	609	100	2441	100
Pearson chi2（6）= 25.9082 Pr = 0.000										

续表

对中国在以下几个方面上的自豪感	低收入		中低收入		中等收入		中高收入		总计	
	n	%	n	%	n	%	n	%	n	%
中国在民生保障上的政策										
不自豪	63	8.53	43	6.89	37	7.89	25	4.11	168	6.88
一般	58	7.85	36	5.77	47	10.02	62	10.18	203	8.32
自豪	618	83.63	545	87.34	385	82.09	522	85.71	2070	84.80
总计	739	100	624	100	469	100	609	100	2441	100

Pearson chi2 (6) = 20.7214　Pr = 0.002

13.2　国家意识

国家意识主要考察居民对有关中国的陈述的同意程度，取值分别为"不同意""一般""同意"。根据表 13 - 5，整体而言，宁夏少数民族地区居民的国家意识较强，同意与中国有关的正面陈述的比例均超过了 90%，且大多数人为中国感到光荣和骄傲，并有约一半的居民认为人民应该支持他们的国家，即使他们的国家在某些方面是错的。表 13 - 5 还显示了居民民族身份与国家意识的交互情况，如表所示，在全部 5 个陈述中，回族居民与汉族居民各项态度的比例相差并不多，回族居民和汉族居民都表现出强烈的国家认同感。

表 13 - 5　不同民族身份的居民的国家意识

对以下有关中国的陈述的同意程度	汉族		回族		总计	
	n	%	n	%	n	%
总的来说，中国是一个比大多数其他国家更好的国家						
不同意	23	1.49	6	0.64	29	1.17
一般	53	3.44	27	2.87	80	3.22
同意	1466	95.07	907	96.49	2373	95.61
总计	1542	100	940	100	2482	100

Pearson chi2 (2) = 4.3398　Pr = 0.114

续表

对以下有关中国的陈述的同意程度	汉族		回族		总计	
	n	%	n	%	n	%
我宁愿成为中国人而不是世界上任何其他国家的人						
不同意	25	1.62	11	1.17	36	1.45
一般	57	3.70	31	3.30	88	3.55
同意	1460	94.68	898	95.53	2358	95
总计	1542	100	940	100	2482	100

Pearson chi2 (2) = 1.1253　Pr = 0.570

如果其他国家都像中国一样，世界将会变得更加美好						
不同意	33	2.14	13	1.38	46	1.85
一般	133	8.63	62	6.60	195	7.86
同意	1376	89.23	865	92.02	2241	90.29
总计	1542	100	940	100	2482	100

Pearson chi2 (2) = 5.3698　Pr = 0.068

当中国的运动员在国际比赛中获奖时，我感到很光荣						
不同意	26	1.69	12	1.28	38	1.53
一般	69	4.47	31	3.30	100	4.03
同意	1447	93.84	897	95.43	2344	94.44
总计	1542	100	940	100	2482	100

Pearson chi2 (2) = 2.8028　Pr = 0.246

我很希望为中国感到骄傲，可是常常骄傲不起来						
不同意	954	61.87	561	59.68	1515	61.04
一般	261	16.93	167	17.77	428	17.24
同意	327	21.21	212	22.55	539	21.72
总计	1542	100	940	100	2482	100

Pearson chi2 (2) = 1.1844　Pr = 0.553

表13-6显示了不同居住地居民的国家意识。如表所示，在全部5个陈述中，城镇居民与农村居民的大多数态度相仿，但"如果其他国家都像中国一样，世界将会变得更加美好"除外。农村居民同意"如果其他国家都像中国一样，世界将会变得更加美好"的比例约为91.78%，高于城镇居民同意的87.56%。在其他方面，无论是城镇居民还是农村居民都表现出较强

的国家认同，两者之间并无显著差异。

表 13 - 6　不同居住地的居民的国家意识

对以下有关中国的陈述的同意程度	城镇		农村		总计	
	n	%	n	%	n	%
总的来说，中国是一个比大多数其他国家更好的国家						
不同意	15	1.76	14	0.85	29	1.16
一般	32	3.76	48	2.92	80	3.21
同意	805	94.48	1580	96.22	2385	95.63
总计	852	100	1642	100	2494	100
Pearson chi2（2）= 5.3668　Pr = 0.068						
我宁愿成为中国人而不是世界上任何其他国家的人						
不同意	18	2.11	18	1.10	36	1.44
一般	33	3.87	55	3.35	88	3.53
同意	801	94.01	1569	95.55	2370	95.03
总计	852	100	1642	100	2494	100
Pearson chi2（2）= 4.5910　Pr = 0.101						
如果其他国家都像中国一样，世界将会变得更加美好						
不同意	27	3.17	19	1.16	46	1.84
一般	79	9.27	116	7.06	195	7.82
同意	746	87.56	1507	91.78	2253	90.34
总计	852	100	1642	100	2494	100
Pearson chi2（2）= 16.9126　Pr = 0.000						
当中国的运动员在国际比赛中获奖时，我感到很光荣						
不同意	15	1.76	23	1.40	38	1.52
一般	38	4.46	62	3.78	100	4.01
同意	799	93.78	1557	94.82	2356	94.47
总计	852	100	1642	100	2494	100
Pearson chi2（2）= 1.1963　Pr = 0.550						
我很希望为中国感到骄傲，可是常常骄傲不起来						
不同意	542	63.62	985	59.99	1527	61.23
一般	144	16.90	284	17.3	428	17.16

续表

对以下有关中国的陈述的同意程度	城镇		农村		总计	
	n	%	n	%	n	%
我很希望为中国感到骄傲，可是常常骄傲不起来						
同意	166	19.48	373	22.72	539	21.61
总计	852	100	1642	100	2494	100
Pearson chi2 (2) = 3.9685　Pr = 0.137						

表13-7受教育程度与国家意识显示了不同受教育群体的国家意识。如表所示，在全部5个陈述中，居民学历与其国家意识并非线性关系，大多会经历一个先增后减的过程。居民认同正面陈述的比例从文盲/半文盲到大专学历递增，但本科及以上学历居民的认同比例有所下降。总体上看，不同受教育程度的群体在国家不同方面上的认同情况有所差异。

表13-7　不同受教育程度的居民的国家意识

对以下有关中国的陈述的同意程度	文盲/半文盲		小学		初中		高中或中专		大专		本科及以上		总计	
	n	%	n	%	n	%	n	%	n	%	n	%	n	%
总的来说，中国是一个比大多数其他国家更好的国家														
不同意	2	0.57	5	0.86	8	1.05	6	1.41	3	1.65	4	2.11	28	1.12
一般	15	4.31	29	4.97	19	2.49	12	2.82	2	1.10	3	1.58	80	3.21
同意	331	95.11	549	94.17	736	96.46	408	95.77	177	97.25	183	96.32	2384	95.67
总计	348	100	583	100	763	100	426	100	182	100	190	100	2492	100
Pearson chi2 (10) = 16.4797　Pr = 0.087														
我宁愿成为中国人而不是世界上任何其他国家的人														
不同意	2	0.57	11	1.89	12	1.57	4	0.94	3	1.65	4	2.11	36	1.44
一般	20	5.75	25	4.29	16	2.1	15	3.52	4	2.20	8	4.21	88	3.53
同意	326	93.68	547	93.83	735	96.33	407	95.54	175	96.15	178	93.68	2368	95.02
总计	348	100	583	100	763	100	426	100	182	100	190	100	2492	100
Pearson chi2 (10) = 15.8370　Pr = 0.104														
如果其他国家都像中国一样，世界将会变得更加美好														
不同意	2	0.57	7	1.20	14	1.83	10	2.35	6	3.30	7	3.68	46	1.85

续表

对以下有关中国的陈述的 同意程度	文盲/半 文盲		小学		初中		高中或 中专		大专		本科及 以上		总计	
	n	%	n	%	n	%	n	%	n	%	n	%	n	%
如果其他国家都像中国一样, 世界将会变得更加美好														
一般	39	11.21	59	10.12	50	6.55	25	5.87	7	3.85	15	7.89	195	7.83
同意	307	88.22	517	88.68	699	91.61	391	91.78	169	92.86	168	88.42	2251	90.33
总计	348	100	583	100	763	100	426	100	182	100	190	100	2492	100

Pearson chi2 (10) = 27.6429 Pr = 0.002

对以下有关中国的陈述的 同意程度	文盲/半 文盲		小学		初中		高中或 中专		大专		本科及 以上		总计	
当中国的运动员在国际比赛中 获奖时,我感到很光荣														
不同意	8	2.30	8	1.37	7	0.92	6	1.41	5	2.75	4	2.11	38	1.52
一般	25	7.18	27	4.63	23	3.01	15	3.52	3	1.65	7	3.68	100	4.01
同意	315	90.52	548	94	733	96.07	405	95.07	174	95.6	179	94.21	2354	94.46
总计	348	100	583	100	763	100	426	100	182	100	190	100	2492	100

Pearson chi2 (10) = 20.3965 Pr = 0.026

对以下有关中国的陈述的 同意程度	文盲/半 文盲		小学		初中		高中或 中专		大专		本科及 以上		总计	
我很希望为中国感到骄傲, 可是常常骄傲不起来														
不同意	204	58.62	341	58.49	457	59.90	283	66.43	117	64.29	125	65.79	1527	61.28
一般	79	22.70	122	20.93	130	17.04	52	12.21	18	9.89	26	13.68	427	17.13
同意	65	18.68	120	20.58	176	23.07	91	21.36	47	25.82	39	20.53	538	21.59
总计	348	100	583	100	763	100	426	100	182	100	190	100	2492	100

Pearson chi2 (10) = 32.2787 Pr = 0.000

表 13 - 8 显示了不同收入群体的国家意识。如表所示,在大多数陈述中,居民家庭人均年收入等级与其国家意识并无显著相关。

表 13 - 8 不同收入水平的居民的国家意识

对以下有关中国的 陈述的同意程度	低收入		中低收入		中等收入		中高收入		总计	
	n	%	n	%	n	%	n	%	n	%
总的来说,中国是一个比大多数其他 国家更好的国家										
不同意	5	0.68	8	1.28	7	1.49	7	1.15	27	1.11
一般	33	4.47	19	3.04	12	2.56	15	2.46	79	3.24
同意	701	94.86	597	95.67	450	95.95	587	96.39	2335	95.66

续表

对以下有关中国的陈述的同意程度	低收入 n	低收入 %	中低收入 n	中低收入 %	中等收入 n	中等收入 %	中高收入 n	中高收入 %	总计 n	总计 %
总的来说，中国是一个比大多数其他国家更好的国家										
总计	739	100	624	100	469	100	609	100	2441	100
Pearson chi2 (6) = 7.4495　Pr = 0.281										
我宁愿成为中国人而不是世界上任何其他国家的人										
不同意	4	0.54	8	1.28	8	1.71	15	2.46	35	1.43
一般	34	4.6	18	2.88	17	3.62	15	2.46	84	3.44
同意	701	94.86	598	95.83	444	94.67	579	95.07	2322	95.12
总计	739	100	624	100	469	100	609	100	2441	100
Pearson chi2 (6) = 14.1848　Pr = 0.028										
如果其他国家都像中国一样，世界将会变得更加美好										
不同意	10	1.35	8	1.28	10	2.13	17	2.79	45	1.84
一般	69	9.34	45	7.21	32	6.82	43	7.06	189	7.74
同意	660	89.31	571	91.51	427	91.04	549	90.15	2207	90.41
总计	739	100	624	100	469	100	609	100	2441	100
Pearson chi2 (6) = 8.9501　Pr = 0.176										
当中国的运动员在国际比赛中获奖时，我感到很光荣										
不同意	16	2.17	6	0.96	9	1.92	7	1.15	38	1.56
一般	39	5.28	16	2.56	16	3.41	27	4.43	98	4.01
同意	684	92.56	602	96.47	444	94.67	575	94.42	2305	94.43
总计	739	100	624	100	469	100	609	100	2441	100
Pearson chi2 (6) = 11.6711　Pr = 0.070										
我很希望为中国感到骄傲，可是常常骄傲不起来										
不同意	436	59	387	62.02	278	59.28	395	64.86	1496	61.29
一般	152	20.57	94	15.06	87	18.55	86	14.12	419	17.17
同意	151	20.43	143	22.92	104	22.17	128	21.02	526	21.55
总计	739	100	624	100	469	100	609	100	2441	100
Pearson chi2 (6) = 13.8001　Pr = 0.032										

13.3　节日与风俗

节日和风俗习惯在某种程度上反映少数民族群体的共同体意识和归属感。通过考察国家层面上节日和风俗习惯在少数民族群体日常生活中的重要性，可以考察少数民族群体对国家的归属感和认同感。本节首先考察了不同节日对于不同群体的重要性情况，其次考察了少数民族在本地生活中举行各种重要的庆典仪式的风俗情况，取值分别为"回族风俗""本地通用风俗"。

图 13−1 为不同民族身份居民生活中的重要节日的柱状图。我们看到，对于汉族居民而言，最重要的两个节日分别为春节、中秋节。而对于回族居民而言，最重要的两个节日分别是古尔邦节和开斋节。需要注意的是，对于回族居民而言，分别有 27% 和 22% 的人认为国庆节和春节是自己生活中的重要节日。

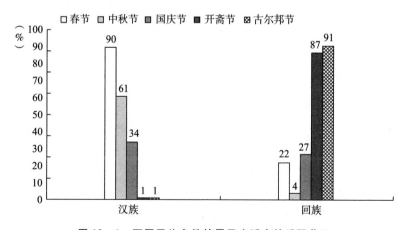

图 13−1　不同民族身份的居民生活中的重要节日

表 13−9 显示了回族居民在一些重要庆典时选择的风俗习惯。总体而言，在四项生活中重要的庆典仪式上，大多数回族居民认为要按照回族风俗来举办，不过也有相当比例的回族居民是按照宁夏本地通用风俗来举办的。在孩子出生及生日仪式、年轻人婚嫁庆典仪式、大人过生日、老年人过世出殡仪式应当按照回族风俗来办的比例分别为 74.80%、81.41%、

71.21%、90.71%。居民认为当地举行重要庆典仪式所要遵循的风俗习惯与居民年龄并没有较强的相关性。以孩子出生及生日仪式为例，居民认为需要按照回族风俗来办的比例随着5个从低到高的年龄层级依次为74.39%、69.19%、82.52%、72.16%、74.15%。

表13-9 不同年龄的回族居民选择的风俗习惯

生活中进行下列重要庆典仪式的主要风俗	年龄段											
	18～29岁		30～39岁		40～49岁		50～59岁		60岁及以上		总计	
	n	%	n	%	n	%	n	%	n	%	n	%
孩子出生及生日仪式												
回族风俗	122	74.39	119	69.19	170	82.52	127	72.16	109	74.15	647	74.80
本地通用风俗	42	25.61	53	30.81	36	17.48	49	27.84	38	25.85	218	25.20
总计	164	100	172	100	206	100	176	100	147	100	865	100
Pearson chi2 (4) = 10.0945　Pr = 0.039												
年轻人婚嫁庆典仪式												
回族风俗	137	80.12	141	76.63	181	81.9	166	83	137	85.63	762	81.41
本地通用风俗	34	19.88	43	23.37	40	18.10	34	17	23	14.37	174	18.59
总计	171	100	184	100	221	100	200	100	160	100	936	100
Pearson chi2 (4) = 5.2139　Pr = 0.266												
大人过生日												
回族风俗	92	68.66	95	68.35	141	80.11	104	69.33	85	66.93	517	71.21
本地通用风俗	42	31.34	44	31.65	35	19.89	46	30.67	42	33.07	209	28.79
总计	134	100	139	100	176	100	150	100	127	100	726	100
Pearson chi2 (4) = 9.1814　Pr = 0.057												
老年人过世出殡仪式												
回族风俗	160	93.02	163	89.07	201	90.54	180	90	145	91.19	849	90.71
本地通用风俗	12	6.98	20	10.93	21	9.46	20	10	14	8.81	87	9.29
总计	172	100	183	100	222	100	200	100	159	100	936	100
Pearson chi2 (4) = 1.8462　Pr = 0.764												

表13-10显示了不同受教育程度回族居民在重要生活庆典上选用的风俗习惯情况。如表所示，在四项生活中重要的庆典仪式上，居民学历越高，

其认为要遵循本地通用风俗的比例越高。此外，在老年人过世出殡仪式方面，本科及以上学历居民赞同遵循回族习俗的比例相比其他学历居民有所增加，约占91.23%，明显高于大专学历居民所占比例72.34%。表13－10教育与风俗习惯表示，居民教育与风俗习惯呈相关性，居民学历越高，其越倾向于遵循本地通用风俗。此外本科及以上学历居民更倾向于在老年人过世出殡仪式上遵循回族习俗。

表 13－10 不同受教育背景的回族居民选择的风俗习惯

本地生活中进行下列重要的庆典仪式	最高学历													
	文盲/半文盲		小学		初中		高中或中专		大专		本科及以上		总计	
	n	%	n	%	n	%	n	%	n	%	n	%	n	%
孩子出生及生日仪式														
回族风俗	153	81.38	209	78.87	163	72.77	62	67.39	27	60	35	64.81	649	74.77
本地通用风俗	35	18.62	56	21.13	61	27.23	30	32.61	18	40	19	35.19	219	25.23
总计	188	100	265	100	224	100	92	100	45	100	54	100	868	100

Pearson chi2（5）= 17.8891　Pr = 0.003

年轻人婚嫁庆典仪式														
回族风俗	171	85.07	253	86.94	198	81.15	71	71.72	32	68.09	39	68.42	764	81.36
本地通用风俗	30	14.93	38	13.06	46	18.85	28	28.28	15	31.91	18	31.58	175	18.64
总计	201	100	291	100	244	100	99	100	47	100	57	100	939	100

Pearson chi2（5）= 25.6411　Pr = 0.000

大人过生日														
回族风俗	131	78.92	176	76.52	121	67.22	45	63.38	22	53.66	24	58.54	519	71.19
本地通用风俗	35	21.08	54	23.48	59	32.78	26	36.62	19	46.34	17	41.46	210	28.81
总计	166	100	230	100	180	100	71	100	41	100	41	100	729	100

Pearson chi2（5）= 20.8579　Pr = 0.001

老年人过世出殡仪式														
回族风俗	186	93.47	270	93.1	220	90.16	89	87.25	34	72.34	52	91.23	851	90.63
本地通用风俗	13	6.53	20	6.9	24	9.84	13	12.75	13	27.66	5	8.77	88	9.37
总计	199	100	290	100	244	100	102	100	47	100	57	100	939	100

Pearson chi2（5）= 23.9403　Pr = 0.000

表 13-11 显示了不同收入水平的回族居民在重要生活庆典上选用的风俗习惯情况。如表所示，在四项生活中重要的庆典仪式上，居民认为当地举行重要庆典仪式所要遵循的风俗习惯与居民收入存在相关性。以大人过生日这一项为例，中高收入等级居民认为大人过生日应当按照本地通用风俗举办的比例高达 47.47%，远高于低收入层级居民的 21.94% 和中低收入层级居民的 26.34%。总体而言，居民家庭人均年收入等级越高，认为四项重要仪式要遵循本地通用风俗的比例也越高。

表 13-11　不同收入水平的回族居民选择的风俗习惯

本地生活中进行下列重要的庆典仪式	低收入		中低收入		中等收入		中高收入		总计	
	n	%	n	%	n	%	n	%	n	%
孩子出生及生日仪式										
回族风俗	275	77.46	193	77.20	97	75.19	74	63.25	639	75.09
本地通用风俗	80	22.54	57	22.80	32	24.81	43	36.75	212	24.91
总计	355	100	250	100	129	100	117	100	851	100
Pearson chi2（3）= 10.4374　Pr = 0.015										
年轻人婚嫁庆典仪式										
回族风俗	329	85.45	227	83.76	109	77.30	88	70.40	753	81.67
本地通用风俗	56	14.55	44	16.24	32	22.70	37	29.60	169	18.33
总计	385	100	271	100	141	100	125	100	922	100
Pearson chi2（3）= 16.8775　Pr = 0.001										
大人过生日										
回族风俗	242	78.06	151	73.66	68	67.33	52	52.53	513	71.75
本地通用风俗	68	21.94	54	26.34	33	32.67	47	47.47	202	28.25
总计	310	100	205	100	101	100	99	100	715	100
Pearson chi2（3）= 25.4922　Pr = 0.000										
老年人过世出殡仪式										
回族风俗	356	92.71	250	92.25	124	86.71	108	86.40	838	90.79
本地通用风俗	28	7.29	21	7.75	19	13.29	17	13.60	85	9.21
总计	384	100	271	100	143	100	125	100	923	100
Pearson chi2（3）= 8.1056　Pr = 0.044										

13.4　民族之间交往意愿

　　各民族之间交往交流交融是铸牢中华民族共同体意识的重要途径。本节考察了回族和汉族居民在一些重要场合和情境中的交往意愿。交往意愿的取值分别为"非常愿意""愿意""一般或不愿意"。

　　根据表 13 - 12 所示，总体而言，回族居民在多种情况下与汉族居民的交往意愿比较强烈，非常愿意和愿意与汉族交往的比例合计超过 90%。男性回族居民一般或不愿意与汉族人交往的比例相比之下更低，在四种情况下所占比例仅约为女性回族居民的一半（且均不超过 10%）。男性回族居民与汉族居民的交往意愿相比女性回族居民更强。

表 13 - 12　不同性别的回族居民与汉族居民的交往意愿

以下情况下与汉族人交往的意愿	男		女		总计	
	n	%	n	%	n	%
是否愿意与汉族人成为同事或者工友						
非常愿意	128	21.55	84	23.46	212	22.27
愿意	440	74.07	241	67.32	681	71.53
一般或不愿意	26	4.38	33	9.22	59	6.20
总计	594	100	358	100	952	100
Pearson chi2 (2) = 10.2388　Pr = 0.006						
是否愿意汉族人成为您的邻居						
非常愿意	117	19.70	70	19.55	187	19.64
愿意	419	70.54	230	64.25	649	68.17
一般或不愿意	58	9.76	58	16.20	116	12.18
总计	594	100	358	100	952	100
Pearson chi2 (2) = 8.8953　Pr = 0.012						
是否愿意与汉族人成为朋友						
非常愿意	124	20.88	70	19.55	194	20.38
愿意	436	73.40	251	70.11	687	72.16
一般或不愿意	34	5.72	37	10.34	71	7.46

以下情况下与汉族人交往的意愿	男		女		总计	
	n	%	n	%	n	%
是否愿意与汉族人成为朋友						
总计	594	100	358	100	952	100

Pearson chi2（2）= 6.8953　Pr = 0.032

是否愿意与社会上一般的汉族群众交往						
非常愿意	122	20.54	71	19.83	193	20.27
愿意	434	73.06	242	67.6	676	71.01
一般或不愿意	38	6.40	45	12.57	83	8.72
总计	594	100	358	100	952	100

Pearson chi2（2）= 10.7564　Pr = 0.005

表 13 - 13 显示了回族居民居住地与和汉族交往意愿的交互情况。如表所示，在四种情况下，回族居民居住地与和汉族交往意愿存在部分相关性，农村回族居民一般或不愿意与汉族人交往的比例相比城镇居民更高，但仅在"是否愿意与汉族人成为同事或者工友"和"是否愿意汉族人成为您的邻居"两种情况下存在显著相关性（比例分别为 6.76% 和 13.13%）。城镇回族居民相比于农村回族居民更愿意与汉族人成为同事或者工友，也更愿意与汉族人成为邻居。

表 13 - 13　不同居住地的回族群众与汉族的交往意愿

以下情况下与汉族人交往的意愿	城镇		农村		总计	
	n	%	n	%	n	%
是否愿意与汉族人成为同事或者工友						
非常愿意	56	28.28	156	20.69	212	22.27
愿意	134	67.68	547	72.55	681	71.53
一般或不愿意	8	4.04	51	6.76	59	6.20
总计	198	100	754	100	952	100

Pearson chi2（2）= 6.4570　Pr = 0.040

续表

以下情况下与汉族人交往的意愿	城镇		农村		总计	
	n	%	n	%	n	%
是否愿意汉族人成为您的邻居						
非常愿意	50	25.25	137	18.17	187	19.64
愿意	131	66.16	518	68.70	649	68.17
一般或不愿意	17	8.59	99	13.13	116	12.18
总计	198	100	754	100	952	100

Pearson chi2（2）= 6.8108　Pr = 0.033

	城镇		农村		总计	
是否愿意与汉族人成为朋友						
非常愿意	49	24.75	145	19.23	194	20.38
愿意	138	69.70	549	72.81	687	72.16
一般或不愿意	11	5.56	60	7.96	71	7.46
总计	198	100	754	100	952	100

Pearson chi2（2）= 3.7660　Pr = 0.152

	城镇		农村		总计	
是否愿意与社会上一般的汉族群众交往						
非常愿意	47	23.74	146	19.36	193	20.27
愿意	137	69.19	539	71.49	676	71.01
一般或不愿意	14	7.07	69	9.15	83	8.72
总计	198	100	754	100	952	100

Pearson chi2（2）= 2.3746　Pr = 0.305

　　表 13 - 14 显示了汉族群众性别与少数民族交往意愿的交互情况。总体而言，汉族群众在多种情况下与少数民族的交往意愿同样比较强烈，非常愿意和愿意与少数民族交往的比例约为 85%。如表所示，在四种情况下，汉族居民的性别与和少数民族交往意愿存在相关性。男性汉族居民与少数民族交往的意愿相对更强烈，女性汉族居民不愿意与社会上的少数民族群众进行交往的比例相对较高。

　　表 13 - 15 显示了汉族群众居住地与少数民族交往意愿的交互情况。如表所示，在四种情况下，汉族居民居住地与和少数民族交往意愿存在部分相关性。城镇汉族居民与少数民族交往的意愿相对更强烈。

表 13－14　不同性别的汉族群众与少数民族的交往意愿

以下情况下与少数民族交往的意愿	男		女		总计	
	n	%	n	%	n	%
是否愿意与来自少数民族的人成为同事或者工友						
非常愿意	131	16. 15	129	17. 65	260	16. 86
愿意	581	71. 64	478	65. 39	1059	68. 68
一般或不愿意	99	12. 21	124	16. 96	223	14. 46
总计	811	100	731	100	1542	100

Pearson chi2 （2） = 8. 7090　Pr = 0. 013

以下情况下与少数民族交往的意愿	男		女		总计	
是否愿意与来自少数民族的人成为您的邻居						
非常愿意	118	14. 55	122	16. 69	240	15. 56
愿意	584	72. 01	463	63. 34	1047	67. 90
一般或不愿意	109	13. 44	146	19. 97	255	16. 54
总计	811	100	731	100	1542	100

Pearson chi2 （2） = 15. 3098　Pr = 0. 000

以下情况下与少数民族交往的意愿	男		女		总计	
是否愿意与来自少数民族的人交朋友						
非常愿意	124	15. 29	117	16. 01	241	15. 63
愿意	588	72. 50	476	65. 12	1064	69
一般或不愿意	99	12. 21	138	18. 88	237	15. 37
总计	811	100	731	100	1542	100

Pearson chi2 （2） = 14. 2985　Pr = 0. 001

以下情况下与少数民族交往的意愿	男		女		总计	
是否愿意与社会上的少数民族群众交往						
非常愿意	123	15. 17	107	14. 64	230	14. 92
愿意	589	72. 63	477	65. 25	1066	69. 13
一般或不愿意	99	12. 21	147	20. 11	246	15. 95
总计	811	100	731	100	1542	100

Pearson chi2 （2） = 18. 1446　Pr = 0. 000

表 13－15　不同居住地的汉族群众与少数民族的交往意愿

以下情况下与少数民族交往的意愿	城镇		农村		总计	
	n	%	n	%	n	%
是否愿意与来自少数民族的人成为同事或者工友						
非常愿意	141	21. 56	119	13. 4	260	16. 86

续表

以下情况下与少数民族交往的意愿	城镇		农村		总计	
	n	%	n	%	n	%
是否愿意与来自少数民族的人成为同事或者工友						
愿意	440	67. 28	619	69. 71	1059	68. 68
一般或不愿意	73	11. 16	150	16. 89	223	14. 46
总计	654	100	888	100	1542	100
Pearson chi2（2）= 23. 7419　Pr = 0. 000						
是否愿意与来自少数民族的人成为您的邻居						
非常愿意	129	19. 72	111	12. 5	240	15. 56
愿意	436	66. 67	611	68. 81	1047	67. 90
一般或不愿意	89	13. 61	166	18. 69	255	16. 54
总计	654	100	888	100	1542	100
Pearson chi2（2）= 18. 7738　Pr = 0. 000						
是否愿意与来自少数民族的人交朋友						
非常愿意	130	19. 88	111	12. 5	241	15. 63
愿意	433	66. 21	631	71. 06	1064	69
一般或不愿意	91	13. 91	146	16. 44	237	15. 37
总计	654	100	888	100	1542	100
Pearson chi2（2）= 15. 9654　Pr = 0. 000						
是否愿意与社会上的少数民族群众交往						
非常愿意	123	18. 81	107	12. 05	230	14. 92
愿意	434	66. 36	632	71. 17	1066	69. 13
一般或不愿意	97	14. 83	149	16. 78	246	15. 95
总计	654	100	888	100	1542	100
Pearson chi2（2）= 13. 6871　Pr = 0. 001						

13.5　民族间的通婚意愿

　　民族间通婚也是建设中华民族共同体的重要议题。民族间通婚意愿被操作化为在四种情况下对结婚对象民族身份的要求，取值分别为"必须是本民族""不必须是本民族"。

表 13-16 显示了居民性别与民族间通婚意愿的交互情况。总体而言，在四种情况下居民对结婚对象的民族身份的要求呈现不同的态度。64.78%的居民希望自己的结婚对象必须是本民族居民，54.43%的居民要求子女结婚对象必须是本民族居民。居民对亲属和朋友结婚对象的民族身份要求则更加宽松，居民要求亲属和朋友必须和本民族的结婚的比例分别只占31.89%和22.14%。如表所示，在四种情况下，居民性别与民族间通婚意愿存在相关性。男性居民在各种情况下要求必须和本民族居民结婚的比例相比女性居民更低，民族间通婚意愿相对更强。

表 13-16　不同性别的居民的民族间通婚意愿

对结婚对象民族身份的要求	男		女		总计	
	n	%	n	%	n	%
自己结婚对象的民族身份						
必须是本民族	867	61.75	748	68.69	1615	64.78
不必须是本民族	537	38.25	341	31.31	878	35.22
总计	1404	100	1089	100	2493	100
Pearson chi2 (1) = 12.9274　Pr = 0.000						
子女结婚对象的民族身份						
必须是本民族	711	50.64	646	59.32	1357	54.43
不必须是本民族	693	49.36	443	40.68	1136	45.57
总计	1404	100	1089	100	2493	100
Pearson chi2 (1) = 18.6270　Pr = 0.000						
亲属结婚对象的民族身份						
必须是本民族	426	30.34	369	33.88	795	31.89
不必须是本民族	978	69.66	720	66.12	1698	68.11
总计	1404	100	1089	100	2493	100
Pearson chi2 (1) = 3.5433　Pr = 0.060						
朋友结婚对象的民族身份						
必须是本民族	299	21.30	253	23.23	552	22.14
不必须是本民族	1105	78.70	836	76.77	1941	77.86
总计	1404	100	1089	100	2493	100
Pearson chi2 (1) = 1.3334　Pr = 0.248						

　　表 13 - 17 显示了居民年龄与民族间通婚意愿的交互情况。如表所示，居民年龄与民族间通婚意愿并无明显的相关性。以对自己结婚对象的民族身份要求为例，5 个从低到高的年龄段的居民认为自己结婚对象必须是本民族的比例依次为 60.48%、69.36%、64.50%、66.83%、62.36%。不同年龄居民的民族间通婚意愿并无变化规律，相差也并不大。

表 13 - 17　不同年龄居民的民族间通婚意愿

对结婚对象民族身份的要求	18 ~ 29 岁		30 ~ 39 岁		40 ~ 49 岁		50 ~ 59 岁		60 岁及以上		总计	
	n	%	n	%	n	%	n	%	n	%	n	%
自己结婚对象的民族身份												
必须是本民族	202	60.48	249	69.36	416	64.50	417	66.83	328	62.36	1612	64.79
不必须是本民族	132	39.52	110	30.64	229	35.50	207	33.17	198	37.64	876	35.21
总计	334	100	359	100	645	100	624	100	526	100	2488	100
Pearson chi2 (4) = 8.5305　Pr = 0.074												
子女结婚对象的民族身份												
必须是本民族	177	52.99	216	60.17	353	54.73	339	54.33	270	51.33	1355	54.46
不必须是本民族	157	47.01	143	39.83	292	45.27	285	45.67	256	48.67	1133	45.54
总计	334	100	359	100	645	100	624	100	526	100	2488	100
Pearson chi2 (4) = 7.1042　Pr = 0.130												
亲属结婚对象的民族身份												
必须是本民族	100	29.94	117	32.59	211	32.71	204	32.69	161	30.61	793	31.87
不必须是本民族	234	70.06	242	67.41	434	67.29	420	67.31	365	69.39	1695	68.13
总计	334	100	359	100	645	100	624	100	526	100	2488	100
Pearson chi2 (4) = 1.4498　Pr = 0.835												
朋友结婚对象的民族身份												
必须是本民族	59	17.66	77	21.45	144	22.33	146	23.40	125	23.76	551	22.15
不必须是本民族	275	82.34	282	78.55	501	77.67	478	76.60	401	76.24	1937	77.85
总计	334	100	359	100	645	100	624	100	526	100	2488	100
Pearson chi2 (4) = 5.3693　Pr = 0.251												

　　表 13 - 18 显示了居民居住地与民族间通婚意愿的交互情况。如表所示，城镇居民在各种情况下要求必须和本民族的结婚的比例相比农村居民明显更低，所占比例最高不超过 60%。而以对自己结婚对象的民族身份要求为

例，农村居民认为自己结婚对象必须是本民族的比例达 69.49%，高于城镇居民的 55.70%。城镇居民相比于农村居民对结婚对象民族身份的要求明显更少，在各种情况下更少地认为必须和本民族的结婚，民族间通婚意愿更强。

表 13-18　不同居住地居民的民族间通婚意愿

对结婚对象民族身份的要求	城镇		农村		总计	
	n	%	n	%	n	%
自己结婚对象的民族身份						
必须是本民族	474	55.70	1141	69.49	1615	64.78
不必须是本民族	377	44.30	501	30.51	878	35.22
总计	851	100	1642	100	2493	100
Pearson chi2（1）=46.7132　Pr=0.000						
子女结婚对象的民族身份						
必须是本民族	387	45.48	970	59.07	1357	54.43
不必须是本民族	464	54.52	672	40.93	1136	45.57
总计	851	100	1642	100	2493	100
Pearson chi2（1）=41.7871　Pr=0.000						
亲属结婚对象的民族身份						
必须是本民族	174	20.45	621	37.82	795	31.89
不必须是本民族	677	79.55	1021	62.18	1698	68.11
总计	851	100	1642	100	2493	100
Pearson chi2（1）=77.8896　Pr=0.000						
朋友结婚对象的民族身份						
必须是本民族	109	12.81	443	26.98	552	22.14
不必须是本民族	742	87.19	1199	73.02	1941	77.86
总计	851	100	1642	100	2493	100
Pearson chi2（1）=65.2907　Pr=0.000						

表 13-19 显示了居民民族身份与民族间通婚意愿的交互情况。如表所示，在四种情况下，大多数回族居民在各种情况下都要求必须和本民族的结婚，且在比例上明显高于汉族居民（高 10%~20%）。其中回族居民认为自己结婚对象必须是本民族的比例达 77.34%，但是对子女结婚对象

的民族身份要求显著下降，对亲属和朋友结婚对象的民族身份要求进一步降低。

表 13 - 20 显示了居民教育背景与民族间通婚意愿的交互情况。如表所示，在四种情况下，居民学历越高，要求结婚对象不必须是本民族的比例越高。本科及以上学历居民认为自己结婚对象不必须是本民族的比例为55.26%，远高于大专学历居民的 40.11% 和高中或中专居民的 43.29%。居民受教育程度越高，越少要求结婚对象的民族身份，民族间通婚意愿越强。

表 13 - 19　不同民族身份的居民民族间通婚意愿

对结婚对象民族身份的要求	汉族		回族		总计	
	n	%	n	%	n	%
自己结婚对象的民族身份						
必须是本民族	887	57.52	727	77.34	1614	65.03
不必须是本民族	655	42.48	213	22.66	868	34.97
总计	1542	100	940	100	2482	100
Pearson chi2（1）= 100.8552　Pr = 0.000						
子女结婚对象的民族身份						
必须是本民族	739	47.92	617	65.64	1356	54.63
不必须是本民族	803	52.08	323	34.36	1126	45.37
总计	1542	100	940	100	2482	100
Pearson chi2（1）= 73.9309　Pr = 0.000						
亲属结婚对象的民族身份						
必须是本民族	388	25.16	407	43.30	795	32.03
不必须是本民族	1154	74.84	533	56.70	1687	67.97
总计	1542	100	940	100	2482	100
Pearson chi2（1）= 88.2272　Pr = 0.000						
朋友结婚对象的民族身份						
必须是本民族	284	18.42	268	28.51	552	22.24
不必须是本民族	1258	81.58	672	71.49	1930	77.76
总计	1542	100	940	100	2482	100
Pearson chi2（1）= 34.4000　Pr = 0.000						

表 13－20　不同教育背景的居民民族间通婚意愿

对结婚对象民族身份的要求	文盲/半文盲		小学		初中		高中或中专		大专		本科及以上		总计	
	n	%	n	%	n	%	n	%	n	%	n	%	n	%
自己结婚对象的民族身份														
必须是本民族	269	77.30	434	74.44	476	62.39	241	56.71	109	59.89	85	44.74	1614	64.79
不必须是本民族	79	22.70	149	25.56	287	37.61	184	43.29	73	40.11	105	55.26	877	35.21
总计	348	100	583	100	763	100	425	100	182	100	190	100	2491	100

Pearson chi2 (5) = 97.2015　Pr = 0.000

对结婚对象民族身份的要求	文盲/半文盲		小学		初中		高中或中专		大专		本科及以上		总计	
子女结婚对象的民族身份														
必须是本民族	226	64.94	371	63.64	403	52.82	194	45.65	92	50.55	70	36.84	1356	54.44
不必须是本民族	122	35.06	212	36.36	360	47.18	231	54.35	90	49.45	120	63.16	1135	45.56
总计	348	100	583	100	763	100	425	100	182	100	190	100	2491	100

Pearson chi2 (5) = 74.2459　Pr = 0.000

对结婚对象民族身份的要求	文盲/半文盲		小学		初中		高中或中专		大专		本科及以上		总计	
亲属结婚对象的民族身份														
必须是本民族	152	43.68	243	41.68	235	30.80	100	23.53	36	19.78	28	14.74	794	31.87
不必须是本民族	196	56.32	340	58.32	528	69.20	325	76.47	146	80.22	162	85.26	1697	68.13
总计	348	100	583	100	763	100	425	100	182	100	190	100	2491	100

Pearson chi2 (5) = 100.1412　Pr = 0.000

对结婚对象民族身份的要求	文盲/半文盲		小学		初中		高中或中专		大专		本科及以上		总计	
朋友结婚对象的民族身份														
必须是本民族	107	30.75	173	29.67	167	21.89	71	16.71	20	10.99	13	6.84	551	22.12
不必须是本民族	241	69.25	410	70.33	596	78.11	354	83.29	162	89.01	177	93.16	1940	77.88
总计	348	100	583	100	763	100	425	100	182	100	190	100	2491	100

Pearson chi2 (5) = 80.4365　Pr = 0.000

　　表 13－21 显示了居民收入与民族间通婚意愿的交互情况。如表所示，在四种情况下，居民家庭人均年收入等级越高，要求结婚对象不必须是本民族的比例越高。中高收入等级居民要求自己结婚对象不必须是本民族的比例为 42.76%，高于其他学历层级的居民。居民收入越高，越少要求结婚对象的民族身份，民族间通婚意愿越强。

　　图 13－2 显示了不同居住地和民族身份的居民的民族间通婚意愿。城镇汉族居民认为结婚对象不必须是本民族的比例为 49.24%，远高于农村汉族居民的 37.50%。城镇汉族居民相比于农村汉族居民有着更强的民族间通婚意愿。城镇回族居民认为结婚对象不必须是本民族的比例大概为 24.60%，

表 13 – 21　不同收入水平的居民民族间通婚意愿

对结婚对象民族身份的要求	低收入		中低收入		中等收入		中高收入		总计	
	n	%	n	%	n	%	n	%	n	%
自己结婚对象的民族身份										
必须是本民族	521	70.50	409	65.54	310	66.10	348	57.24	1588	65.08
不必须是本民族	218	29.50	215	34.46	159	33.90	260	42.76	852	34.92
总计	739	100	624	100	469	100	608	100	2440	100
Pearson chi2 (3) = 26.2864　Pr = 0.000										
子女结婚对象的民族身份										
必须是本民族	446	60.35	354	56.73	263	56.08	274	45.07	1337	54.80
不必须是本民族	293	39.65	270	43.27	206	43.92	334	54.93	1103	45.20
总计	739	100	624	100	469	100	608	100	2440	100
Pearson chi2 (3) = 33.7018　Pr = 0.000										
亲属结婚对象的民族身份										
必须是本民族	292	39.51	215	34.46	143	30.49	132	21.71	782	32.05
不必须是本民族	447	60.49	409	65.54	326	69.51	476	78.29	1658	67.95
总计	739	100	624	100	469	100	608	100	2440	100
Pearson chi2 (3) = 50.9267　Pr = 0.000										
朋友结婚对象的民族身份										
必须是本民族	206	27.88	138	22.12	104	22.17	96	15.79	544	22.30
不必须是本民族	533	72.12	486	77.88	365	77.83	512	84.21	1896	77.70
总计	739	100	624	100	469	100	608	100	2440	100
Pearson chi2 (3) = 28.1526　Pr = 0.000										

而农村回族居民的相应比例为 22.18%。由此可见，居住在城镇中的回族居民的民族间通婚意愿上相比农村回族居民更强烈一些。

图 13 – 3 显示了不同年龄和民族身份的居民的民族间通婚意愿。我们看到，在不到 30 岁的年轻的汉族居民中，不必须是本民族的比例超过 50%，而在 30 岁及以上的汉族居民中，不必须是本民族的比例大约为 40%。由此可见，年轻的汉族居民要比年长的汉族居民的民族间通婚意愿更为强烈。同样，在 30 岁以下的回族居民中，对自己结婚对象的民族身份没有要求的比例为 25.73%，而在年长的回族居民中，对自己结婚对象的民族身份没有要求

的比例相对更低。由此可见，年轻的回族居民的民族间通婚意愿相对更强。

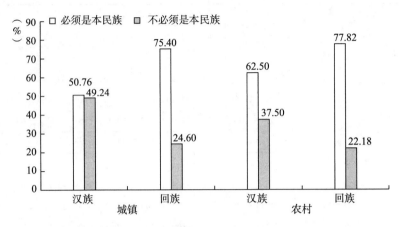

图 13 - 2　不同居住地、不同民族身份的居民的民族间通婚意愿

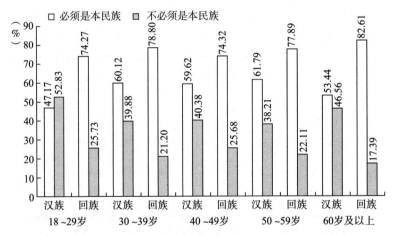

图 13 - 3　不同年龄、不同民族身份的居民的民族间通婚意愿

　　图 13 - 4 显示了不同性别和民族身份的居民在自身民族间通婚意愿的情况。汉族男性居民对自身结婚对象的民族身份不做要求的比例为 45.87%，汉族女性居民对自己结婚对象的民族身份不做要求的比例则相对较低，为38.71%。由此可见，在汉族群体当中，男性相比较女性对结婚对象民族身份的要求更低，也就是说民族间通婚的意愿相对较强。同样地，在回族的男性居民当中，对自己结婚对象的民族身份不做要求的比例也比女性更高，为 27.58%，回族男性的民族间通婚意愿相较回族女性相对更强。

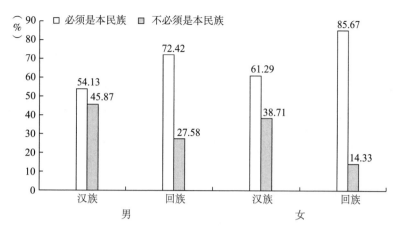

图 13－4　不同性别、不同民族身份的居民的民族间通婚意愿

图 13－5 显示了不同受教育程度和民族身份的居民的民族间通婚意愿。在汉族居民当中，随着受教育程度的提高，对自己结婚对象民族身份不做要求的比例逐渐增加，从文盲/半文盲群体的 31.29% 逐渐增加到 62.31%。同样，在回族居民当中，随着受教育程度的提高，对自身结婚对象民族身份不做要求的比例也在逐渐增加，从文盲/半文盲的 16.42% 逐渐上升到本科及以上的 35.71%。

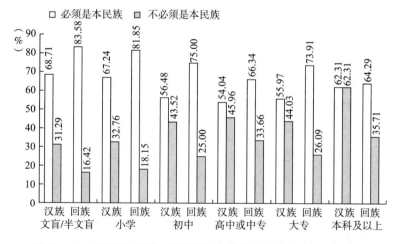

图 13－5　不同教育背景、不同民族身份的居民的民族间通婚意愿

图 13－6 显示了不同收入和民族身份的居民的民族间通婚意愿。汉族居民的家庭人均年收入等级越高，对自己结婚对象不做要求的比例越大，从

低收入等级居民的 39.71%，逐步增至中高收入等级居民的 45.44%，民族间通婚意愿越强。整体上，对于回族居民而言，随着家庭收入的提升，对自身结婚对象的民族身份不做要求的比例也会提升。例如，在低收入的回族居民中，有 19.9% 的人不对自身结婚对象的民族身份有要求，而在中高收入的回族居民中，有超过 30% 的人不对自身结婚对象的民族身份有要求。

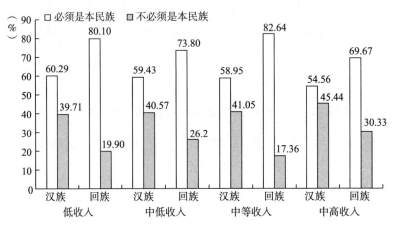

图 13-6　不同收入水平、不同民族身份的居民的民族间通婚意愿

13.6　本章小结

本章从国家自豪感、国家意识、日常生活风俗习惯、民族间交往和通婚意愿等方面考察了宁夏少数民族地区居民的中华民族共同体意识情况。主要结论有以下几个方面。

（1）整体而言，宁夏地区居民的国家自豪感较强，对中国各方面感到自豪的比例均超过了 80%，而感到不自豪的比例均低于 10%。具体而言，回族居民与汉族居民在国家各方面的自豪感上差别并不大，但相比之下回族居民对中国对社会上所有群体的公平和平等待遇，以及中国在民生保障上的政策感到更加自豪。

（2）城镇居民与农村居民在大多方面的自豪感存在显著差别，相比之下农村居民对中国对社会上所有群体的公平和平等待遇，以及中国在民生保障上的政策感到更加自豪。居民受教育程度与其国家自豪感基本存在相关性，居民受教育程度越高，其对各方面的自豪感越强。居民收入与其国家自豪感基本存在相关性，居民收入越高，其对各方面的自豪感越强。但在中国对社会上所有群体的公平和平等待遇，以及中国在民生保障上的政策上，中低收入居民的自豪感最强。

（3）整体而言，宁夏地区居民的国家意识较强，同意与中国有关的正面陈述的比例均超过了 90%，且大多数人为中国感到光荣和骄傲。

（4）回族居民与汉族居民在各方面的国家意识差别并不大。大多数情况下城镇居民与农村居民的国家意识相近。但农村居民相比之下更赞同"如果其他国家都像中国一样，世界将会变得更加美好"，而城镇居民则更赞同"中国有一些方面让我感到丢脸"。居民教育与其国家意识并不完全相关，总体来说大专学历居民的国家意识最强，而本科及以上学历居民的国家意识则有所下降。居民收入与其国家意识并不相关，不同收入等级居民的国家意识并无明显差别。

（5）对于汉族居民而言，最重要的两个节日分别为春节和中秋节。而对于回族居民而言，最重要的两个节日分别是古尔邦节和开斋节。需要注意的是，对于回族居民而言，分别有 27% 和 22% 的人认为国庆节和春节是自己生活中的重要节日。

（6）在四项生活中重要的庆典仪式上，大多数回族居民认为要按照回族风俗来举办，不过也有相当比例的回族居民是按照宁夏本地通用风俗来举办的。居民教育与风俗习惯呈相关性，居民学历越高，其越倾向于遵循本地通用风俗。居民家庭人均年收入等级越高，认为四项重要仪式要遵循本地通用风俗的比例也越高。

（7）总体而言，回族群众在多种情况下与汉族居民的交往意愿比较强烈，非常愿意和愿意与汉族居民交往的比例合计大约为 90%。男性回族居民与汉族居民的交往意愿相比女性回族居民更强。城镇回族居民相比农村回族居民更愿意与汉族人成为同事或者工友，也更愿意与汉族人成为邻居。

（8）总体而言，汉族群众在多种情况下与少数民族的交往意愿同样比较强烈，非常愿意和愿意与少数民族交往的比例大致为 85%。男性汉族居民与少数民族交往的意愿相对更强烈。城镇汉族居民与少数民族交往的交往意愿相对更高，而农村汉族居民和少数民族的交往意愿相对较低。

（9）总体而言，在四种情况下居民对结婚对象民族身份的要求呈现不同的态度。64.78%的居民希望自己的结婚对象必须是本民族的，54.43%的居民要求子女结婚对象必须是本民族的。居民对亲属和朋友结婚对象的民族身份要求则更加宽松，居民要求亲属和朋友必须和本民族的结婚的比例分别只占约31.89%和22.14%。

（10）男性居民在各种情况下要求必须和本民族的结婚的比例相比女性居民更低，在各种情况下更少地认为必须和本民族的结婚，民族间通婚意愿相对更强。城镇居民相比农村居民，更少要求结婚对象的民族身份，民族间通婚意愿更强。居民受教育程度越高，越少要求结婚对象的民族身份的民族间通婚意愿越强。居民收入越高，越少要求结婚对象的民族身份，民族间通婚意愿越强。

（11）居住在城镇中的回族居民在民族间通婚意愿上相比农村回族居民更强一些。年轻的回族居民的民族间通婚意愿相对更强。回族男性的民族间通婚意愿相对更强。在回族居民当中，随着受教育程度的提高，对自身结婚对象民族身份不做要求的比例也在逐渐增加。对于回族居民而言，随着家庭收入的提升，对自身结婚对象的民族身份不做要求的比例也会提升。

参考文献

杜娟：《从族际通婚看民族交融与发展》，《中南民族大学学报》（人文社会科学版）2018年第6期。

费孝通：《中华民族的多元一体格局》，《北京大学学报》（哲学社会科学版）1989年第4期。

关凯：《建构中华民族共同体：一种新的文化政治理论》，《中央社会主义学院学报》2017年第5期。

郭志刚、李睿：《从人口普查数据看族际通婚夫妇的婚龄、生育数及其子女的民族选择》，《社会学研究》2008年第5期。

郝亚明：《论中华民族多元一体格局与中华民族共同体建设》，《湖北民族学院学报》（哲学社会科学版）2019年第1期。

郝亚明:《中华民族共同体意识视角下的民族交往交流交融研究》,《西南民族大学学报》(人文社科版) 2019 年第 3 期。

胡岩:《论中华民族的百年认同》,《民族研究》2013 年第 1 期。

李臣玲:《20 世纪 90 年代西北城市社区民族通婚调查研究——以西宁市城中区为例》,《青海民族研究》2004 年第 2 期。

李晓霞:《中国各民族间族际婚姻的现状分析》,《人口研究》2004 年第 3 期。

麻国庆:《民族研究的新时代与铸牢中华民族共同体意识》,《中央民族大学学报》(哲学社会科学版) 2017 年第 6 期。

汤夺先:《论城市民族通婚与城市民族关系——以兰州市为例》,《中南民族大学学报》(人文社会科学版) 2007 年第 4 期。

王文光、徐媛媛:《中华民族共同体意识形成与发展的历史过程研究论纲》,《思想战线》2018 年第 2 期。

王延中:《铸牢中华民族共同体意识建设中华民族共同体》,《民族研究》2018 年第 1 期。

徐杰舜、韦小鹏:《"中华民族多元一体格局"理论研究述评》,《民族研究》2008 年第 2 期。

杨鹍飞:《中华民族共同体认同的理论与实践》,《新疆师范大学学报》(哲学社会科学版) 2016 年第 1 期。

赵茜:《内蒙古地区民族关系发展现状调查》,《广西民族研究》2015 年第 2 期。

周平:《中华民族:中华现代国家的基石》,《政治学研究》2015 年第 4 期。

周平:《再论中华民族建设》,《思想战线》2016 年第 1 期。

周平:《中华民族研究的国家视角》,《思想战线》2019 年第 1 期。

朱碧波:《论中华民族共同体的多维建构》,《青海民族大学学报》(社会科学版) 2016 年第 1 期。

庄世恒:《论现代化进程中影响族际通婚的因素》,《内蒙古社会科学》(汉文版) 2006 年第 4 期。

图书在版编目（CIP）数据

宁夏回族自治区民生发展报告. 2019 - 2020 / 焦开山，
郭靓雯著. -- 北京：社会科学文献出版社，2020.9
（中国少数民族综合社会调查报告）
ISBN 978 - 7 - 5201 - 7071 - 0

Ⅰ. ①宁… Ⅱ. ①焦… ②郭… Ⅲ. ①社会保障 - 研
究报告 - 宁夏 - 2019 - 2020 Ⅳ. ①D632.1

中国版本图书馆 CIP 数据核字（2020）第 146915 号

·中国少数民族综合社会调查报告·

宁夏回族自治区民生发展报告（2019 ~ 2020）

著　　者／焦开山　郭靓雯

出 版 人／谢寿光
责任编辑／高　媛

出　　版／社会科学文献出版社（010）59367156
　　　　　地址：北京市北三环中路甲 29 号院华龙大厦　邮编：100029
　　　　　网址：www. ssap. com. cn
发　　行／市场营销中心（010）59367081　59367083
印　　装／三河市龙林印务有限公司

规　　格／开　本：787mm × 1092mm　1/16
　　　　　印　张：20.75　字　数：319 千字
版　　次／2020 年 9 月第 1 版　2020 年 9 月第 1 次印刷
书　　号／ISBN 978 - 7 - 5201 - 7071 - 0
定　　价／98.00 元

本书如有印装质量问题，请与读者服务中心（010 - 59367028）联系